中國古代思想の考察

保利藝術博物館藏『燹公盨《ヒンコウシュ》』の横から見た紋様

『燹公盨』の器底に鋳込まれた銘文（蓋は逸失している）

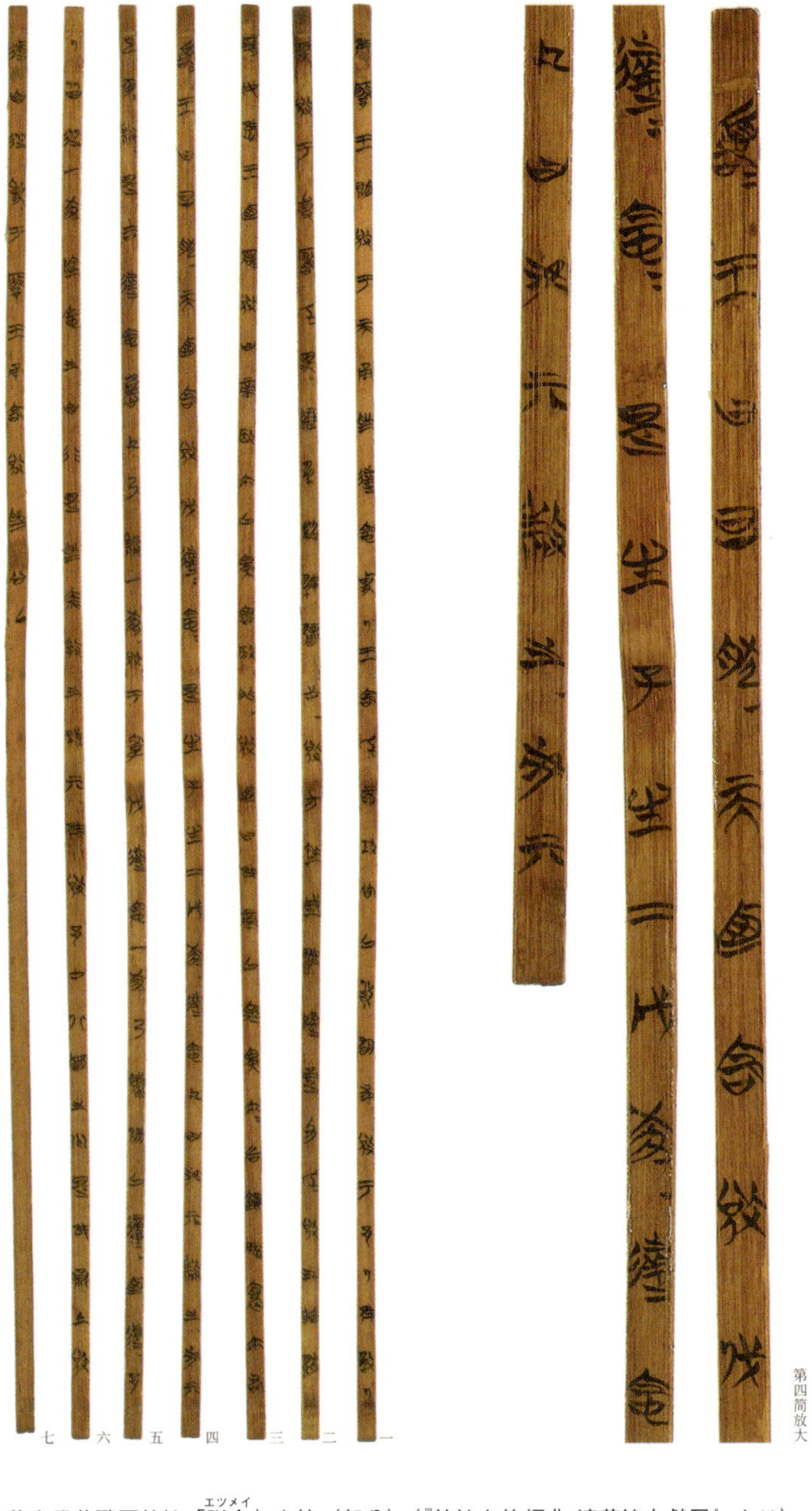

清華大學藏戰國竹簡「説命《エツメイ》」上篇（部分）（『竹簡上的經典 清華簡文獻展』より）

はじめに

大東文化大學大學院在學中の指導教授は池田末利先生であった。池田先生は晩年になって中國での學會に何度か參加された。大學院を修了していた私は、一九八七年の安陽での「中國殷商文化國際討論會」、一九九一年の洛陽での「中國夏商文化國際學術研討會」、一九九五年の北京での「北京建城三〇四〇年暨燕文明國際學術研討會」の三度の學會に同行參加させていただいた。

一九八七年の學會は甲骨文出土地の殷墟（河南省安陽市）で開催され、學會に合わせて「殷墟博物苑」（現在は「殷墟博物館」として公開）の開苑式が擧行され、婦好墓や司母戊鼎發掘地等を見學した。一九九一年の學會が洛陽で開催されたのは、二里頭遺跡や偃師商城遺跡が近いためで、殷文化よりも夏文化にスポットが當てられた。ちょうど夏王朝が實在の王朝であるとして大々的に喧傳されだした時であり、その後、一九九六年に「夏商周斷代工程」と名付けられた夏殷周三代の年代を確定（探究）するための國家的プロジェクトがスタートし、二〇〇〇年には夏王朝の成立を紀元前二〇七〇年と斷定した。一九九五年の會議は北京の南郊、房山琉璃河で開催された。琉璃河の董家林村から燕の都城遺跡が發見され（現在は遺跡の一部を「西周燕都遺址博物館」として公開）、重要な銘文のある青銅器が多數出土した（現在は北京の首都博物館に展示されている）。學會名に〈北京建城三〇四〇年〉とあるのは、學會開催の一九九五年がちょうど燕の都城が造營されてから三〇四〇年に當ると言うことで、紀元前一〇四五年に周の武王によって燕が封建されたと言う設定である。その後、「夏商周斷代工程」により周王朝の成立を紀元前一〇四六年と斷定した。

大學院で中國古代思想を專攻してきた私は、上記の學會に同行參加したことを契機に、古代遺跡やそこから出土する文物に興味を抱き、出土文字資料を利用した古代の思想や思想史を研究したいと思った。しかし考古學には全く素人であるので、考古學の概説書やそれに關する基礎的な書籍を讀み、また發掘報告の載る『考古』や『文物』等の專門雜誌を讀むことから始めた。その後、一九九九年の甲骨文發見百周年記念の學會（殷墟・安陽市）に參加し、同時に湖北省・湖南省の遺跡や博物館・研究所等を廻る機會に惠まれ、發掘された青銅器や竹簡・帛書等を調査見學することができた。また二〇〇五年から二〇〇六年にかけての在外研究中に、多くの遺跡や博物館・研究所等を調査見學し、これらの知見を踏まえて研究を開始した。しかし生來の怠惰な性格と大學の雜務や私事に追われ、研究は遲々として捗らなかった。そんな中でも、少しずつ發表し書き溜めたものを整理し、どうにか一冊に纏めることができた。

目次に掲げた「一　神話と歴史のはざま」・「二『詩經』と『尙書』の考察」・「三　親親と尊尊」の八篇は、論考と釋讀であり、「四　西周銅器銘文考」の五篇は、大東文化大學文學部附置の人文科學研究所の「所報」に載せたもので、ノートや覺書の短篇であり、「五　學會參加報告」の三篇は、中國で開催した學會の參加報告であり、「六　遺跡を廻って」の四篇は、遺跡や博物館・研究所等を調査見學した記錄や見聞錄である。なお、口繪も含めて使用した圖版は、大半は筆者の撮影したものである。それ以外の圖版は掲載された書名や雜誌名を明記した。

中國の古代史學や考古學の成果を參考にしながら私なりに考察した思想や思想史の成果であり、また學會に參加した報告や見聞錄である。當時の中國における古代史學界・考古學界の動向や雰圍氣を多少なりとも傳えることができたと思う。中國古代の思想や歴史、あるいは考古に興味のある方は、一篇でも讀んでいただき、忌憚のない批判を頂戴できれば幸いである。

二〇一九年一月

著　者

目次

目次

目　次

目　次

一　神話と歴史のはざま

五帝時代は史實か ——神話の歷史化に對する疑問——

前言

中國の古代史は司馬遷の『史記』に基づくことが多い。この『史記』の「周本紀」に據れば、厲王が無道によって彘に逐われた後、召公・周公の二相による一四年間の行政期間があり、この期間を〈共和〉と號したという。また「十二諸侯年表」には共和元年を庚申（前八四一）の歲としている。中國の干支が分かる歷史はこの年から始まり、これ以前の西周時代や殷時代はおおよその年代を表示していた。その後、克商年代（周の武王が殷〔商〕の紂王に克って周王朝が建國された年）の確定作業が進み、一九九五年に北京市房山區で開催された〈紀念北京建城三〇四〇年國際學術研討會〉（北京市考古研究所・中國殷商文化學會等共催）では、燕が封建された年を紀元前一〇四五年とし、召公奭が燕に封建されたのは（「周本紀」には〈燕〉と、「燕召公世家」には〈北燕〉とある）この年内のこととしている。

一九六二年に房山區琉璃河董家林村で發見された西周時代の遺址は、廣範圍の城墻や墓地・車馬坑等が發見され、一九七四年に黄土坡村二五三號墓から出土した青銅器「堇鼎」の銘文には、燕侯が臣下の堇を宗周（鎬京）

に派遣して太保（召公奭）に珍品を奉獻し、召公から褒美を賜った堇が記念に鼎を鑄造したことを記し[1]、また一九八六年に琉璃河黃土坡村一一九三號墓から出土した青銅器「克罍」「克盉」の銘文には、周王（成王）が太保（召公奭）を褒めて、（奭の子の）克に燕侯の爵位と六族の管轄權とを與え、克（第一代燕侯）が記念に罍・盉を鑄造したことを記す[2]。従って、この遺址は召公が封建されたことにより建城された燕國の都城の可能性が高く、〈北京建城〉とは、この燕都建城のことを指すのである[3]。

中國では近年來、文明起源の問題を重視し、一九九六年五月から〈夏商周年代確定プロジェクト（夏商周斷代工程）〉による夏・商・周三代の紀年の確定作業を行い、二〇〇〇年一一月に「夏商周年表」（『夏商周斷代工程一九九六―二〇〇〇年階段成果報告 簡本』夏商周斷代工程專家組、世界圖書出版公司）を發表した。これに據れば、夏王朝は禹から癸（桀）までの紀元前二〇七〇年から紀元前一六〇〇年まで、殷王朝前期は湯から盤庚（殷に遷都前）までの紀元前一六〇〇年から紀元前一三〇〇年まで、殷王朝後期は盤庚（殷に遷都後）から帝辛（紂）までの紀元前一三〇〇年から紀元前一〇四六年まで、西周王朝は武王から幽王までの紀元前一〇四六年から紀元前七七一年までと確定している。

また河南省登封市の王城崗遺址は禹の、偃師市の二里頭遺址は桀の、偃師市の商城遺址（尸鄉溝）や鄭州市の二里崗遺址は湯の都城ではないかと言われており、このうち夏文化研究の重要な對象となった二里頭遺址は、最近新たに遺址宮城東北部の夯土基址が發見されて話題となり、二〇〇五年一〇月には「中國・二里頭遺址與二里頭文化國際學術研討會」（中國社會科學院考古研究所・河南省偃師市人民政府共催、一〇月一八～二〇日）が開催された[4]。

「夏商周年表」を基礎にして、二〇〇二年には〈中華文明起源探索（探究）プロジェクト（中華文明探源工程）〉が始動し、更に一〇〇〇年遡って炎黃時代までを對象とし、既に河南省新密市の古城寨遺址と新寨遺址・登封市の王城崗遺址・山西省襄汾縣の陶寺遺址等を重點項目として發掘・整理を進めている。この四箇所の遺址はいずれも龍山文化期に相當し、年代確定された夏王朝以前の城邑ということになり、五帝時代に措定されることになる。

文明起源の問題は、龍山文化期の城址遺跡の發掘調査と出土品の分析が最重要課題であり、上述の陶寺遺址などは約二〇〇萬平方メートルもあり、年代はおよそ紀元前二四〇〇年から紀元前二〇〇〇年までと言われ、二〇〇四年六月には紀元前二一〇〇年頃の天文觀測臺遺址が發見された。この様な状況下において、中國の考古學界や古代史學界では多數の研究團體が組織され、文明起源の問題について頻繁に會議を開催している。

昨年中に限ってみても、北京市平谷區で開催された「二〇〇五平谷與華夏文明學術研討會」（北京市平谷區人民政府・中國殷商文化學會等共催、八月二六〜二八日）では、區内に軒轅廟（黃帝陵）があり、黃帝が會議のテーマの一つであり、山西省運城市で開催された「全國虞舜文化學術研討會暨中國先秦史學會第八屆年會」（運城市鹽湖區人民政府・中國先秦史學會等共催、九月五〜七日）では、區内に舜帝陵廟があり、舜が會議の中心テーマであり、また陝西省寶鷄市で開催された「炎帝與民族復興國際學術研討會」（中華炎黃文化研究會・寶鷄市人民政府・寶鷄炎帝研究會等共催、一〇月三・四日）では、市内に炎帝陵があり、炎帝が會議の中心テーマであった。いずれも考古學關係の發表が多く、炎帝・黃帝・堯・舜等の事跡を龍山文化期の遺跡と關聯づける發表や提要・論文が多數あった。

陝西省寶鷄市の會議では、配られた提要を見ると、「炎帝族」「炎姜部族」等の用語が頻出し、これらは炎帝を首領とした部族であると言い、ある者は渭河流域の寶鷄北首嶺遺址・西安半坡遺址・臨潼姜寨遺址等（いずれも仰韶文化期に屬する）を炎帝族活動範圍の遺跡とし、北首嶺遺址出土の陶塑人頭像は當時の炎帝像とみなすことができるとしている。また農業の始祖と言われる神農氏を炎帝とみなし、炎帝は中華農耕文化の發展に寄與したという論調も多く、ある者は炎姜部族の活動の中心地を陝西甘肅交界の天水から寶鷄に至る一帶で、齊家文化はその農耕文化の代表的なものとする。ただなかには「炎帝之名產生較晚、或產生于西周前後」「其傳說應是在春秋戰國之際形成」という見解もあり、炎帝の名や傳說を西周・東周頃に形成されたものとしているが、そのモチーフとなった人物は五〇〇〇年前から四〇〇〇年前に實在したものと見ている。現在の炎帝に關する研究は、考古學からの考察や先周文化・周秦文化等の觀點から、寶鷄渭水流域（古の「姜水」）が炎帝族の發祥の地で、寶鷄一帶は〈姜炎文化〉の源で、〈炎黃子孫〉たる中華民族の故鄉であるとする。(5)

いったい炎帝や黃帝が中華民族の始祖の一人であるという概念は、いつ頃から起こってきたのであろうか。上述の〈姜炎〉という呼稱は『國語』晉語四の「黃帝以姬水成、炎帝以姜水成」や『左傳』哀公九年の「炎帝爲火師、姜姓其後也」等を根據にしたもので、『國語』や『左傳』の成立時期には、炎帝と姜水あるいは姜（羌）族との關係が認められる。『國語』や『左傳』が戰國後期から秦漢時代に亙って成立したものと假定すれば、炎帝を姜水・姜族と關係づける傳說も戰國期を通じて形成された可能性が高い。小論では、炎帝を例に取り、その概念がいつどのようにして成立したのか、傳世文獻や出土文獻記載の炎帝・祝融に關する記述を考察し、〈炎帝〉概念の成立過程を論證し、神話傳說の五帝時代を歷史化しようとする試みに對し、些か疑問を呈したいと思う。

炎帝・祝融・神農について

〈炎帝〉概念の成立過程を見ていく上で、祝融を見落としてはならない。炎帝と祝融の關係については、『禮記』月令篇の「其帝炎帝、其神祝融。」の鄭注に「此赤精之君、火官之臣。自古以來著德立功者也。炎帝、大庭氏也。祝融、顓頊氏之子、曰黎。爲火官。」とあり、鄭玄は炎帝と祝融とを同一の人格として扱っていない。現代の研究者の中には、五帝時代の帝王を具體的個人とは見ずに一部族（族團）或いは一部族の祖先神の代名詞と見なし、部族の首領が何世かに渡って名稱を世襲したものとし、黃帝は一〇世一五二〇年（約紀元前四四二〇年—前二九〇〇年）續き、仰韶文化中晚期卽ち廟底溝類型と大河村類型に對應していると見なす。また炎帝は仰韶文化早期に相當し、神農系統の末期に屬して一大部族を形成し、祝融を伏羲系統に屬する古老の部族とし、炎帝族と祝融族を別々の部族と見なしている。(6) しかし先秦の文獻には炎帝と祝融を同一の人格として扱っているものが多いので、小論では祝融も含んで檢討する。

また炎帝と神農を同一視して〈炎帝神農氏〉と見なす文獻があるが、二者が結合して〈炎帝神農氏〉になったのは漢代以降であり、『漢書』古今人表に「炎帝神農氏」とあり、注に張晏說を引き「以火德王、故號曰炎帝。作耒耜、故曰神農。」とあり、同じく「律曆志」に「以火承木、故爲炎帝。教民耕農、故天下號曰神農氏。」とある。また『左傳』杜豫注に「炎帝神農氏、姜姓之祖也。亦有火瑞、以火紀事名百官。」（昭公十七年）とあり、同じく杜豫注に「神農有火瑞、以火名官。」（哀公九年）とある。さらに『呂氏春秋』高誘注に「炎帝少典之子、姓姜氏。

以火德王天下、是爲炎帝、號曰神農。死託祀於南方、爲火德之帝。」（孟夏・仲夏・季夏）とあり、『經典釋文』に「炎帝、神農也。」（『禮記』月令篇）とあり、『左傳』孔穎達疏に「帝系・世本皆爲炎帝卽神農氏。炎帝身號、神農代號也。」（昭公十七年）とあるのが、その證據である。先秦時期に炎帝と神農を同一視するには無理がある。從って、小論では神農を取上げないことにする。

古帝王帝位繼承説話と炎帝

古帝王の帝位繼承説話を載せる古文獻のなかに炎帝の名が見えるものがある。まず『史記』五帝本紀に、

黃帝者、少典之子、姓公孫、名曰軒轅。……軒轅之時、神農氏世衰。諸侯相侵伐、暴虐百姓、而神農氏弗能征。於是軒轅乃習用干戈、以征不享、諸侯咸來賓從。而蚩尤最爲暴、莫能伐。炎帝欲侵陵諸侯、諸侯咸歸軒轅。軒轅乃修德振兵、治五氣、蓺五種、撫萬民、度四方、敎熊羆貔貅貙虎、以與炎帝戰於阪泉之野。三戰、然後得其志。蚩尤作亂、不用帝命。於是黃帝乃徵師諸侯、與蚩尤戰於涿鹿之野、遂禽殺蚩尤。而諸侯咸尊軒轅爲天子、代神農氏、是爲黃帝。天下有不順者、黃帝從而征之、平者去之、披山通道、未嘗寧居。……帝顓頊高陽者、黃帝之孫而昌意之子也。……帝嚳高辛者、黃帝之曾孫也。……帝堯者、放勳。……虞舜者、名曰重華。

とあり、黃帝と炎帝との對戰が記載されている。同様の説話は『列子』黃帝篇や『淮南子』兵略訓等にも見え、(7)

いずれも黄帝が炎帝を抑えた説話になっている。この説話に據れば、炎帝が黄帝より低く評價されていることが分かり、「五帝本紀」の五帝の中に炎帝を含まない理由もここにある。(8)『史記』五帝本紀に記載された帝位繼承の順序は、黄帝（軒轅）→顓頊（高陽）→嚳（高辛）→堯（放勳）→舜（重華）であり、これと帝位繼承順序の似ている説話に、『呂氏春秋』尊師篇や『管子』封禪篇等がある。『呂氏春秋』尊師篇に、

神農師悉諸、黄帝師大撓、帝顓頊師伯夷父、帝嚳師伯招、帝堯師子州支父、帝舜師許由、禹師大成贄、湯師小臣、文王・武王師呂望・周公旦、齊桓公師管夷吾、晉文公師咎犯・隨會、秦穆公師百里奚・公孫枝、楚莊王師孫叔敖・沈尹巫、呉王闔閭師伍子胥・文之儀、越王句踐師范蠡・大夫種、此十聖人六賢者、未有不尊師者也。今尊不至於帝、智不至於聖、而欲無尊師、奚由至哉。此五帝之所以絶、三代之所以滅。

とあり、「尊師」という内容ではあるが、神農→黄帝→顓頊→嚳→堯→舜→禹→湯→文王・武王……の順序になっており、「五帝本紀」と同様に炎帝を含まない。また『管子』封禪篇に、

桓公既霸、會諸侯於葵丘、而欲封禪。管仲曰「古者封泰山禪梁父者七十二家、而夷吾所記者十有二焉。昔無懐氏封泰山。禪云云、虙羲封泰山、禪云云。神農封泰山、禪云云。炎帝封泰山、禪云云。黄帝封泰山、禪亭亭。顓頊封泰山、禪云云。帝嚳封泰山、禪云云。堯封泰山、禪云云。舜封泰山、禪云云。禹封泰山、禪會稽。

湯封泰山、禪云云。周成王封泰山、禪社首。皆受命然後得封禪」。

とあり、「封禪」という内容ではあるが、無懷氏→虙羲→神農→炎帝→黃帝→顓頊→嚳→堯→舜→禹→湯→周成王の順序になっている。ただ『管子』封禪篇には「五帝本紀」では低く評價された炎帝が黃帝の前に位置づけられて、帝位繼承系譜に登場してくることから見れば、「五帝本紀」や『呂氏春秋』尊師篇と同系統の説話ではない可能性がある。

また古帝王の帝位繼承説話が『莊子』胠篋篇に、

子獨不知至德之世乎。昔者容成氏・大庭氏・伯皇氏・中央氏・栗陸氏・驪畜氏・軒轅氏・赫胥氏・尊盧氏・祝融氏・伏戲氏・神農氏、當是時也、民結繩而用之、甘其食、美其服、樂其俗、安其居。鄰國相望、鷄狗之音相聞、民至老死而不相往來。若此之時、則至治已。

とあり、十二人の古帝王が容成氏→大庭氏→伯皇氏→中央氏→栗陸氏→驪畜氏→軒轅氏→赫胥氏→尊盧氏→祝融氏→伏戲氏→神農氏の順序で記載されており、祝融氏も古帝王の一人に含まれている。これと似た説話が『上海博物館藏戰國楚竹書』(二)の中の『容成氏』第一號簡・第二號簡に、

〔尊〕盧氏・赫胥氏・喬結氏・倉頡氏・軒轅氏・神農氏・椲丨氏・包羲氏之又天下也、皆不授其子而授賢。

其德酋清、而上愛〈以上第一號簡〉下、而一其志、而寢其兵、而官其材。(9)

とあり、八人の古帝王が尊盧氏→赫胥氏→喬結氏→倉頡氏→軒轅氏→神農氏→椲丨氏→包羲氏の順序で禪讓されており、第五十三號簡の背面には表題として「容成氏」とあるから、これを入れると九名の古帝王が記載されていることになる。ここには祝融氏は現れないが、李零氏の考釋に據れば、第一號簡の前に一簡を脫し、そこには「昔者容成氏、□□氏、□□氏、□□氏、□□氏、□□氏、□□氏、□□氏、□□氏、□□氏、□□氏、□□氏、尊」の容成氏を含む十三人の古帝王が記載されていたものと推測しているから、祝融氏がいた可能性を否定できない。

また『呂氏春秋』勿躬篇に、

大橈作甲子、黔如作虜首、容成作曆、羲和作占日、尙儀作占月、后益作占歲、胡曹作衣、夷羿作弓、祝融作市、儀狄作酒、高元作室、虞姁作舟、伯益作井、赤冀作臼、乘雅作駕、寒哀作御、王冰作服牛、史皇作圖、巫彭作醫、巫咸作筮。此二十官者、聖人之所以治天下也。

とあり、生活に有用なものを作り出した官（賢者）の名を列擧し、大橈・黔如・容成・羲和・尙儀・后益・胡曹・夷羿・祝融・儀狄・高元・虞姁・伯益・赤冀・乘雅・寒哀・王冰・史皇・巫彭・巫咸等二十人の名を記載しており、祝融もその中に含まれている。ここでは祝融は帝王ではなく、帝王に仕えた官（賢者）として登場する。

『莊子』胠篋篇のように祝融（炎帝）が帝位に就いたという說話、或いは『容成氏』のように祝融が禪讓によって帝位を繼承した可能性のある說話は、(10)『史記』五帝本紀や『呂氏春秋』尊師篇の帝位繼承說話とは別系統のものかもしれない。また『管子』封禪篇のように「五帝本紀」と同樣の繼承順序をとりながら、炎帝が古帝王に加えられている文獻や、『呂氏春秋』勿躬篇のように祝融を帝王ではなく、帝王に仕えた官（賢者）として登場させる文獻もある。このように見てくると、戰國中期以降、儒家の堯・舜禪讓說話を基に更に多くの古帝王を加えた文獻や、儒家の禪讓說に對抗して出てきた道家系或いは儒家・道家折衷系の文獻のなかに、より多くの古帝王が登場すると見ても差し支えない。炎帝はこの古帝王の造成過程において出てきたものであろう。

禪讓について

次に『史記』五帝本紀や『容成氏』のように古帝王の禪讓を述べるものが多いので、しばらく禪讓について觸れてみたい。周知のように、禪讓とは天子がその位を子に讓らず賢者に讓ることをいい、『墨子』尙同上篇に、

夫明虖天下之所以亂者、生於無政長。是故選天下之賢可者、立以爲天子。天子立、以其力爲未足、又選擇天下之賢可者、置立之以爲三公。

とあるのが、これを端的に言い表している。しかし、この理想的な禪讓と現實的な世襲（世繼）とを折衷した考え方が『孟子』萬章上篇に「天與賢則與賢、天與子則與子。」と見える。これは禪讓と世襲いずれも帝位の授與は全て天の意思、卽ち天命に依るというのであり、その天の意思（天命）を知り得る手段について、やはり「萬章上篇」に、

（孟子）曰「……昔者堯薦舜於天而天受之、暴之於民而民受之、故曰天不言、以行與事示之而已矣。」（萬章）曰「敢問、薦之於天而天受之、暴之於民而民受之、如何。」（孟子）曰「使之主祭而百神享之、是天受之。使之主事而事治、百姓安之、是民受之也。天與之、人與之、故曰天子不能以天下與人。」

とあり、天の意思は卽ち民の意思であるとし、民の意思を知れば卽ち天の意思を知ることができるとし、更に下文に『尙書』太（泰）誓篇に「天視自我民視、天聽自我民聽。」とあるのを引いて、「天視」卽「民視」、「天聽」卽「民聽」であることを強調し、自己の說の權威付けを行っている。しかし、現存「泰誓篇」は僞古文であるので、「萬章上篇」に引く「太（泰）誓篇」も後に挿入された文章かも知れない。[11]

　また上文「萬章上篇」に續く文章に、

舜相堯二十有八載、非人之所能爲也、天也。堯崩、三年之喪畢、舜避堯之子於南河之南、天下諸侯朝覲者不之堯之子而之舜、訟獄者不之堯之子而之舜、謳歌者不謳歌堯之子而謳歌舜、故曰「天也」。夫然後之中國、

踐天子位焉。而居堯之宮、逼堯之子、是簒也、非天與也。……昔者舜薦禹於天、十有七年。舜崩、三年之喪畢、禹避舜之子於陽城、天下之民從之、若堯崩之後不從堯之子而從舜也。禹薦益於天、七年。禹崩、三年之喪畢、益避禹之子於箕山之陰、朝覲訟獄者不之益而之啓、曰「吾君之子也」。謳歌者不謳歌益而謳歌啓、曰「吾君之子也」。丹朱之不肖、舜之子亦不肖。舜之相堯、禹之相舜也、歷年多、施澤於民久。啓賢、能敬承繼禹之道。益之相禹也、歷年少、施澤於民未久。舜・禹・益相去久遠、其子之賢不肖、皆天也、非人之所能爲也。莫之爲而爲者、天也。莫之致而至者、命也。……

とあり、舜が堯を繼ぎ、禹が舜を繼ぎ、啓が禹を繼いだのは、全て民の意思に從ったものであり、「莫之爲而爲者」「莫之致而至者」こそ天命であるとする。

ただ、孟子は堯・舜の帝位授受は舜が堯の子丹朱に逼って簒奪したもので、天命ではないとしているが、既に「天與之」と述べて天命に依るものであることを明言しているし、また下文に孔子の言を引いて「唐虞禪、夏后・殷・周繼、其義一也。」と述べ、これが禪讓であることを孔子に託して強調しているのであるから、この簒奪とした部分は自己矛盾を來している。『尙書』堯典には、

帝曰「否、四岳。朕在位七十載、汝能庸命巽朕位。」岳曰「否德、忝帝位。」曰「明明揚側陋。」師錫帝曰「有鰥在下、曰虞舜。」……（古文は以下を「舜典」とする）……帝曰「格、汝舜。詢事考言、乃言底可績、三載。汝陟帝位。」舜讓于德弗嗣。正月上日、受終于文祖。……二十有八載、帝乃殂落、百姓如喪考妣。三載、

四海遏密八音。月正元日、舜格于文祖、詢于四岳、闢四門、明四目、達四聰。

とあり、堯・舜の禪讓のことだけが記載されており、『史記』五帝本紀にも、

堯曰「嗟、四嶽。朕在位七十載、汝能庸命、踐朕位。」嶽應曰「鄙德忝帝位。」堯曰「悉舉貴戚及疏遠隱匿者。」衆皆言於堯曰「有矜在民閒、曰虞舜。」……召舜曰「女謀事至而言可績、三年矣。女登帝位。」舜讓於德不懌。正月上日、舜受終於文祖。文祖者、堯大祖也。……堯立七十年得舜、二十年而老、令舜攝行天子之政、薦之於天。堯辟位凡二十八年而崩。百姓悲哀、如喪父母。三年、四方莫舉樂、以思堯。堯知子丹朱之不肖、……而卒授舜以天下。堯崩、三年之喪畢、舜讓辟丹朱於南河之南。諸侯朝覲者不之丹朱而之舜、獄訟者不之丹朱而之舜、謳歌者不謳歌丹朱而謳歌舜。舜曰「天也」、夫而後之中國踐天子位焉、是爲帝舜。

とあり、『尙書』堯典（舜典）や『孟子』萬章上篇をベースにして堯・舜の禪讓の經緯をうまく纏めており、舜が民意（天意＝天命）に依り禪讓したことを述べ、堯の子丹朱に逼ったことを述べていない。孟子の言う〈舜の簒奪〉については、『史記正義』引「括地志」に「堯德衰、爲舜所囚也。…舜囚堯、復偃塞丹朱」とあるように、異說が傳承されていた可能性も否定できないが、更に考察する必要があるので、稿を改めて論じたい。

『墨子』尙同上篇に述べられた禪讓は、「尙賢上篇」に具體的に、

故古者堯擧舜於服澤之陽、授之政、天下平。禹擧益於陰方之中、授之政、九州成。湯擧伊尹於庖廚之中、授之政、其謀得。文王擧閎夭泰顚於置罔之中、授之政、西土服。……尙欲祖述堯・舜・禹・湯之道、將不可以不尙賢。夫尙賢者、政之本也。

とあり、堯が舜に、禹が益に、湯が伊尹に、文王が閎夭泰顚にそれぞれ政を授けたことを記し、「堯・舜・禹・湯之道」を祖述するには賢者の登用こそが基本であるとする。堯・舜の禪讓はこの尙賢思想を主張するなかで述べられている。また「尙賢中篇」にも、

古者舜耕歷山、陶河瀕、漁雷澤、堯得之服澤之陽、擧以爲天子、與接天下之政、治天下之民。伊摯、有莘氏女之私臣、親爲庖人、湯得之、擧以爲己相、與接天下之政、治天下之民。傅說被褐帶索、庸築乎傅巖、武丁得之、擧以爲三公、與接天下之政、治天下之民。此何故始賤卒而貴、始貧卒而富。則王公大人明乎以尙賢使能爲政。

とあり、堯が舜に、湯が伊摯（伊尹）に、武丁が傅說にそれぞれ政を授けたことを記し、「尙賢上篇」と同様に、堯・舜の禪讓は尙賢を敍述する中で述べられている。なお『論語』顏淵篇に「舜有天下、選於衆、擧皐陶、不仁者、遠矣。湯有天下、選於衆、擧伊尹、不仁者、遠矣。」とあるのも、『墨子』の尙賢思想と同樣であり、戰國前期には學派に關係なく、堯・舜・禹・湯をモチーフとして尙賢思想が主張されたものと見ることができよう。

以上に見てきたように、堯から讓られた舜は堯の子丹朱を避けて民意に從って帝位に卽き、舜から讓られた禹は舜の子商均を避けて民意に從って帝位に卽くというように、先帝は子に讓らず賢者に讓り、讓られた賢者は先帝の子を避けて民意に從って帝位に卽くという繰り返しパターンが述べられている。これは戰國前期から中期頃には堯・舜・禹の禪讓說話は旣に形成され、學派に關係なく理想的な帝位授受として喧傳されていたものと思われる。また『墨子』三辯篇に、

子墨子曰、「昔者堯舜有茅茨者、且以爲禮、且以爲樂。湯放桀於大水、環天下自立以爲王、事成功立、無大後患、因先王之樂、又自作樂、命曰護、又脩九招。武王勝殷殺紂、環天下自立以爲王、事成功立、無大後患、因先王之樂、又自作樂、命曰象。周成王因先王之樂、又自作樂、命曰騶虞。周成王之治天下也、不若武王、武王之治天下、不若成湯、成湯之治天下也、不若堯舜。故其樂逾繁者、其治逾寡。自此觀之、樂非所以治天下也。」

とあり、「非樂篇」と同樣に樂は爲政に無益であることを述べ、簡素な樂を作った堯舜を理想とし、周王・武王・湯・堯舜の順に時代が遡れば上るほど天下が良く治まったという尙古主義の思想が看取できる。禪讓はこの尙古主義の思想と表裏一體をなして戰國諸學派に受入れられていったのではないか。

五行説について

炎帝の名が五行説と絡めて出てくるので、先ず五行説の成立過程について少し觸れることとする。『尙書』洪範篇に、

一、五行。一曰水、二曰火、三曰木、四曰金、五曰土。水曰潤下、火曰炎上、木曰曲直、金曰從革、土爰稼穡。潤下作鹹、炎上作苦、曲直作酸、從革作辛、稼穡作甘。

とあり、五行が五味に配當されて、五行配當概念が形成されつつある。「洪範篇」序に「武王勝殷、殺受立武庚、以箕子歸。作洪範。」とあり、また『史記』宋微子世家に「武王旣克殷、訪問箕子」とあって「洪範篇」の全文を引く。書序と「宋微子世家」に依れば、「洪範篇」は西周初期に作られたことになる。ただ『尙書』洪範篇の成立年代については、現在では戰國初期・中期・末期の各説に分かれるが、戰國末期の成立と見るのが妥當なようである。(12) 『國語』鄭語に周の太夫史伯が鄭の桓公（在位前八〇六～前七七一）に答えた言葉のなかに、

故先王以土與金木水火雜、以成百物。

とある。桓公と史伯との問答が史實とすれば、西周晩期には五行から萬物を生ずる生成論ができあがっていたわけである。しかしこれも史伯が「先王」に假託して述べたものであり、このような萬物生成論は西周時期にはまだ出てこない。

『左傳』昭公三一年（前五一一）に、

十二月辛亥朔、日有食之。是夜也、趙簡子夢童子羸而轉以歌、旦占諸史墨、曰「吾夢如是、今而日食、何也。」對曰「六年及此月也、呉其入郢乎、終亦弗克。入郢必以庚辰、日月在辰尾。庚午之日、日始有謫。火勝金、故弗克。」

とあり、晉の趙簡子が夢を大夫の史墨に占わせ、史墨は、六年後の十二月（此月）に呉が楚の都郢を攻めるが、最後には勝てないことを、干支を五行に配當させて答えている。杜預に依れば、「庚午」の庚は金に、午は火に相當し、「火勝金」であるから、庚・金に當たる呉は午・火に當たる楚に勝てないとする。また哀公九年（前四八六）に、

晉趙鞅卜救鄭、遇水適火、占諸史趙・史墨・史龜。……史墨曰「盈、水名也。子、水位也。名位敵、不可干也。炎帝爲火師、姜姓其後也。水勝火、伐姜則可。」

とあり、晉の趙鞅が宋と齊を伐って鄭を救うことの可否を卜わせ、史墨は趙鞅の嬴（盈）姓と宋の子姓はいずれも水に相當するから、宋を伐つことは不可とし、齊は火師炎帝の子孫で姜姓であり、姜姓は火に相當し、「水勝火」であるから、齊を伐つことは可とする。史墨の言葉は五行を應用して兵法を説いたものであり、戰爭が盛んに行われた春秋後期の時代背景を如實に反映したものであり、この史墨の述べる五行說は相勝循環說であり、『孫子』虛實篇に「五行無常勝」とあるのがこのことをよく表している。

『荀子』非十二子篇に、

略法先王而不知其統、然而猶材劇志大、聞見雜博。案往舊造說、謂之五行。甚僻違而無類、幽隱而無說、閉約而無解。案飾其辭而祗敬之曰、此眞先君子之言也。子思唱之、孟軻和之。世俗之溝猶瞀儒、嚾嚾然不知其所非也、遂受而傳之、以爲仲尼・子游爲茲厚於後世。是則子思・孟軻之罪也。

とあり、戰國時期を通して五行說が流行したことを子思・孟子の罪として批判的に述べている。荀子は合理主義者であったために物事の全てを五行に結びつける考え方に批判的であったことは當然であるが、當時の趨勢としては五行說が相當流行していたことが窺える。五行のそれぞれについては、「非十二子篇」楊倞注に「仁・義・禮・智・信」であるとするが、『孟子』盡心下篇には、

仁之於父子也、義之於君臣也、禮之於賓主也、智之於賢者也、聖人之於天道也、命也。

とあり、また『新書』六術篇にも、

人有仁・義・禮・智・聖之行、行和則樂、與樂則六、此之謂六行。

とあって、五行のうちの最後の「信」が「聖人」や「聖」になっている。このことは『郭店楚墓竹簡』五行第一號簡～第四號簡（【 】内は補字）に、

仁形於内、謂之德之行、不形於内、謂之行。義形於内、謂之德之〈以上第一號簡〉行、不形於内、謂之行。禮形於内、謂之德之行、不形於内、謂之〈以上第二號簡〉【行。智形】於内、謂之德之行、不形於内、謂之行。聖形於内、謂之德〈以上第三號簡〉之行、不形於内、謂之〔德之〕行。〈以上第四號簡〉

とあり、また『馬王堆漢墓帛書』五行（老子甲本巻後古佚書）第一七〇行～第一七三行（【 】内は補字）にも、

【仁】形【于内】、謂之德之行、不形于内、謂之行。〈以上第一七〇行〉智形于内、謂之德之行、不形于内、謂【之行。義形】于内、謂之德之行、【不形于内、謂之】〈以上第一七一行〉行。禮形于内、謂之德之行、不形于内、謂之行。聖形于内、【謂之德】之行、【不形于内、謂】〈以上第一七二行〉之行。

とあって、戰國晩期や漢初の出土資料に依っても「聖」であったことが確認できる。またここに引く『郭店楚墓竹簡』や『馬王堆漢墓帛書』は、五行を德行との關係で說く儒家思想が濃厚に現れており、儒家の間では五行を道德的な學說として論理的に體系付けようとしていたことが窺える。『管子』四時篇に、

東方曰星、其時曰春。其氣曰風。風生木與骨。……南方曰日、其時曰夏、其氣曰陽、陽生火與氣、……中央曰土、土德實輔四時入出、以風節土益力、土生皮肌膚、……西方曰辰、其時曰秋、其氣曰陰、陰生金與甲、……北方曰月、其時曰冬、其氣曰寒、寒生水與血、

とあり、東南西北の四方・春夏秋冬の四時・陰陽風寒の四氣・木火金水の四行等が相互に配當しており、特に四方に中央を加えた五方の概念や、四行の木火と金水の間に土が配置され、五行相生の排列順序と同樣の原理が窺える。『呂氏春秋』應同篇に、

凡帝王者之將興也、天必先見祥乎下民。黃帝之時、天先見大螾大螻、黃帝曰、土氣勝。土氣勝、故其色尙黃、其事則土。及禹之時、天先見草木秋冬不殺、禹曰、木氣勝。木氣勝、故其色尙青、其事則木。及湯之時、天先見金刃生於水、湯曰、金氣勝。金氣勝、故其色尙白、其事則金。及文王之時、天先見火赤烏銜丹書集于周社、文王曰、火氣勝。火氣勝、故其色尙赤、其事則火。代火者必將水、天且先見水氣勝。水氣勝、故其色尙

黒、其事則水。

とあり、この五行相勝循環論（五德終始說）に依る王朝交代論は戰國後期の鄒衍（約前三〇五〜前二四〇）が唱えたものと言われており、この原理に依れば、〈火德〉の周王朝に取って代わる王朝は〈水德〉の王朝ということになり、秦の始皇帝が「周得火德、秦代周德、從所不勝。方今水德之始、改年始、朝賀皆自十月朔。……」（『史記』秦始皇本紀）としていることから見ても、五德終始說は後世の統治者に大きな影響を與え、王朝交代の理論的支柱となっていた。

また『銀雀山漢墓竹簡』の「天地八風五行客主五音之居」と名付けられた一篇に、「以報木木苦金乃生火……」「……乃生木以報土〇毋以其子孫攻其大父敵人」「……苦火乃生水以報火火苦……」「……報水水苦土……」と五行運行の原理を述べている文章があるが、前後の順序の綴連がなされていないので文章が繫がらない。この文章に五行相勝・相生の原理を以て綴連と校補を施すと以下のようになる（【　】内は補字(13)）。

【土苦木、乃生金】以報木。木苦金、乃生火以【報金。金】苦火、乃生水以報火。火苦【水、乃生土以】報水。水苦土、乃生木以報土〇毋以其子孫攻其大父敵人……

上記の文章は五行相勝・相生の原理を應用して兵法の軍事理論を說明したもので、これと同樣の思想が『張家山二四七號漢墓竹簡』蓋廬（第四章）に、

彼興之以金、吾撃之以火。彼興之以火、吾撃之以水。彼興之以水、吾撃之以土。彼興之以土、吾撃之以木。
彼興之以木、吾撃之以金。

とある。上記『銀雀山漢墓竹簡』には他に五行陣法を説いた文章が三條、

兵陣○木陣直○土陣圜○水陣曲○金陣□□□……
應東方以金陣、司馬先應○西方以火陣……
□女以金應之、以火應之、以□……

とあり、五行の原理を應用して布陣を説いている。これらの文章は漢墓からの出土ではあるが、先秦の五行思想の流行を反映したもので、五行の原理を軍事に應用していることから見ると、先秦の兵家が五行思想を取入れ、陰陽數術を基礎とした兵陰陽家の急激な成長の反映と見ることができる。[14]

また『睡虎地秦墓竹簡』日書（甲種）に、

金勝木八三背參、火勝金八四背參、水勝火八五背參、土勝水八六背參、木勝土八七背參。東方木八八背參、南方火八九背參、
西方金九〇背參、北方水九一背參、中央土九二背貳。

とあり、五行相勝を述べ、更に五行を方位に配當している。同様に「日書」乙種にも、

丙丁火火勝金七九貳、戊己土土勝水八〇貳、庚辛金金勝水八一貳、壬癸水水勝火八二貳、丑巳金金勝木八三貳、□□□……八四貳、未亥【卯木木】勝土八五貳、□□□□□□□八六貳、辰申子水水勝火八七貳。

とあり、五行相勝に關する内容が記されている。これは當時、「日書」のような占書のなかにも五行が日常的に行われていたことが窺える。

以上の五行説が見える文獻から察するに、五行説の成立時期は春秋後期に始まり、戰國・秦・漢期を通じて五德終始説等、様々な形（立場）に應用されていたものと思われる。

五行と炎帝

五行説の成立時期について見てきたが、次に五行説に見える炎帝（祝融）について見ていく。『左傳』昭公十七年に、

秋、郯子來朝、公與之宴。昭子問焉、曰「少皞氏鳥名官、何故也。」郯子曰「吾祖也、我知之。昔者黃帝氏以雲紀、

故爲雲師而雲名。炎帝氏以火紀、故爲火師而火名。共工氏以水紀、故爲水師而水名。大皞氏以龍紀、故爲龍師而龍名。我高祖少皞摯之立也、鳳鳥適至、故紀於鳥、爲鳥師而鳥名。

とあり、古代の官名を述べながら、黄帝を雲に、炎帝を火に、共工を水に、大皞を龍に、少皞を鳥にそれぞれ配當している。また『左傳』昭公二十九年に、

故有五行之官、是謂五官、實列受氏姓、封爲上公、祀爲貴神。社稷五祀、是尊是奉。木正曰句芒、火正曰祝融、金正曰蓐收、水正曰玄冥、土正曰后土。…少皞氏有四叔、曰重、曰該、曰修、曰熙、實能金、木及水。使重爲句芒、該爲蓐收、修及熙爲玄冥、世不失職、遂濟窮桑、此其三祀也。顓頊氏有子曰犁、爲祝融。共工氏有子曰句龍、爲后土、此其二祀也。

とあり、古代の官職を述べながら、句芒を木正に、祝融を火正に、蓐收を金正に、玄冥を水正に、后土を土正にそれぞれ配當している。このように『左傳』には既に五行說に關聯して炎帝や祝融が登場し、いずれも火と關係を持たせている。

また『管子』五行篇に、

昔者黄帝得蚩尤而明於天道、得大常而察於地利、得奢龍而辯於東方、得祝融而辯於南方、得大封而辯於西方、

得后土而辯於北方。黃帝得六相而天地治、神明至。蚩尤明乎天道、故使爲當時。大常察乎地利、故使爲廩者。奢龍辨乎東方、故使爲土師。祝融辨乎南方、故使爲司徒。大封辨於西方、故使爲司馬。后土辨乎北方、故使爲李。是故春者土師也、夏者司徒也、秋者司馬也、冬者李也。

とあり、黃帝の六相を述べながら、蚩尤に天・當時を、大常に地・廩者を、奢龍に東・土師・春を、祝融に南・司徒・夏を、大封に西・司馬・秋を、后土に北・李・冬をそれぞれ配當しており、五行ではなく六行になっており、しかも祝融が火と關係付けられていない。

また『呂氏春秋』には、

孟春之月、日在營室、昏三中・旦尾中。其日甲乙。其帝太皞、其神句芒、…（孟春紀）
仲春之月、日在奎、昏狐中、旦建星中。其日甲乙。其帝太皞、其神包芒、…（仲春紀）
季春之月、日在胃、昏七星中、旦牽牛中。其日甲乙。其帝太皞、其神句芒、…（季春紀）
孟夏之月、日在畢、昏翼中、旦婺女中。其日丙丁。其帝炎帝、其神祝融、…（孟夏紀）
仲夏之月、日在東井、昏亢中、旦危中。其日丙丁。其帝炎帝、其神祝融、…（仲夏紀）
季夏之月、日在柳、昏心中、旦奎中。其日丙丁。其帝炎帝、其神祝融、…（季夏紀）
中央土、其日戊己。其帝黃帝、其神后土、…（季夏紀）
孟秋之月、日在翼、昏斗中、旦畢中。其日庚辛。其帝少皞、其神蓐收、…（孟秋紀）

仲秋之月、日在角、昏牽牛中、旦觜巂中。其日庚辛。其帝少皞、其神蓐收、…（仲秋紀）
季秋之月、日在房、昏虛中、旦柳中。其日庚辛。其帝少皞、其神蓐收、…（季秋紀）
孟冬之月、日在尾、昏危中、旦七星中。其日壬癸。其帝顓頊、其神玄冥、…（孟冬紀）
仲冬之月、日在斗、昏東壁中、旦軫中。其日壬癸。其帝顓頊、其神玄冥、…（仲冬紀）
季冬之月、日在婺女、昏婁中、旦祇中。其日壬癸。其帝顓頊、其神玄冥、…（季冬紀・十二月紀）

とあり、太皞・句芒に春を、炎帝・祝融に夏を、黄帝・后土に中央を、少皞・蓐收に秋を、顓頊・玄冥に冬をそれぞれ配當しており、同様のものに『禮記』月令篇がある。また『淮南子』天文訓に、

東方木也。其帝太皞、其佐句芒、執規而治春。其神爲歲星、其獸蒼龍、其音角、其日甲乙。

南方火也。其帝炎帝、其佐朱明、執衡而治夏。其神爲熒惑、其獸朱鳥、其音徵、其日丙丁。

中央土也。其帝黃帝、其佐后土、執繩而制四方。其神爲鎭星、其獸黃龍、其音宮、其日戊己。

西方金也。其帝少昊、其佐蓐收、執矩而治秋。其神爲太白、其獸白虎、其音商、其日庚辛。

北方水也。其帝顓頊、其佐玄冥、執權而治冬。其神爲辰星、其獸玄武、其音羽、其日壬癸。


とあり、太皞・句芒に木・東・春を、炎帝・朱明に火・南・夏を、黄帝・后土に土・中央・四方を、少昊・蓐收に金・西・秋を、顓頊・玄冥に水・北・冬をそれぞれ配當する。ここでは炎帝と祝融のコンビが炎帝と朱明に替

わっている。また『淮南子』時則訓に、

東方之極、自碣石山過朝鮮、貫大人之國、東至日出之次・榑木之地・青邱樹木之野、太皞・句芒之所司者、萬二千里。…

南方之極、自北戸孫之外、貫顓頊之國、南至委火炎風之野、赤帝・祝融之所司者、萬二千里。…

中央之極、自崑崙東絶兩恆山、日月之所道、江・漢之所出、衆民之野、五穀之所宜、龍門・河・濟相貫、以息壤堙洪水之州、東至於碣石、黄帝・后土之所司者、萬二千里。…

西方之極、自崑崙絶流沙・沈羽、西至三危之國、石城金室、飲氣之民、不死之野、少皞・蓐收之所司者、萬二千里。…

北方之極、自九澤窮夏晦之極、北至令正之谷、有凍寒積冰・雪雹霜霰・漂潤群水之野、顓頊・玄冥之所司者、萬二千里。…


とあり、太皞・句芒に東を、赤帝・祝融に南を、黄帝・后土に中央を、少皞・蓐收に西を、顓頊・玄冥に北をそれぞれ配當するのは、『淮南子』天文訓と同様である。ただ炎帝が赤帝に替わっており、火から連想する赤に誤ったものかもしれない。他に『逸周書』嘗麦篇にも赤帝に作り、馬王堆漢墓帛書『五星占』に「南方火、其帝赤帝」とあるのも、同様である。

結　語

以上、述べてきたように、〈炎帝（祝融）〉という概念は、文獻學の立場に限って見た場合、戰國中期以降の儒家や道家の古帝王帝位繼承說話や五行說等の影響を受けながら、複合的に形成されたものと見ることができよう。ただ出土資料の中には五帝や夏禹の傳說を記したものもあり、湖南省長沙市子彈庫出土の『楚帛書』（一九四二年出土、戰國晚期楚墓）甲篇には、伏戲が女媧を娶り、炎帝が祝融に命じて四神を降し三天・四極を奠め、帝夋（嚳）[15]が日月の運行を推算し、共工が曆法を收めて相土に傳えたことを、甘肅省天水市放馬灘出土の秦簡『日書』（一九八六年出土、戰國晚期秦墓）には、秦人が炎帝を祭祀したことを、湖北省荊門十里鋪鎮王場村包山崗二號墓出土の「卜筮祭禱簡」（一九八七年出土、戰國後期楚墓）第二一七號簡には、老童・祝融・鬻熊らが楚人の祖先として祀られたことを、湖北省荊門市郭店村出土の楚簡『唐虞之道』（一九九三年出土、戰國後期楚墓）には、堯・舜の禪讓を、上述の上海博物館藏の楚簡『容成氏』第一號簡（一九九四年發見、戰國後期楚墓）には、軒轅氏・神農氏・包羲氏等の禪讓を、同じく楚簡『容成氏』第二三・一五・二四〜二八號簡には、禹の治水と九州說を、同じく楚簡『子羔』には、堯・舜の禪讓や禹・契・后稷の事跡を記す。

また『陳侯因𬯀』（戰國中期齊威王時作）には「高祖黃帝、弭嗣桓文」と陳侯が黃帝を祖述したことを[16]、甘肅省天水縣西南鄉出土の『秦公簋』（一九二三年出土、春秋秦景公時作）には「丕顯朕皇祖受天命、鼏宅禹績…」と秦公が禹の跡に居を構えたことを、『齊侯鎛・鐘』（又稱『叔夷鎛・鐘』、鎛一件、鐘一三件、一一二三年に山東省臨淄齊故城より出土、春秋晩期齊靈公時作、『考古圖』等の宋代摹本により傳世）には「虩虩成湯又嚴在帝所、敷受天命、…處禹之都」と湯が禹の都に居住したことを、『燹公盨《ヒンコウシュ》』（二〇〇二年發見、西周中期偏晩）には「天命禹敷土、隨山濬川、…」[17]と禹の治水のことを記す。また『詩經』商頌・玄鳥や『楚辭』天問あるいは『史記』殷本紀等に見える殷の始祖契の感生傳説に登場する「玄鳥」の文字が、河南省殷墟花園莊東地H一三から出土した甲骨（一九九一年出土、殷代後期）上に刻辭されており、傳説の玄鳥との關係が取りざたされている。[18]

特に上記三件の銅器はいずれも禹について述べており、なかでも『燹公盨』は西周時代のもので、そこに記す禹の治水は、『尚書』禹貢の「禹敷土、隨山刊木、…」や「書序」の「禹別九州、隨山濬川…」、『詩經』長發の「洪水芒芒、禹敷下土方」等と密接な關係にある。『燹公盨』に述べられた禹の治水は、當時、既に神話として傳えられていたのか、或いは史實として讃えられたのか、定かではないが、帝位繼承系譜から見れば禹は堯・舜を繼ぐ位置にあるから、禹が實在の人物であるならば堯・舜も實在した可能性は高まる。

二〇〇五年一一月には鄭州市で「文明起源與五帝時代―考古與歷史的整合學術討論會」（中國社會科學院古代文明研究中心・河南博物院・河南省文物考古研究所等共催、一一月二四・二五日）が開催され、中國古代文明の起源と形成に關する研究やその方法が檢討された。五帝時代に關する探索や認識が主要議題に擧げられ、考古學による成果との整合性が重要な檢討課題となった。これは今まで神話や傳説と言われた五帝時代を、考古學の成果によって歴史化しようとする試みであり、〈神話（傳説）の歴史化〉と言ってもよい。神話（傳説）を歴史化することは、歴史が神話（傳説）化したという前提があるからであり、實在の人物で偉業を達成した者を後世の人々が誇張誇大することがあるから、黃河の治水に功績のあった人物を後世の人々が禹という偉人として傳えたものとも考えられる。このような推論に立てば、五帝時代の堯や舜、さらには顓頊や帝嚳、果ては炎帝や黄帝も實在の人物であったことになる。[19]

確かに古代ギリシャの詩人ホメロス（Homeros、前九世紀頃）作と言われる『イリアス』（Ilias）に敍述された傳說的なトロイ（Troia）戦争は、ドイツの考古學者シュリーマン（HeinrichSchliemann、一八二二～一八九〇）がトロイ遺跡を發見したことにより史實であったことが證明された。同様に『史記』殷本紀記載の傳說と言われていた殷王朝は、殷墟出土の甲骨文の發見により實在の王朝であることが實證された。このことから、「夏本紀」記載の夏王朝も實在の王朝である可能性が高まり、長年、夏文化に對する研究が行われてきた。しかし、夏王朝については甲骨文のような確實な資料（同時文字資料）の裏付けがなされていない。[20]夏王朝が實在の王朝であることを實證すれば、「五帝本紀」記載の五帝時代も史實であると推測することは可能である。しかし、夏王朝の實在を實證する研究がまだ途中である現在、五帝時代にまで遡ることには些か疑問を抱かざるを得ない。誤りを恐れず大膽に推測することは必要なことであり、五帝時代を史實とみなすことに頭から反對するわけではないが、やはり確實な證據と實證の元に斷定しなければ砂上の樓閣となりかねない。現時點で堯・舜を實在の人物と斷定することには無理があり、また儒家の理想とする禪讓を全て史實として認めることには、躊躇せざるを得ない。まして炎帝・黄帝まで遡るのはなおさら難しいことではないか。

〈注〉

1　『琉璃河西周燕國墓地一九七三―一九七七』（北京市文物研究所、一九九五年七月、文物出版社）一〇一頁、參照。

2 「克罍」「克盉」の圖版は『考古』一九九〇年第一期に掲載。陳平「克罍・克盉銘文及其有關問題」（『考古』一九九一年第六期、『北京文物與考古』第三輯、北京市文物研究所、一九九二年、六八～七九頁、再錄）、陳平「再論克罍・克盉銘文及其有關問題」（『考古與文物』一九九五年第一期）。なお『燕文化研究論文集』（中國社會科學出版社、一九九五年七月）所收「銅器考」の各論考、參照。

3 燕都建城年代については、「根據在瑠璃河遺址出土的兩件銘文相同的青銅器克罍・克盉的記載以及『史記』燕世家・『史記集解（燕世家）』等古籍的記載、表明是成王時周人來到北京地區、併在房山瑠璃河建立都城。由此、以夏商周斷代工程「夏商周年表」爲依據、北京建城的歴史、應追遡到西周成王元年 —— 公元前一〇四二年。」（依『北京日報』報道）という成王元年（紀元前一〇四二年）説が出ている。なお前掲『燕文化研究論文集』所收「都城考」の各論考、參照。

4 二里頭遺址は「自洛汭延于伊汭、居陽無固、其有夏之居。」（『逸周書』度邑篇）・「昔伊洛竭而夏亡」（『國語』周語上）・「夏后氏孔甲、田于東陽萯山（首陽山）。」（『呂氏春秋』音初篇）・「昔三代之居、皆在河洛之閒。」（『史記』封禪書）・「夫夏桀之居、左河濟、右太華、伊闕在其南、羊腸在其北。」（『史記』孫子呉起列傳）・「太康居斟鄩、羿亦居之、桀又居之。」（古本『竹書紀年』（『史記正義』夏本紀引））「後桀伐岷山、進女于桀二人……而弃其元妃于洛、曰末喜氏。」（古本『竹書紀年』（『太平御覽』八十二引・一百三十五引））・「（帝太康）居斟尋」「羿入居斟尋」「（帝仲康）居斟彔」「（帝癸〔桀〕）居斟鄩」（以上、今本『竹書紀年』）等の傳世文獻に依って、〈夏都斟鄩〉と推定されており、研討會の「論文・提要集」に依れば、「夏王朝第三代帝王太康が最初に開いた都城で、太康から仲康にかけては二里頭遺址第一期末或いは第二期初に相當し、〇二VM三號墓の墓主は太康と密接な關係がある」（方孝廉「二里頭遺址新的考古發現與思考」『中國・二里頭遺址與二里頭文化國際學術研討會論文・提要集』二〇〇五年一〇月）とする。

5 鄒衡「炎帝的原生地究竟在哪里?」(寶鷄炎帝研究會・霍彥儒主編『炎帝與漢民族論集』三秦出版社、二〇〇三年六月)に「從考古研究看、今既在寶鷄・周原一帶發現〈姜炎文化〉。……姜炎文化的年代不是很早、比周早些、我估計、最多相當于早商文化、再往前是夏文化、它還未到夏文化。」とあり、石興邦「有關炎帝文化的幾箇問題」(寶鷄市社科連編『姜炎文化論』三秦出版社、二〇〇一年六月)に「炎黃部落最早的發祥地在隴東・陝西西部的黃土高原的溪谷中、卽古代的秦川大地。我們常說的〈八百里秦川〉是指由天水向東沿渭河一直到陝豫交界的潼關這一狭長的肥沃谷地、應是炎黃文化的搖籃。」とある。

6 許順湛「黃帝時代是中國文明的源頭」(『中州學刊』一九九二年第一期)・「中國歷史上有箇五帝時代」(『中原文物』一九九九年第二期)・『五帝時代研究』(中州古籍出版社、二〇〇五年二月)等、參照。

7 『列子』黃帝篇に「黃帝與炎帝戰於阪泉之野、帥熊・羆・狼・豹・貙・虎爲前驅、鵰・鶡・鷹・鳶爲旗幟、此以力使禽獸者也。堯使夔典樂、擊石拊石、百獸率舞。簫韶九成、鳳凰來儀。此以聲致禽獸者也。」とあり、『淮南子』兵略訓に「兵之所由來者遠矣。黃帝嘗與炎帝戰矣。嘗顓頊與共工爭矣。故黃帝戰於涿鹿之野、堯戰於丹水之浦、舜伐有苗、啓攻有扈。自五帝而弗能偃也、又況衰世乎。夫兵者、所以禁暴討亂也。炎帝爲火災、故黃帝擒之。共工爲水害、故顓頊誅之。」とある。

8 『史記正義』五帝本紀に「太史公依世本・大戴禮、以黃帝・顓頊・帝嚳・唐堯・虞舜爲五帝。譙周・應劭・宋均皆同。而孔安國尚書序・皇甫謐帝王世紀・孫氏注世本、並以伏犧・神農・黃帝爲三皇、少昊・顓頊・高辛・唐・虞爲五帝。」とあることに依れば、司馬遷は『世本』・『大戴禮』の説に依ったことが分かり、また『史記』孝武本紀に「上遂郊雍、至隴西、西登空桐、幸甘泉。令祠官寬舒等具泰一祠壇、壇放薄忌泰一壇、壇三垓。五帝壇環居其下、各如其方、黃帝西南、除八通鬼道。」とあるように、當時、黄帝は五帝のうちの一帝であったことが分かる。

9 『上海博物館藏戰國楚竹書』(二)(上海古籍出版社、二〇〇二年一二月)所收『容成氏』の釋文(李零)に基づいたが、圖版に據り文字を修正したところがある。

10 李承律「上海博物館藏戰國楚竹書《容成氏》の古帝王帝位繼承説話研究」(大巡思想學術院『大巡思想論叢』第一七輯、二〇〇四年六月)に「《唐虞之道》が禪讓を理論的に詰めたものとすれば、《容成氏》はそれを歴史的に再構成したものと言えよう。そういった意味で兩者は相互補完關係にあったのではないだろうか」(二二〇頁)とし、「《莊子》胠篋篇には、《容成氏》のような尚賢政治は否定的に捉えられている。《容成氏》のような禪讓説、〈愛〉の思想、尚同をふまえた思想、非戰論も胠篋篇には見えない」(二〇四頁)とする。

11 『國語』鄭語に引く「泰誓上篇」の「民之所欲、天必從之。」も、民意即天意の思想であり、『孟子』萬章上篇と同様に後に挿入されたものかも知れない。

12 池田末利『尚書』(集英社、一九七六年)に「全編を通じて看取される王權絶對思想、庶民意識の確立、天人關係の明確化などは、むしろ戰國末から秦・漢期にわたることを思わせる。」と述べている。

13 胡文輝「銀雀山漢簡〈天地八風五行客主五音之居〉釋證」(『簡帛研究』第三輯、廣西教育出版社、一九九八年)

14 田旭東「試析張家山簡《蓋廬》中的兵陰陽家之術」(『秦漢史論叢』第九輯、三秦出版社、二〇〇四年)、參照。田氏は「蓋廬」が實際に春秋時代の伍子胥の軍事思想を反映していると見る。

15 王國維は「帝俊(夋)」を「帝嚳(俈)」と見なし、俊・嚳は卜辭中の「高祖夒」から衍出したもので、「夒」の音が變じて「嚳」「俈」となり、形が誤って「夋」「俊」となったとする(「殷卜辭中所見先公先王考」「殷卜辭中所見先公先王續考」『觀堂集林』巻第九所收)。郭沫若は「帝俊」と「帝舜」は一人であり、また「帝舜」は「帝嚳」のことで、「帝嚳」の本字は卜辭中の「高祖夒」であり、神話傳説中の人物は、一人が二人以上に化することはよくあることとする(『中國古代社會研究』一九七~二〇一頁)。また袁珂は『山海經』大荒東經の「有中容之國。帝俊生中容、…」條下において、『帝王世紀』(『初學記』九巻引)に「帝嚳生而神異、自言其名曰夋。」とあること、また「西荒經」の「帝俊生后稷」を『大戴禮記』帝繫篇には、后稷は帝嚳から生まれたとしていることに據って、郝懿行が「帝俊」は「帝嚳」のこととしているのを是とする。ただその一方で、「大荒南經」の「帝俊妻娥皇(舜の妻)」・「海内經」の「帝俊生三身、三身生義均(舜の子の商均)」・「大荒北經」の「帝俊竹林在焉(舜の二妃に竹に關する神話傳説がある)」等を根據に、郭璞が「俊亦舜字假借音也」と言うのも非難できないとする(『山海經校注』三四五頁)。

16 郭沫若は「言高則祖述軒轅黃帝、佅則承嗣齊桓晉文」(『兩周金文辭大系考釋』因錞)と解釋している。

17 『燹公盨』は二〇〇二年に香港の骨董市場で發見され、保利藝術博物館が購入所藏した銅器で、本來、蓋付きであったと思われるが、器のみ發見された。釋文は『燹公盨―大禹治水與爲政以德』(線装書局、二〇〇二年一〇月)收載の李學勤「論燹公盨及其重要意義」に據った。

18 第三版第一〇條卜辭(『殷墟花園莊東地甲骨』一巻七七頁)に「辛卜、貞、往〓疾不死。一」とあり、編者は〓字を隷定して「鳶」に作る。『三代吉金文存』著録の「玄婦方壺」(或いは「玄鳥壺」と呼ぶ。『殷周金文集成』巻五罍器類に所收)の銘文に鳥が玄を銜む狀の字があり、下の一字は「婦」である。于省吾はこれを「玄鳥、婦」と釋讀し、「商器的玄鳥婦壺、有的釋爲鴂婦壺、有的把鴂字當作鳥書的玄字、都不可據。玄鳥婦壺是簡狄後裔的一箇婦人所做的壺。玄鳥二字標志着她的圖騰」(「關于古文字研究的若干問題」『文物』一九七八年第一期)と言う。また尹春浩・常耀華兩氏は

「将此銘與第三版第一〇條的「⿱玄鳥」加以比較、二者的別在于一爲左右結構、一爲上下結構。若把二者視爲一字并无不妥、此乃符號古文字同字異構之條例。……〈天命玄鳥〉的傳説的起源至遲不晩于商代」（「讀『殷墟花園莊東地甲骨』」『中國社會科學院研究生院學報』二〇〇五年第三期所收）と言う。

19 許順湛『五帝時代研究』（中州古籍出版社、二〇〇五年二月）に「研究黄帝時代至關重要的一點、就是不要把五帝時代作爲傳説時代來看待、如果作爲傳説時代看待那就是研究傳説、不是研究歴史。有關黄帝時代的文獻記載、有不少是帶有傳説性的、有的加入了許多神話色彩、我們要揭開傳説・神話的外衣摘取其歴史的内核、有些傳説・神話也會從另外一箇角度反映歴史的真實。」（四九六頁）とある。

20 登封王城崗遺址出土の刻劃陶文「共」字や偃師二里頭遺址出土の刻劃陶文「鄘」字等が確認されているが、これらは單獨文字ばかりで、王朝を證明する内容を伴った文字列はまだ未發見である。なお陶寺遺址の灰坑H三四〇三から出土した扁壺上に朱書された〈文字〉を「文堯」と認め、「〈文堯〉是他的後人追憶他時的稱謂、也即〈先王的尊稱〉」（何駑「陶寺遺址扁壺朱書〈文字〉新探」（中國社會科學院考古研究所夏商周考古研究室編『三代考古』〔一〕科學出版社、二〇〇四年九月）とするが、まだ確定されていない。

附　五帝時代は史實か

中國の古代史は司馬遷の『史記』に基づくことが多い。この『史記』の「周本紀」に據れば、厲王が無道によって彘に逐われた後、召公・周公の二相による一四年間の行政期間があり、この期間を「共和」と號したという。また「十二諸侯年表」には共和元年を庚申（前八四一）の歳としている。中國の干支が分かる歴史はこの年から始まり、これ以前の西周時代や殷時代はおおよその年代を表示していた。その後、克商年代（周の武王が殷〔商〕の紂王に克って周王朝が建國された年）の確定作業が進み、一九九五年に北京市房山區で開催された〈紀念北京建城三〇四〇年國際學術研討會〉（北京市考古研究所・中國殷商文化學會等共催）では、克商年代を紀元前一〇四五年とし、召公奭が燕に封建されたのは（「周本紀」には「燕」と、「燕召公世家」には「北燕」とある）この年内のこととしている。一九六二年に房山區琉璃河董家林村で發見された西周時代の遺址は、廣範圍の城墻や墓地・車馬坑等が發見され、二五三墓から出土した青銅器（堇鼎）の銘文には、燕侯が臣下の堇を宗周（鎬京）に派遣して召公奭に珍品を奉獻し、召公から褒美を賜った堇が記念に鼎を鑄造したことが記されている。從って、この遺址は召公が封建されたことにより建城された燕國の都城の可能性が高く、「北京建城」とは、この燕都建城のことを指すのである。建城年代について、最近は成王元年（紀元前一〇四二年）說が出ている。

中國では近年來、文明起源の問題を重視し、一九九六年五月から〈夏商周年代確定プロジェクト（夏商周斷代工程〉による夏・商・周三代の紀年の確定作業を行い、二〇〇〇年一一月に「夏商周年表」（『夏商周斷代工程一九九六―二〇〇〇年階段成果報告 簡本』夏商周斷代工程專家組、世界圖書出版公司）を發表した。これに據れば、夏王朝は禹から癸（桀）までの紀元前二〇七〇年から紀元前一六〇〇年まで、殷王朝前期は湯から盤庚（殷に遷都前）までの紀元前一六〇〇年から紀元前一三〇〇年まで、殷王朝後期は盤庚（殷に遷都後）から帝辛（紂）までの紀元前一三〇〇年から紀元前一〇四六年まで、西周王朝は武王から幽王までの紀元前一〇四六年から紀元前七七一年までと確定している。また河南省登封市の王城崗遺址は禹の、偃師市の二里頭遺址は桀の、偃師市の商城遺址（屍鄉溝）や鄭州市の二里崗遺址は湯の都城ではないかと言われている。このうち夏文化研究の重要な對象となった二里頭遺址は、最近新たに遺址宮城東北部の夯土基址が發見されて話題となり、二〇〇五年一〇月には〈中國・二里頭遺址與二里頭文化國際學術研討會〉（中國社會科學院考古研究所・偃師市人民政府共催、一〇月一八〜二〇日）が開催された。「夏商周年表」を基礎にして、二〇〇二年には〈中華文明起源探索（探究）プロジェクト（中華文明探源工程）〉が始動し、更に一〇〇〇年遡って炎黃時代までを對象とし、既に河南省新密市の古城寨遺址と新寨遺址・登封市の王城崗遺址・山西省襄汾縣の陶寺遺址等を重點項目として發掘・整理を進めている。この四箇所の遺址はいずれも龍山文化期に相當し、年代確定された夏王朝以前の城邑ということになり、五帝時代に措定されることになる。

　文明起源の問題は、日本でも一頃、縄文時代の研究が盛んに行われ、各地から縄文時代の遺跡が發掘されて遺跡の狀態や多數の出土品が報告されたが、中國の古代遺跡と出土品の數は日本と比較にならないほど多く、龍山文化期の城址遺跡に限ってみても四、五〇座を數え、上述の陶寺遺址などは約二〇〇萬平方メートルもあり、年代はおよそ紀元前二四〇〇年から紀元前二〇〇〇年までの間と言われ、二〇〇四年六月には紀元前二一〇〇年頃の天文觀測臺遺址が發見された。この様な狀況下において、中國の考古學界や古代史學界では多數の研究團體が組織され、文明起源の問題について頻繁に會議を開催している。海外研究で中國に滯在している私は、二〇〇五年八月から一〇月にかけて四つの會議に參加する機會を得た。一は北京市平谷區で開催された〈二〇〇五平谷與華夏文明學術研討會〉(北京市平谷區人民政府・中國殷商文化學會等共催、八月二六〜二八日)で、區內に軒轅廟(黃帝陵)があり(圖1)、黃帝が會議のテーマの一つであった。二は山西省運城市で開催された〈全國虞舜文化學術研討會暨中國先秦史學會第八屆年會〉(運城市鹽湖區人民政府・中國先秦史學會等共催、九月五〜七日)で、區內に舜帝陵廟があり(圖2)、舜が會議の中心テーマであった。三は山西省侯馬市で開催された〈晉文化暨侯馬盟書出土四〇周年研討會〉(臨汾市人民政府・侯馬市人民政府・山西侯馬新田春秋古都文化節組委會等共催、九月二三〜二五日)で、會議の中心テーマは侯馬盟書であったが、堯の都城と言われている陶寺遺址から出土した土器・陶器を侯馬市郊外の保管庫に見學した(圖3)。四は陝西省寶鷄市で開催された〈炎帝與民族復興國際學術研討會〉(中華炎黃文化研究會・寶鷄市人民政府・寶鷄炎帝研究會等共催、一〇月三・四日)で、市內に炎帝陵があり(圖4)、炎帝が會議の中心テーマであった。

上述の四つの會議はいずれも考古學關係の發表が多く、炎帝・黃帝・堯・舜等の事跡を龍山文化期の遺跡と關聯づける發表や提要・論文が多數あった。北京市平谷區の會議では、ある者は『史記』五帝本紀の黃帝が「涿鹿之阿」(河北省涿鹿縣)に邑したとある記述を根據に、黃帝はここに城邑を築いて天下を治めたと言いい、またある者は『莊子』在宥篇の黃帝が空同山(崆峒山)で廣成子(道教の始祖)に會見したとある「空同山」を、甲骨文（『卜辭通纂』天象・第四三一片）の獨自解釋を證據に天津市薊縣城北の府君山（平谷軒轅廟の西南二〇キロ程）と斷定している。山西省運城市の會議では、『史記』五帝本紀の「舜、冀州之人也。舜耕歴山、漁雷沢、陶河浜、作什器於壽丘、就時於負夏」「南巡狩、崩於蒼梧之野、葬於江南九疑」や『孟子』離婁下篇の「舜生於諸馮、遷於負夏、卒於鳴條。東夷之人也」等の舜の事跡や堯・舜・禹の禪讓を論ずるもの等、傳世文獻の記述を考古遺跡と關聯させて史實として扱っているものが多かった。ある者は舜の政治活動の中心地を古冀州の河東（山西省南部）と推測して陶寺遺址や三里橋遺址（陶寺遺址の近く）をその證據になり得るとし、またある者は上引『孟子』の後文に「文王生於岐周、卒於畢郢。西夷之人也。地之相去也、千有余里。…」とある「千有余里」は、秦漢の一尺二三センチを用いれば西安（陝西省西安市。文王・武王の都城と言われる灃京遺址・鎬京遺址がある）から永濟（山西省運城地區永濟市。舜の都城と言われる蒲阪遺址がある）に至る距離であるとし、舜は永濟の人とみなしている。なお禪讓について、ある者は五帝時代を族邦連合體（早期國家段階）とみなし、陶寺遺址の大墓は族邦内の王位世襲の狀況を如實に反映しているとし、族邦連合體の首領のみ禪讓制によったとし、またある者は禪讓の背後で激烈な權力闘爭が存在し、「流共工於幽陵、…殛鯀於羽山」（『史記』殷本紀）「堯德衰、爲舜所囚也。…舜囚堯、復偃塞丹朱」（『史記正義』引「括地志」）等はその反映であるとする。

また山西省侯馬市の會議では、侯馬盟書を論ずるものが多かったが、ある者は堯の陶唐氏の名號を文字學上から論じ、またある者は商部族の起源が河東（山西省南部〔主に運城地區〕）にあることを考古遺跡（夏縣東下馮遺址・垣曲縣古城鎭商城遺址）や歴史的文化遺跡（垣曲縣王茅鎭下亳村の「殷商烈祖成湯聖王居亳故都」の石碑・夏縣瑶臺山下の巫咸・巫賢父子の祠廟〔文革中に破壞〕・平陸縣聖人澗鎭の傳說廟〔板築の發明者〕・萬榮縣百樣村の商湯廟〉や傳世文獻記載の地名〈桐〈伊尹流刑の所〉＝聞喜縣北塬・耿〈祖乙遷都の所〉＝河津市〉等に據って論證していた。陝西省寶鷄市の會議では、配られた提要を見ると、炎帝族・炎姜部族等の用語が頻出し、これらは炎帝を首領とした部族であると言い、ある者は渭河流域の寶鷄北首嶺遺址・西安半坡遺址・臨潼姜寨遺址等（いずれも仰韶文化期に屬する）を炎帝族活動範圍の遺跡とし、北首嶺遺址出土の陶塑人頭像は當時の炎帝像とみなすことができるとしている。また農業の始祖と言われる神農氏を炎帝とみなし、炎帝は中華農耕文化の發展に寄與したという論調も多く、ある者は炎姜部族の活動の中心地を陝西甘肅交界の天水から寶鷄に至る一帶で、齊家文化はその農耕文化の代表的なものとする。しかし炎帝と神農氏が結合して「炎帝神農氏」になったのは漢代以降であるから（『世經』・『漢書』古今人表・『白虎通』號篇・『淮南子』時則篇高誘注・『帝王世紀』・『左傳』杜豫注等）、このような論證には無理がある。ただなかには「炎帝之名產生較晚、或產生于西周前後」「其傳說應是在春秋戰國之際形成」という見解もあり、炎帝の名や傳説を西周・東周頃に形成されたものとしているが、そのモチーフとなった人物は五〇〇〇年前から四〇〇〇年前に實在したものと見ている。

現在、この炎帝に關する研究は、考古學からの考察や先周文化・周秦文化等の觀點から、陝西省寶鷄渭水流域（古の「姜水」）が炎帝族の發祥の地で、寶鷄一帶は〈姜炎文化〉の源で、〈炎黃子孫〉たる中華民族の故郷であるとする。この〈姜炎〉という呼稱は『國語』晉語の「黃帝以姫水成、炎帝以姜水成」や『左傳』哀公九年の「炎帝爲火師、姜姓其後也」等を根據にしたもので、『國語』や『左傳』の成立時期には、炎帝と姜水あるいは姜〈羌〉族との關係が認められる。『國語』や『左傳』がおよそ戰國時代から秦漢時代に至る閒に成立したものとすれば、炎帝を姜水・姜族と關係づける傳說もこの時代に成立した可能性が高い。では「炎帝」という概念が何時どのようにして成立したのか、文獻記載の炎帝と祝融に關する記述を見てみると、祝融については、『左傳』昭公二九年の「火正曰祝融」・『管子』五行篇の「祝融辨乎南方、故使爲司徒…夏者司徒也」・『呂氏春秋』孟夏篇・仲夏篇・季夏篇や『禮記』月令篇の「孟（仲・季）夏之月、…其帝炎帝、其神祝融」・『淮南子』時則訓の「南至委火炎風之野、赤帝・祝融之所司者、萬二千里」等とあるように、五德終始説の影響を受けて登場し、火正・南・司徒・夏等を配當し、『呂氏春秋』・『禮記』のように炎帝と同一の夏神（火神）として登場するものもある。『淮南子』時則訓のように炎帝が赤帝に入替わっているものもあり、これは火から連想する赤に誤ったものかもしれない。

『史記』五帝本紀・『列子』黄帝篇・『淮南子』兵略訓等には、黄帝と炎帝との對戰が記載され、いずれも黄帝が炎帝を抑えた説話になっており、炎帝は黄帝より低く評價され、「五帝本紀」に記載された王位繼承説話は、炎帝が省かれて黄帝→顓頊→嚳→堯→舜の順序になっている。これと繼承順序の似ている説話に、『呂氏春秋』尊師篇や『管子』封禪篇があるが、『管子』封禪篇では炎帝が神農と黄帝の間に入っている。『莊子』胠篋篇には十二人の古帝王の繼承説話が記載され、祝融が王位繼承者に含まれている。これと似た説話が上博楚簡『容成氏』にもあり、祝融は現れないが、竹簡が散逸したものと推測されるから、祝融が含まれていた可能性を否定できない。また王位繼承を述べているわけではないが、『呂氏春秋』勿躬篇に二十人の聖人の名が記載され、祝融もその中に含まれている。『莊子』胠篋篇・『呂氏春秋』勿躬篇のように、祝融が王位を繼承し、或いは聖人の位に就いたという説話は、『史記』五帝本紀の王位繼承説話とは別系統のものかもしれないが、『管子』封禪篇のように「五帝本紀」と同樣の繼承順位をとりながら、さらに炎帝が付加されたものもある。このように見てくると、戰國中期以降、儒家の堯・舜禪讓説話に對抗して出てきた道家系或いは儒家・道家折衷系の文獻の中に、より多くの古帝王や聖人が登場すると見てもよく、「炎帝」や「祝融」という概念は上述した五行說の影響を受けながら、複合的に形成されたものと見ることができよう。

ただ出土資料の中には五帝時代の傳說を記したものもあり、湖南省長沙市子彈庫出土の『楚帛書』甲篇（一九四二年出土、戰國晚期楚墓）には、伏戲が女媧を娶り、炎帝が祝融に命じて四神を降し三天・四極を奠め、帝允（嚳）が日月の運行を推算し、共工が曆法を收めて相土に傳えたことを、甘肅省天水市放馬灘出土の秦簡『日書』（一九八六年出土、戰國晚期秦墓）には、秦人が炎帝を祭祀したことを、湖北十省荊門十里鋪鎭王場村包山崗出土の「卜筮祭禱簡」（一九八七年出土、戰國後期楚墓、二號墓第二一七簡）には、老童・祝融・鬻熊らが楚人の祖先として祀られたことを、湖北省荊門市郭店村出土の『唐虞之道』（一九九三年出土、戰國後期楚墓）には、堯・舜の禪讓を、上述の上博楚簡『容成氏』（一九九四年發見、戰國後期墓）には、軒轅氏・神農氏・包羲氏等の禪讓を、上博楚簡『子羔』には、堯・舜の禪讓や禹・契・后稷の事跡を記し、また『秦公簋』（一九二三年出土、春秋時代秦景公時作）には「丕顯朕皇祖受天命、鼏宅禹績…」と秦公が禹の跡に居を構えたことを、『齊侯鎛・鐘』（春秋時代作）には「虡虡成湯有嚴在帝所、敷受天命、…處禹之都」と湯が禹の都に居住したことを、『燹公盨』（二〇〇二年發見、西周中期偏晚）には「天命禹敷土、隨山濬川、…」と禹の治水のことを記す（圖5）。また『詩經』商頌・玄鳥や『楚辭』天問あるいは『史記』殷本紀等に見える殷の始祖契の感生傳說に登場する「玄鳥」の文字が、河南省殷墟花園莊東地H一三から出土した甲骨（一九九一年出土、殷代後期）上に刻辭されており、傳說の玄鳥との關係が取りざたされている。特に上記三件の銅器は古く、いずれも禹について述べており、なかでも『燹公盨』は西周時代のもので、そこに記す禹の治水は、『書經』禹貢の「禹敷土、隨山刊木、…」や「書序」の「禹別九州、隨山濬川…」、『詩經』長發の「洪水芒芒、禹敷下土方」等と密接な關係にある。帝位繼承系譜から見れば禹は堯・舜を繼ぐ位置にあるから、禹が實在の人物であるならば堯・舜も實在した可能性は高まるが、儒家の理想とする禪讓を全て史實として認めることには、やはり未だと惑いを覺える。

二〇〇五年一一月には鄭州市で〈文明起源與五帝時代—考古與歷史的整合學術討論會〉（中國社會科學院古代文明研究中心・河南博物院・河南省文物考古研究所等共催、一一月二四・二五日）が開催され、中國古代文明の起源と形成に關する研究やその方法が検討された。五帝時代に關する探索や認識が主要議題に擧げられ、考古學による成果との整合性が重要な検討課題となった。これは今まで神話や傳説と言われた五帝時代を、考古學の成果によって歷史化しようとする試みであり、「神話（傳説）の歷史化」と言っても良い。しかし考えてみれば、神話（傳説）を歷史化することは、歷史が神話（傳説）化したからこそできることであり、實在の人物で偉業を達成した者を後世の人々が誇張誇大することがあるから、黄河の治水に功績のあった人物を後世の人々が禹という偉人として傳えたものとも考えられる。このような推論に立てば、五帝時代の堯や舜、さらには顓頊や帝嚳、果ては炎帝や黄帝も實在の人物であったことになる。確かに古代ギリシャの詩人ホメロス（前九世紀頃）作と言われる『イリアス』に敍述された傳説的なトロイ戰爭は、ドイツの考古學者シュリーマン（一八二二〜一八九〇）がトロイ遺跡を發見したことにより史實であったことが證明された。同様に『史記』殷本紀記載の殷王朝は殷墟出土の甲骨文の發見に據り實證されたので、「夏本紀」記載の夏王朝も實在の王朝である可能性が高まり、長年、夏文化に對する研究が行われてきたが、まだ甲骨文のような確實な資料（同時文字資料）の裏付けがなされていない。夏王朝が實在の王朝であることを實證すれば、「五帝本紀」記載の五帝時代も史實であると推測することは可能である。しかし、夏王朝の實在を實證する研究がまだ途中である現在、五帝時代にまで遡ることには些か疑問を抱かざるを得ない。誤りを恐れず大膽に推測することは必要なことであり、五帝時代を史實とみなすことに頭から反對するわけではないが、やはり確實な證據と實證の元に斷定しなければ砂上の樓閣となりかねない。現時點で堯・舜を實在の人物と斷定することには無理があり、まして炎帝・黃帝まで遡るのはなおさら難しいことではないか。

圖１　軒轅廟

圖２　舜帝陵

圖５　𤓰公盨の銘文拓本

圖３　陶寺遺址出土の陶器

圖４　炎帝陵の祭典

禹の九州傳說の成立過程

はじめに

『史記』は冒頭の五帝本紀の次に夏本紀を置いて、夏王朝の歴史を敍述している。夏王朝の初代の王は禹であり、黃河の治水に成功して中國の人々に尊敬される傳說上の人物であるが、近年、この傳說と言われている夏王朝を實在の王朝として認め、禹も實在した人物であると認める意見が多くなってきた。

中國では夏商周年代確定プロジェクト（夏商周斷代工程）の成果報告において、夏王朝の始まりを紀元前二〇七〇年とする公式見解を發表した(1)。これを前後する考古學・古代史學や天文曆法學等の成果報告においても、夏王朝を肯定する意見が大半を占める。また日本の考古學者の中にも、考古學的觀點からすると、二里頭文化では夏王權が成立して身分階級が存在し、既に宮廷儀禮が行われていたので、これに相當する夏を實在の王朝として認めてもよいのではないか、という意見も出ている。

考古學の年代區分によると、二里頭文化は龍山文化後期に續き、土器編年に從うと四期に分けられるという。夏王朝はこの二里頭文化の第一期・第二期に相當するという說が有力であるが、禹が都したと言われる「陽城」

は王城崗遺跡（河南省登封市の南）に比定され[2]、城郭は龍山文化中期に築かれ、龍山文化後期に破壊されている。従って、この王城崗遺跡を禹の都と比定するならば、夏王朝は龍山文化期に成立したことになる。放射性炭素年代測定法による殷王朝の始まりは紀元前一六〇〇年とされているから[3]、それに『竹書紀年』による夏王朝の存續年代四七一年を加えると[4]、ほぼ上記の公式見解に沿う。これは王城崗遺跡の第三期、すなわち龍山文化の後期に相當する[5]。

ただ本稿では、紀元前二〇〇〇年代に夏王朝が成立し、初代の王が禹であったか否かを考察するのが主眼ではなく、傳説の禹が黄河の治水に成功し、更に中國全土を九州に分けて統治したとする古典文獻や出土文獻等の資料を検討し、特に、そこに見える禹の九州傳説を考察しながら、その成立過程を明らかにすることを目的とする。

一　『尚書』に見える禹の事跡

禹の事跡については、『尚書』の「堯典（舜典）」「皐陶謨」「禹貢」「洪範」等の諸篇にある程度まとまって記載されているので、先ずこれらの諸篇を検討してみる。『尚書』堯典（舜典）に、

舜曰、咨、四岳、有能奮庸熙帝載、使宅百揆、亮采惠疇。僉曰、伯禹作司空。帝曰、兪、咨、禹、汝平水土、惟時懋哉。禹拜稽首、讓于稷契暨皐陶。帝曰、兪、汝往哉[6]。

とあり、舜が四岳らの推擧により、いったんは稷（棄）・契・皐陶らに譲って辭退しようとした禹を司空の官に就け、治水に勉めるように命令したことを述べている。更に「皐陶謨」には、

帝曰、來、禹、汝亦昌言。禹拜曰、都、帝、豫何言、豫思日孜孜。皐陶曰、吁、如何。禹曰、洪水滔天、浩浩懷山襄陵、下民昏墊。豫乘四載、隨山刊木、曁益奏庶鮮食。豫決九川、距四海、濬畎澮、距川。曁稷播、奏庶艱食鮮食。懋遷有無化居、烝民乃粒、萬邦作乂。皐陶曰、俞、師汝昌言。

とあり、舜や皐陶に促されて司空に就いた禹の治水とその後の具體策を述べており、禹の昌言（善言）としての「洪水滔天、……萬邦作乂」の部分は、次篇「禹貢」の概要のような内容になっており、特に「隨山刊木」や「濬畎澮」は、「禹貢」序の「隨山濬川」や「禹貢」第一章の「隨山刊木」と語句が相似している[7]。また「禹貢」には見えないが、「曁益奏庶鮮食」や「曁稷播、奏庶艱食鮮食」は、治水後の食糧政策を益や稷（棄）の援助協力のもとに成遂げたい旨を述べており、稷については、「堯典（舜典）」に譲ろうとした人物の名として擧がっている。

次に「禹貢」について見てみると、

禹別九州、隨山濬川、任土作貢。禹敷土、隨山刊木、奠高山大川。……東漸于海、西被于流沙、朔南曁、聲教訖于四海。禹錫玄圭、告厥成功。

とあり、序の「禹別九州、隨山濬川、任土作貢」は、これに續く「禹貢」全體の要約である。「禹貢」については、後に詳しく検討することとし、次に「洪範」を掲げる。

惟十有三祀、王訪于箕子。王乃言曰、「嗚呼、箕子、惟天陰騭下民、相協厥居。我不知其彝倫攸敍。」箕子乃言曰、「我聞、在昔、鯀堙洪水、汩陳其五行。帝乃震怒、不畀洪範九疇、彝倫攸斁。鯀則殛死、禹乃嗣興。天乃錫禹洪範九疇、彝倫攸敍。……」

とあり、武王が紂を討った後に、治民の常道を箕子に問い、箕子がそれに答えるというもので、篇名の「洪範」は、箕子が武王に說いた「洪範九疇」から名付けられた。この「洪範九疇」は政治の要諦を記した法則九類のことで、天帝が治水に失敗した禹の父鯀に與えず、治水に成功した禹に授けたものとする。(8)

以上、『尚書』に見える禹の事跡を記載した四篇を取りあげた。ここで少しく四篇の成立事情を検討してみる。「堯典（舜典）」の「二十有八載、帝乃殂落。百姓如喪考妣三載、四海遏密八音」は、『孟子』萬章上篇に「堯典曰…」として引き、『春秋繁露』暖燠常多篇に「尚書曰…」として引いており、また「堯典（舜典）」の「敷奏以言、明試以功、車服以庸」は、『左傳』僖公二十七年に「夏書曰…」として引いていることから、早ければ戰國中期、遅くとも漢武帝の頃までには成立していた可能性が高い。また「堯典（舜典）」には、「五典」「五瑞」「五禮」「五玉」「五器」「五品」「五教」「五刑」「五服」「五流」等の「五」を冠した語句が散見し、五行說の影響を多分に受けていることが分かる。また「詢于四岳、闢四門、明四目、達四聰」のように同數字を冠した語彙を連續して用い、リズミカルな文章に仕上げる修辭法は、かなり晩出を思わせる。また「肇十有二州、封十有二山」「咨十有二牧」のように、九州を更に細分した十二州（十二山・十二牧）の概念や壇を作って祭る〈封〉の考え方が見られることなどから、戰國末から秦漢時代に亙る思想が看取できる。(9)

「皐陶謨」に見える「五辰」「五典」「五禮」「五服」「五刑」「五色」「五采〈介〉」「五聲」「五言」「五千」「五長」等の語句は、「皐陶謨」が「堯典（舜典）」と同様に五行説流行後に成立したことを物語り、また「九族」「九徳」「九川」「九成」等のように、同數字を用いて事物をまとめる（畫一化する）用法は、五行説とともに戰國中葉以降に成立した文獻に盛んに用いられる表現法である。また「州十有二師」は「堯典（舜典）」の「肇十有二州」と同様に九州を細分化した十二州の概念を述べている。

次篇の「禹貢」は後に檢討するとして、「洪範」は他の三篇が虞夏書に分類されるのに對して、周書に分類され、周書は『尙書』全篇を通じて最も難解と言われる。池田末利は、「洪範」の成立期に關して、「東周以後とすることには學者間に異論は無いが、具體的な時期になると諸説がある」(10)として、松本雅明が掲げる戰國初期説・中期説・末期説を紹介し、戰國中期説に贊成する松本氏(12)や、屈萬里が(13)、「洪範」の語句が「商書曰」として『左傳』に引用され(14)、またその五行の素朴さが鄒衍の五行説に先行するとして、ほぼ戰國初期の成立と見て、劉節の秦統一前・戰國末とする説に反對するのに對して、「全篇を通じて看取される王權絶對思想、庶民意識の確立、天人關係の明確化などは、むしろ戰國末から秦・漢期にわたることを思わせる。篇内五行記述の素朴さがこれと一致せぬかも知れないが、必ずしも鄒衍系統の五行説に拘泥する必要はなく、別系統であることも考えられていいのではあるまいか。戰國末期の成立とみるほうがやや近いであろう」と反論している。[16]

「洪範」の五行について、顧頡剛の『尚書』研究を繼いだ劉起釪は、「五事」（貌・言・視・聽・思）が『論語』季氏篇の「九思」（視・聽・色・貌・言・事・疑・忿・見得）の項目の數項と一致はするのが、これは當時固定の項目がなかった證據とし、また「五事」の作用としての「五徵（休徵）」（肅・乂・晢・謀・聖）が『詩經』小雅・小旻の「聖・哲・謀・肅・艾」を踏襲したとする從來の説（劉節の説）を否定し、「洪範」の「五徵」は君主について述べたもので、人民について述べた『詩經』小旻は晩出とし、「洪範」の「五事」「五徵」の考え方は、殷・周時代の奴隸主の至上神や宗祖神に對する意志の誇張や引申であり、陰陽五行説に因るものではない、とする。[18]なお、劉氏は「洪範」全體の思想を殷・西周時代の思想の反映とみなし、春秋前期には現行の形が成立したものとする。[19]

「洪範」の成立時期を戰國末期と見る池田氏の説と春秋初期と見る劉氏の説には、かなりの開きがある。ただ、池田氏も「天人關係の明確化」と指摘するように、「休徵」の「曰肅時雨若、曰乂時暘若、曰晢時燠若、曰謀時寒若、曰聲時風若」と「咎徵」の「曰狂恆雨若、曰僭恆暘若、曰豫恆燠若、曰急恆寒若、曰蒙恆風若」とは、いずれも王の善行の徵驗（休徵）と惡行の徵驗（咎徵）とを述べたもので、王權に對する規制を說いた天人感應の思想が明確に示されており、戰國末期から秦・漢時代に亙って主張されたこの思想を春秋初期にまで遡らせることには、些か躊躇せざるを得ない。

二　『詩經』に見える禹の事跡

次に『詩經』に見える禹の事跡について、數篇の詩を掲げて檢討する。まず『詩經』小雅・信南山に、

信彼南山、維禹甸之。畇畇原隰、曾孫田之。我疆我理、南東其畝。……

とある。序に「信南山は、幽王を刺るなり。成王の業を脩め、天下を疆理し、以て禹の功を奉ずること能はず、故に君子 古を思へり」とあり、文王・武王の後を繼いだ成王が、禹の功績（功業）を奉じて、都を置いた終南山麓を治め、また天下を治めたのに、幽王に至って天下を亂してしまったことを誹り、詩の作者が禹の功績（功業）を思慕したものとする。また「大雅・文土有聲」に、

文王受命、有此武功。既伐于崇、作邑于豐。文王烝哉。……豐水東注、維禹之績。四方攸同、皇王維辟。皇王烝哉。鎬京辟廱、自西自東、自南自北、無思不服。皇王烝哉。

とある。「皇王」は武王のことで、「辟廱」は天子による人材育成の場あるいは離宮[20]。「禹之績」の「績」は、「毛傳」に「業なり」、「鄭箋」に「功なり」とあることに據れば、功業の意に解せられ、「績」は「蹟」「迹」の假

借字であるから、「禹之績」は禹の功業の蹟（迹）という意味になる。「鄭箋」に「績は功。辟は君なり。昔し堯の時 水洪《あふ》れて、豐水も亦た汎濫して害を爲す。禹 之を治めて渭に入れ、東して河に注が使むるは、禹の功なり。文王・武王 今 邑を其の旁地に作るを得、天下の 心を同じうして歸する所と爲る。大王 之が君と爲れるは、乃ち禹の功に由る、故に引きて之を美むるなり」とあり、文王・武王が禹の功業の蹟（迹）を繼いで、禹の治めた水土に都（豐京・鎬京）を築き、天下を平定できたのは、禹の治水のお陰であるとする。また「大雅・韓奕」に、

奕奕梁山、維禹甸之。有倬其道。韓侯受命、王親命之。

とある。序に「禹 梁山を治めて、水災を除く。宣王 大亂を平げて、諸侯に命ず」とあり、また「鄭箋」に「梁山の野、堯の時 俱に洪水に遭ひ、禹 之を甸めて、其の災を決除し、平田と成さ使め、賦を天子に貢す。周に厲王の亂有り、天下 職を失ふ。今 倬然として明らかに禹の功を復する者有り、韓侯 王命を受けて侯伯と爲る」とあり、堯の時に梁山の野の洪水を禹に命じて治めしめたように、宣王の時に厲王の政治の亂を韓侯に命じて治めしめたことを讚えたものとする。

次に「魯頌・閟宮」に、

閟宮有侐、實實枚枚。赫赫姜嫄、其德不回、上帝是依。無災無害、彌月不遲。是生后稷、降之百福。黍稷重

穋、稙穉菽麥。奄有下國、俾民稼穡。有稷有黍、有稻有秬。奄有下土、纘禹之緒。

とある。「纘禹之緒」の「纘」は、「釋文」に「繼なり」とあり、「緒」は、「毛傳」や「集傳」に「業なり」とあり、上記「文王有聲」の「禹之績」の「績」と同様に見ている。「鄭箋」に「緒は、事なり」として、「堯の時洪水 災を爲し、民 粒食せず。天神 多く后稷に豫ふるに五穀を以てす。禹 水土を平かにし、乃ち民をして之を播種せ教む。是に於いて天下大いに有てり、故に禹の事を繼ぐと云ふなり」とあり、禹の治水の後を繼いだ后稷が天神（天帝）から與えられた五穀を民に播種せしめたとしている。これは「皐陶謨」の「曁稷播…」と似ているが、「皐陶謨」は禹が治水後の食糧政策を益や后稷の援助協力のもとに成遂げたい旨を述べており、五穀の播種は禹と后稷との共同作業のように述べられている。なお、「纘禹之緒」は後文の「纘大王之緒」と同様の言い方で、后稷が禹の偉業を繼ぎ、文王・武王が大王の偉業を繼ぐという文脈である。また「奄有下國」や「奄有下土」の語句は「商頌・玄鳥」の「奄有九有」に似ており、「毛傳」や「集傳」は、この「九有」を「禹貢」の「九州」と見ている。[21] また「商頌・長發」に、

濬哲維商、長發其祥。洪水芒芒、禹敷下土方。外大國是疆、幅隕既長。有娀方將、帝立子生商。

とある。「禹敷下土方」は「禹貢」の「禹敷土」を敷衍した言い方になっており、「鄭箋」に「禹 下土を敷ち四方を正す」とあるように、天下の土地を分けて地方を安定させた意と解釋できよう。また地方の大國の領土を擴

大しながら境界を定め、それに伴って有娀氏の領土も廣がったために、天帝は有娀氏の娘が生んだ契《セツ》を殷（商）の始祖に定めたという内容である。また「商頌・殷武」に、

天命多辟、設都于禹之績、歲事來辟。勿豫禍適、稼穡匪解。

とある。「鄭箋」に「天命じて、乃ち天下の衆君諸侯をして、都を禹の治むる所の功に立てて、以て歲時に來りて我が殷王に朝覲せ令むるなり。罪過もて之に禍適を與ふること勿く、徒だ勑《いまし》むるに民に稼穡を勸め、解倦す可きに非ざるを以てするのみ。……禹 水土を平げ、五服を弼成して、諸侯の國 定まる。是を以て然か云ふ」とあり、序に「殷武は、高宗を祀るなり」とあるに據れば、この詩は高宗（武丁）を讚えたもので、「禹之績」は「文王有聲」と同樣に禹の功業の蹟（迹）という意味であるから、天が諸侯に命じて禹の功業の蹟（迹）に都を建てて歲時に高宗に朝覲せしめ、高宗は諸侯に對して咎めを與えずに稼穡を勸めて怠ることがないようにさせたとする。

以上、『詩經』に見える禹の事跡を記載した數篇を取りあげた。ここで少しく數篇の成立事情を檢討してみる。「小雅・信南山」の「信彼南山、維禹甸之」と「大雅・韓奕」の「奕奕梁山、維禹甸之」とは、「維禹甸之」の一句が同一であり、作詩者が緊密の關係にあることが分かる。このことは、「信南山」が小雅に、「韓奕」が大雅に分屬してはいるが、成立時期はそれほど離れていないことを窺わせる。また「大雅・文王有聲」の「豐水東注、維禹之績」と「商頌・殷武」の「設都于禹之績」とは、「禹之績」の一句が同一であり、また「魯頌・閟宮」の「禹

之緒」も、上述のように禹の功業の蹟（迹）という意味になり、「文王有聲」が大雅に、「閟宮」が魯頌に、「殷武」が商頌にそれぞれ分屬してはいるが、やはり成立時期が近いことを思わせる。

では成立時期は大凡いつ頃であるのか。王國維は商頌の詩に見える文句が殷墟卜辭所載の祭禮や制度文物と類似せず、また人名・地名も殷代の稱と類似せず、所用の成語が西周中葉以後と類似しているとし、更に語句が周詩（國風・小雅・大雅）を踏襲しているとして、「商頌・那」の「猗與那與」は「檜風・隰有萇楚」の「阿儺其枝」や「小雅・隰桑」の「隰桑有阿、其葉有難」であり、「商頌・長發」の「昭假遲遲」は「大雅・雲漢」の「昭假無贏」や「大雅・烝民」の「昭假于下」であり、「商頌・殷武」の「有截其所」は「大雅・常武」の「截彼淮浦、王師之所」であり、「商頌・烈祖」の「時靡有爭…約軧錯衡、八鸞鶬鶬」は「大雅・江漢」の「時靡有爭」や「小雅・采芑」の「約軧錯衡、八鸞瑲瑲」であるとして、いずれも西周中葉以後の詩であるとする。また魯頌は商頌を踏襲しており、製作年代が比較的近かったので眞似しやすかったものとする。[22]

また「魯頌・閟宮」に見える、姜嫄に上帝が憑依して后稷（棄）を生むという話は、「大雅・生民」には具體的に「履帝武敏歆」とあり、姜嫄が帝の足跡を踏んで懐妊したことになっている。これについて于省吾は、「殷（商）代の卜辭中には「帝」があり、更に發展して「上帝」となる。しかし、后稷は三代以前の堯・舜時代に屬するから、當然「帝」や「上帝」の觀念は現れていない。それでは「生民」の「履帝武敏歆」の「帝」や「閟宮」の「赫赫姜嫄、其德不回、上帝是依」の「上帝」（中略）は、全て周人が付加えた（加上した）時代の烙印である。だから、どんな神話や傳説にせよ、長期間を經て傳播し、全て絶えず塗上げられた後代の歷史的色彩である」と言って、「帝」や「上帝」の觀念が殷代の卜辭に初めて現れることから、「大雅・生民」や「魯頌・閟宮」の詩篇に記す感生説話は、史實に基づくものではなく、説話に記される「子棄て」は原始の人びとの禁忌習慣の殘余で、後世、統治階級の遠祖や始祖の出生を神格化し、その非凡さを顯示したものとする。(23)

王・于兩氏の説を勘案するに、禹の事跡を記載した上記の數篇の詩は、西周中葉以後から春秋時代にかけて成立したものと見ることができよう。このことは、「商頌・長發」の「洪水芒芒、禹敷下土方」が、西周中期偏晩の作と言われる『𤼈公盨』の「天命禹敷土、隨山濬川」(24)と密接な關係にあることや、「大雅・文王有聲」の「維禹之績」や「魯頌・閟宮」の「纘禹之緒」、あるいは「商頌・殷武」の「設都于禹之績」等が、春秋中期の秦の桓公（前六〇五～前五七七在位）か景公（前五七七～前五三七在位）が製作した『秦公簋』の「丕顯朕皇祖受天命、鼏宅禹賚（績）」や、作器者叔夷の仕えた齊の靈公（前五八二～前五五四在位）の時に製作された『齊侯鎛・鐘（叔夷鎛・鐘）』の「虩虩成湯、有嚴在帝所、博受天命、……咸有九州、處禹之緒」と類似していることなどから證明できる。(25)

なお、岡村秀典は、『左傳』襄公四年の「芒芒禹迹、畫爲九州、經啓九道」の「禹迹」について、「豐水東注、維禹之績」の記載のある「大雅・文王有聲」や「禹賚」の記載のある『秦公簋』に基づいて地理的解釋を施し、「『詩經』文王有聲では、周の文王が都を岐山から東に遷した豐の地が「禹迹」とされた。ところが「秦公簋」の「禹迹」は岐山より西にある。「禹迹」が豊から西にずいぶん廣がったのである。「文王有聲」の成立年代は特定できないが、かりに西周時代にさかのぼるのであれば、春秋時代に「禹迹」は關中盆地の東部から甘肅東部に擴大し、『尚書』禹貢のときにはさらに甘肅西武の砂漠地帶にまで廣がっていったのである」と述べている。(26)

禹の治水傳説が陝西省方面から始まり、西方の地理貢物に關する記載が多いことを、禹の出自と關係があるとして指摘したのは三原一雄である。三原氏は「禹貢には何故、陝西・甘粛方面の記事がかくも多いのであろう」と言って、上述の「大雅・文王有聲」の「豐水東注、維禹之績」や「魯頌・閟宮」の「纘禹之緒」の他に、『新書』術事篇の「禹出於西羌」、『史記』六國表の「禹興於西羌」、『禮記』緇衣篇の「惟尹躬、先見于西邑夏」、『史記』呉世家の「周武王克殷……乃封周章弟虞仲於周之北、故夏墟」等を證據とし、「一人禹自身のみならず、夏王朝全體の傳説にその色彩が強い事を證するものである」と述べ[27]、更に「禹蹟」「禹之堵」「夏墟」「夏方」「大夏」等の地は、みな陝西・甘粛兩省にあったことを考察している[28]。

三　戰國・秦・漢期の諸書に見える禹の事跡

禹の事跡について、傳世文獻の中で古いと言われる『尙書』と『詩經』とを見てきたが、ここで禹の事跡が比較的まとまって見える『孟子』と『墨子』を檢討し、更に戰國末・秦・漢期の文獻を檢討する。『孟子』滕文公上の第四章に、

當堯之時、天下猶未平。洪水橫流、氾濫於天下、草木暢茂、禽獸繁殖、五穀不登、禽獸逼人、獸蹄鳥迹之道交於中國。堯獨憂之、舉舜而敷治焉。舜使益掌火。益烈山澤而焚之、禽獸逃匿。禹疏九河、瀹濟・漯而注諸海、決汝・漢、排淮・泗而注之江。然後中國可得而食也。當是時也、禹八年於外、三過其門而不入。雖欲耕得乎。后稷教民稼穡、……使契爲司徒、教以人倫、……

とある。堯・舜が益・禹・后稷・契の四人に命じて天下を治めたことを述べるなかで禹の治水が登場する。この内容は上述「堯典（舜典）」の續きに「帝曰く、棄よ、黎民 阻飢す。汝 稷を司り、百穀を播時せよ、と。帝曰く、契よ、百姓 親まず、五品 遜はず。汝 司徒と作り、敬みて五教を敷け。五教 寛を在よ、と」とあり[29]、『孟子』はこの「堯典（舜典）」を下敷きに作られている。なお、「禹八年於外、三過其門而不入」について、「禹貢」の「作十有三載乃同」や『史記』夏本紀の「居外十三年、過家門不敢入」、「河渠書」の「禹抑洪水、十三年過家不入門」等に、八年ではなく十三年としている。他に『墨子』七患篇の「禹七年水」や『管子』權數篇の「禹七年水」等は七年とし、『莊子』秋水篇の「禹之時、十年九潦」や『荀子』富國篇の「禹十年水」等は十年とする。いずれが古い説であるかは文獻の成立に關わるので、ここでは検討しない[30]。また「滕文公下」の第九章に、

當堯之時、水逆行、氾濫於中國、蛇龍居之、民無所定、下者爲巢、上者爲營窟。書曰、「洚水警余。」洚水者洪水也。使禹治之。禹掘地而注之海、驅蛇龍而放之菹。水由地中行、江・淮・河・漢是也。險阻既遠、鳥獸之害人者消、然後人得平土而居之。……及紂之身、天下又大亂。周公相武王誅紂。……書曰、「丕顯哉文王謨、丕承哉武王烈。佑啓我後人、咸以正無缺。」世衰道微、邪説暴行有作。臣弑其君者有之、子弑其父者有之。孔子懼作春秋。春秋天子之事也。……聖王不作、諸侯放恣、處士横議、楊朱墨翟之言盈天下。……吾爲此懼、閑先聖之道、距揚墨、放淫辭、邪説者不得作。……昔者禹抑洪水而天下平、周公兼夷狄驅猛獸而百姓寧、孔子成春秋而亂臣賊子懼。……我亦欲正人心、息邪説、距詖行、放淫辭、以承三聖者。

とある。これは治水を成し遂げた禹、文・武を相けて周室の基礎固めをした周公、春秋を著して名分を正した孔子ら三聖人の跡を繼いで、孟子自身も楊・墨の言を挫いて聖人たらんと主張する文脈で、禹はその聖人の筆頭として擧げられている。

『尙書』の引用が二箇所出てくるが、いずれも僞古文『尙書』にあり、一つは「大禹謨」の「洚水儆豫」で、いま一つは「君牙」の「丕顯哉文王謨、丕承哉武王烈。啓佑我後人、咸以正罔缺」である。ただ、現在はいずれも僞古文とされてはいるが、『孟子』に引用されているので、僞古文成作時に採用された眞古文の可能性がある。

また「滕文公上」に「瀹濟・漯而注諸海、決汝・漢、排淮・泗而注之江」とあり、「滕文公下」に「江・淮・河・漢是也」とあり、具體的な地名が記されており、「堯典（舜典）」を下敷きにしながら、九州説話の素地になったとも考えられる。要するに、「堯典（舜典）」よりも晩出であることは確かであろう。

次に具體的な地名を掲げる『墨子』を見てみる。「兼愛中」に、

古者禹治天下、西爲西河漁竇（＝黒水）、以泄渠孫皇之水。北爲防・原・泒、注后之邸（昭余祁）嘑池（＝虖沱）之瀆。洒爲底柱、鑿爲龍門、以利燕・代・胡・貉與西河之民。東爲漏大陸、防孟諸之澤、灑爲九澮、以楗東土之水、以利冀州之民。南爲江・漢・淮・汝東流之注五湖之處、以利荊・楚・干・越與南夷之民。此言禹之事、吾今行兼〔愛〕矣。(31)

とある。また『莊子』天下篇には墨子の言として、

墨子稱道曰、「昔者、禹之湮洪水、決江・河而通四夷九州也。名川三百、支川三千、小者無數。禹親自操稾耜、而九雜天下之川。腓無胈、脛無毛、沐甚雨、櫛疾風、置萬國。

とある。『墨子』兼愛中には具體的な地名が見られるが、「禹貢」の九州と符合するのは冀州のみで、「禹貢」ように整然とした體裁にはなっていないから、「禹貢」に先だって成書されたものと思われる。なお、『莊子』天下篇の「腓無胈、脛無毛」は、『孟子』滕文公上の「禹八年於外、三過其門而不入」と同様に禹が治水のために苦勞したことの證として述べられており、下に述べる『韓非子』五蠹篇にも「股無胈、脛不生毛」とあり、『容成氏』にも「面乾粗、脛不生之毛」とあり、文字の異同はあるが、そのまま踏襲されている。ただ、『莊子』や『韓非子』の「腓無胈」は『容成氏』には「面乾粗〔面は日に焼け乾いてかさかさになり〕」となっており、『呂氏春秋』行論篇に「禹不敢怨、而反事之、官爲司空、以通水潦、顏色黎黑、步不相過、竅氣不通、以中帝心」とあるのに似ている。また『史記』李斯列傳に「禹鑿龍門、通大夏、疏九河、曲九防、決渟水、致之海。而股無胈、脛無毛、手足胼胝、面目黎黑、遂以死于外、葬於會稽。臣虜之勞、不烈於此矣」とあり、『容成氏』を敷衍した表現になっており、顔や手足の身體全體に及んでいる。

他に『管子』輕重（戊）篇に、

夏人之王、外鑿二十虻、渫十七湛、疏三江、鑿五湖、道四涇之水、以商九州之高、以治九藪、民乃知城郭門閭室屋之築、而天下化之。

とあり、『荀子』成相篇に、

禹有功、抑下鴻、辟除民害逐共工。北決九河、通十二渚疏三江。禹傅土、平天下、躬親爲民行勞苦。

とあり、『韓非子』五蠹篇に、

禹之王天下也、身執耒臿以爲民先、股無胈、脛不生毛、雖臣虜之勞、不苦於此矣。

とあり、『呂氏春秋』開春論・愛類に、

昔上古龍門未開、呂梁未發、河出孟門、大溢逆流、無有丘陵沃衍・平原高阜、盡皆滅之、名曰鴻水。禹於是疏河決江、爲彭蠡之障、乾東土、所活者千八百國。

とあり、「仲夏紀・古樂」に、

禹立、勤勞天下、日夜不懈、通大川、決壅塞、鑿龍門、降通。水以導河、疏三江五湖、注之東海、以利黔首。

とあり、『淮南子』本經訓に、

舜之時、共工振滔洪水、以薄空桑、龍門未開、呂梁未發、江淮遍流、四海溟涬。民皆上丘陵、赴樹木。舜乃使禹疏三江五湖、闢伊闕、導廛澗、平通溝陸、流注東海。鴻水漏、九州乾、萬民皆寧其性。

とあり、「人閒訓」に、

古者、溝防不脩、水爲民害、禹鑿龍門、辟伊闕、平治水土、使民得陸處。

とあり、「脩務訓」に、

禹沐浴霪雨、櫛扶風、決江疏河、鑿龍門、闢伊闕、脩彭蠡之防、乘四載、隨山栞木、平治水土、定千八百國。

とあり、「泰族訓」に、

禹鑿龍門、闢伊闕、決江濬河、東注之海、因水之流也。

とあり、「要畧訓」に、

禹之時、天下大水、禹身執虆垂〈臿〉以爲民先、剔河而道九岐、鑿江而通九路、辟五湖而定東海。

とある。この他にも、禹の治水に關わる話は戰國・秦・漢期に成立した文獻に散見する。上記の『管子』輕重(戊)篇以下の文獻はいずれも戰國末から漢代に亙って成立した文獻であるが、治水を述べているものの、「禹貢」に比べて整然としていない。ただ「禹貢」には見えない「所活者千八百國」(『呂氏春秋』開春論・愛類)や「定千八百國」(『淮南子』脩務訓)があるから、「禹貢」より後の成立であることは、閒違いなかろう。

四 『尙書』禹貢に見える九州

さて、本題の九州について「禹貢」を檢討する。十七章に分けることができるので、章ごとに掲げる。

【第一章】

禹敷土、隨山刊木、奠高山大川。

【第二章】

冀州。既載壺口、治梁及岐。既修太原、至于嶽陽。覃懷厎績、至于衡漳。厥土惟白壤。厥賦惟上上錯。厥田惟中中。恆・衞既從、大陸既作、鳥夷皮服。夾右碣石、入于河。

【第三章】

濟・河惟兗州。九河既道、雷夏既澤、灉・沮會同。桑土既蠶、是降丘宅土。厥土黑墳、厥草惟繇、厥木惟條。厥田惟中下。厥賦貞。作十有三載乃同。厥貢漆・絲、厥篚織文。浮于濟・漯、達于河。

【第四章】

恭・岱惟青州。嵎夷既略、濰・淄其道。厥土白墳、恭濱廣斥。厥田惟上下。厥賦中上。厥貢鹽・絺、恭物惟錯。岱畎絲・枲・鉛・松・怪石。萊夷作牧、厥篚檿絲。浮于汶、達于河。

【第五章】

恭・岱及淮惟徐州。淮・沂其乂、蒙・監其藝。大野既豬、東原厎平。厥土赤埴墳、草木漸包。厥田惟上中。厥賦中中。厥貢惟土五色。羽畎夏翟、嶧陽孤桐。泗濱浮磬、淮夷蠙珠暨魚。厥篚玄纖・縞。浮于淮・泗、達于河（菏）。

【第六章】

淮・恭惟揚州、彭蠡既豬、陽鳥攸居。三江既入、震澤厎定、篠簜既敷。厥草惟夭、厥木惟喬。厥土惟塗泥。厥田惟下下。厥賦下上、上錯。厥貢惟金三品・瑤・琨・篠・簜・齒・革・監・毛〔惟木〕。島夷卉服。厥篚織貝、厥包橘・柚、錫貢。沿于江、恭達于淮・泗。

【第七章】

荊及衡陽惟荊州。江・漢朝宗于恭、九江孔殷。沱・潛既道、雲土夢（夢土）作乂。厥土惟塗泥。厥田惟下中。厥賦上下。厥貢監・毛・齒・革、惟金三品、杶・榦・栝・柏、礪・砥・砮・丹、惟箘・簵・楛。三邦厎貢厥名。包匭菁茅、厥篚玄纁璣組。九江納錫大龜。浮于江・沱・潛・漢、逾于洛、至于南河。

【第八章】

荊・河惟豫州。伊・洛・瀍・澗、既入于河、滎波既豬。導菏澤、被孟豬。厥土惟壤、下土墳壚。厥田惟中上。厥賦錯上中。厥貢漆・枲・絺・紵、厥篚纖・纊、錫貢磬錯。浮于洛、達于河。

【第九章】

華陽・黒水惟梁州。岷・嶓既藝、沱・潛既道。蔡・蒙旅平、和夷厎績。厥土青黎。厥田惟下上。厥賦下中、三錯。厥貢璆・鐵・銀・鏤・砮・磬、熊・羆・狐・貍織皮。西傾因桓是來。浮于潛、逾于沔、入于渭、亂于河。

【第一〇章】

黒水・西河惟雍州。弱水既西、涇屬渭汭。漆・沮既從、灃水攸同。荊・岐既旅、終南・惇物、至于鳥鼠。原隰厎績、至于豬野。三危既宅、三苗丕敍。厥土惟黄壤。厥田惟上上。厥賦中下。厥貢惟球・琳・琅玕。浮于積石、至于龍門・西河、會于渭汭。織皮崑崙・析支・渠搜西戎既敍。

【第一一章】

導岍及岐、至于荊山、逾于河、壺口・雷首、至于太嶽。厎柱・析城、至于王屋。大行・恆山、至于碣石、入于恭。西傾・朱圉・鳥鼠、至于太華。熊耳・外方・桐柏、至于陪尾。導嶓冢、至于荊山、内方至于大別。岷山之陽、至于衡山、過九江、至于敷淺原。

【第一二章】

導弱水、至于合黎、余波入于流沙。導黑水、至于三危、入于南海。導河、積石至于龍門、南至于華陰、東至于厎柱、又東至于孟津、東過洛汭、至于大伾、北過降水、至于大陸、又北播爲九河、同爲逆河、入于海。

【第一三章】

嶓冢導漾、東流爲漢、又東爲滄浪之水、過三澨、至于大別、南入于江、東匯澤爲彭蠡、東爲北江、入于海。岷山導江、東別爲沱、又東至于汭、過九江、至于東陵、東迆北會于匯、東爲中江、入于海。

【第一四章】

導沇水、東流爲濟、入于河、溢爲滎、東出于陶丘北、又東至于、又東北會于菏、又北東入于海。導淮、自桐柏、東會于泗・沂、東入于海。導渭、自鳥鼠同穴、東會于灃、又東會于涇、又東過漆・沮、入于河。導洛、自熊耳、東北會于澗・瀍、又東會于伊、又東北入于河。

【第一五章】

九州攸同、四隩旣宅、九山刊旅、九川滌源、九澤旣陂、四海會同。六府孔修、庶土交正、厎愼財賦、咸則三壤、成賦中邦。錫土・姓。祗臺德先、不距咊行。

【第一六章】

五百里甸服。百里賦納總、二百里納銍、三百里納秸〔服〕、四百里粟、五百里米。五百里侯服。百里采、二百里男邦、三（二）百里諸侯。五百里綏服。三百里揆文教、二百里奮武衞。五百里要服。三百里夷、二百里蔡。五百里荒服。三百里蠻、二百里流。

【第一七章】

東漸于海、西被于流沙、朔・南暨、聲教訖于四海。禹錫玄圭、告厥成功。

とある。序章と第一章は「禹貢」の概要を述べ、第二章から第十章までは九州それぞれについて、各州内の河川の位置や土質のランク付け、更に貢物を詳しく述べる。第十一章から第十四章までは第二章から第十章で説明しきれなかった河川の川筋などを述べている。第十五章・第十七章は「禹貢」のまとめの部分に當たり、その間の第十六章は國都からの距離に應じた名稱と貢納すべき貢物などを述べたもので、他の章と趣を異にする。

五服の制度は、『左傳』昭公十三年に「卑而貴重者、甸服也」とあり、また『國語』周語上に「夫先王之制、邦内甸服、邦外侯服、侯衞賓服、夷蠻要服、戎狄荒服」、『荀子』正論篇に「故諸夏之國同服同儀、蠻夷戎狄之國同服不同制。封内甸服、封外侯服、侯衞賓服、蠻夷要服、戎狄荒服」とあり、「綏服」が「賓服」になってはいるが、「禹貢」とほぼ同様の考え方で、國都・畿内（甸服）を中心として段階的に擴大する天下觀念の圖式は、戰國期、特に戰國後半期に形成されたものと思われる。[32] 五服の制については、別の機會に讓り、ここでは詳しく論じない。[33]

この篇の成立年代について、屈萬里は、梁州の貢物の鐵・鏤（銅）は西周以前には無かったから、東周時の作品であろう。篇中に「四岳」「五岳」を言わず、また「六府」を言うも「五行」を言わない。また鄒衍の大九州の説は、必ずや本篇傳世の後に出たものであろうから、本篇の著成年代は、たぶん春秋の世であろう、とする。(34)また辛樹幟は、成書年代は西周の文・武・周公・成・康の全盛時代から穆王に至るまでであり、この當時の太史の錄するところで、列國を周遊して足跡が「不到秦」の孔子ではなく、また戰國時の百家爭鳴の學者等の著すところでもない、とする。(35)また李民は、制作時期は春秋より戰國前期までの範圍内で、制作時に殘っていた斷片的な夏代の文字史料に依據した可能性は大いにあり得る。〈似龍山文化（河南龍山文化晩期）〉の分布區域から見ると「禹貢」に記す地域範圍は基本的に合致する、とする。(36)また金景芳・呂紹綱兩氏は、虞夏の時に「禹別九州、任土作貢」を記錄した史料が後世に傳わり、周の平王東遷の後、即ち春秋初期に、一位の學者の加工潤色を經て寫定成篇されたもの、とする。(37)

上述のように近年來諸説紛々として定説を見ない。劉起釪は西周時期説・春秋時期説・戰國時期説・秦統一後之説・藍本出於紀元前一〇〇〇年（殷代武丁時期）以前、迭經加工修訂而成今本説等を掲げ、最後の邵望平の考古學的な觀點からの説を詳説している。それに據れば、邵氏は、冀州は陶寺類型の龍山文化に、兗州は河北省南部山東省西部の龍山文化圈に、青州・徐州は泰山周圍・北東は海に至り、南は淮河および皖北一隅に達し、西は魯西平原の東緣に及ぶ龍山文化圈に、揚州は龍山期文化の一の良渚文化に、荊州は湖北・湖南および江西西部の長江中游龍山文化分布區に、豫州は河南龍山文化分布區に、梁州は中原龍山文化の一地方類型・二里頭文化等と類似しない早期の巴蜀文化區に、雍州は陝西龍山─齊家文化分布區に相當し、紀元前二〇〇〇年前後の黄河・長江流域の古代文化區系の畫分と「禹貢」九州の畫分とは基本的に符合するとし、文字の出現と王權の存在との條件から三代時期の作品の可能性のみで、「禹貢」の作者の地理的知識は紀元前一〇〇〇年より前の〈中國〉に限られるとする。また「禹貢」九州の藍本は商朝史官の手に出たか、或いは商朝の史官が夏史に對して口碑追記した可能性があり、また周初の史官が夏・商の史迹に對して追記した可能性があるとする。なお劉氏は、邵氏の説を高く評價しつつ、師の顧頡剛の戰國の證據も信じるべきであるとし、西周史官の完成した「禹貢」の定本が流傳して戰國に至り、些かの戰國の史實が増加されたと見る。(38)

五　戰國・秦・漢期の諸書に見える九州

「禹貢」の九州說を踏襲したものに『史記』夏本紀の「禹行自冀州始。…濟・河維沇州。…海岱維青州。…海岱及淮維徐州。…淮海維揚州。…荊及衡陽維荊州。…荊河惟豫州。…華陽黑水惟梁州。…黑水西河惟雍州。…」がある。他に戰國・秦・漢期を通じて以下の文獻に九州說が散見する。『呂氏春秋』有始篇に、

天有九野、地有九州、上有九山、山有九塞、澤有九藪、風有八等、水有六川。……何謂九州。河・漢之間爲豫州、周也。兩河之間爲冀州、晉也。河・濟之間爲兗州、衞也。東方爲青州、齊也。泗上爲徐州、魯也。東南爲揚州、越也。南方爲荊州、楚也。西方爲雍州、秦也。北方爲幽州、燕也。

とあり、『周禮』夏官・職方氏に、

職方氏掌天下之圖、以掌天下之地。…乃辨九州之國、使同貫利。東南曰揚州。其山鎭曰會稽。其澤藪曰具區。其川三江、其浸五湖。其利金錫竹箭。其民二男五女。其畜宜鳥獸、其穀宜稻。正南曰荊州。其山鎭曰衡山。其澤藪曰雲瞢。其川江漢。其浸潁湛。其利丹銀齒革。其民一男二女。其畜宜鳥獸。其穀宜稻。河南曰豫州。其山鎭曰華山。其澤藪曰圃田。其川滎・雒。其浸波溠。其利林漆絲枲。其民二男三女。其畜宜六擾。其穀宜五種。正東曰青州。其山鎭曰沂山。其澤藪曰望諸。其川淮泗。其浸沂沭。其利蒲魚。其民二男二女。其畜宜鷄狗。其穀宜稻麥。河東曰兗州。其山鎭曰岱山。其澤藪曰大野。其川河泲。其浸盧維。其利蒲魚。其民二男三女。其畜宜六擾。其穀宜四種。正西曰雍州。其山鎭曰嶽山。其澤藪曰弦蒲。其川涇・汭。其浸渭洛。其利玉石。其民三男二女。其畜宜牛馬。其穀宜黍稷。東北曰幽州。其山鎭曰醫無閭。其澤藪曰貕養。其川河泲。其浸盧維。其利魚鹽。其民一男三女。其畜宜四擾。其穀宜三種。河內曰冀州。其山鎭曰霍山。其澤藪曰楊紆。其川漳。其浸汾潞。其利松柏。其民五男三女。其畜宜牛羊。其穀宜黍稷。正北曰幷州。其山鎭曰恆山。其澤藪曰昭余祁。其川虖池嘔夷。其浸淶易。其利布帛。其民二男三女。其畜宜五擾。其穀宜五種。

乃辨九服之邦國。方千里曰王畿。其外方五百里曰侯服。又其外方五百里曰甸服。又其外方五百里曰男服。又其外方五百里曰采服。又其外方五百里曰衞服。又其外方五百里曰蠻服。又其外方五百里曰夷服。又其外方五百里曰鎭服。又其外方五百里曰藩服。

凡邦國、千里封公。以方五百里則四公。方四百里則六侯。方三百里則七伯。方二百里則二十五子。方百里則百男。以周知天下。凡邦國、小大相維。王設其牧。制其職。各以其所能。制其貢。各以其所有。王將巡守。則戒于四方。曰各脩平乃守。攷乃職事。無敢不敬戒。國有大刑。及王之所行。先道。帥其屬而巡戒令。王殷國亦如之。

とあり、『逸周書』職方解に、

職方氏掌天下之圖、…乃辨九州之國、使同貫利。東南曰揚州、其山鎭曰會稽、其澤藪曰具區、其川三江、其浸五湖、其利金錫竹箭、其民二男五女、其畜宜鷄狗鳥獸、其穀宜稻。正南曰荊州、其山鎭曰衡山、其澤藪曰雲夢、其川江漢、其浸波溠、其利丹銀齒革、其民一男二女、其畜宜鳥獸、其穀宜稻。河南曰豫州、其山鎭曰華山、其澤藪曰圃田、其川滎雒、其浸潁湛、其利林漆絲枲、其民二男三女、其畜宜六擾、其穀宜五種。正東曰青州、其山鎭曰沂山、其澤藪曰望諸、其川淮泗、其浸沂沭、其利蒲魚、其民二男三女、其畜宜鷄犬、其穀宜稻麥。河東曰兗州、其山鎭曰岱山、其澤藪曰大野、其川河泲、其浸盧維、其利蒲魚、其民二男三女、其畜宜六擾、其穀宜四種。正西曰雍州、其山鎭曰嶽山、其澤藪曰弦蒲、其川涇汭、其浸渭洛、其利玉石、其民三男二女、其畜宜牛馬、其穀宜黍稷。東北曰幽州、其山鎭曰醫無閭、其澤藪曰貕養、其川河泲、其浸菑時、其利魚鹽、其民一男三女、其畜宜四擾、其穀宜三種。河内曰冀州、其山鎭曰霍山、其澤藪曰揚紆、其川漳、其浸汾露、其利松柏、其民五男三女、其畜宜牛羊、其穀宜黍稷。正北曰并州、其山鎭曰恆山、其澤藪曰昭余祁、其川虖池嘔夷、其浸淶易、其利布帛、其民二男三女、其畜宜五擾、其穀宜五種。

乃辨九服之國、方千里、曰王圻。其外方五百里爲侯服、又其外方五百里爲甸服、又其外方五百里爲男服、又其外方五百里爲采服、又其外方五百里爲衞服、又其外方五百里爲蠻服、又其外方五百里爲夷服、又其外方五百里爲鎭服、又其外方五百里爲藩服。

凡國、公・侯・伯・子・男以周知天下。凡邦國、大小相維、王設其牧、制其職各以其所能、制其貢各以其所有。王將巡狩、則戒于四方、曰、各脩平乃守、考乃職事、無敢不敬戒、國有大刑、及王者之所行道、率其屬而巡戒命、王殷國、亦如之。

とあり、『說文解字』一下・艸部（藪）に、

藪、大澤也。从艸數聲。九州之藪、楊州具區、荊州雲夢、豫州甫田、青州孟諸、沇州大野、雝州弦圃、幽州奚養、冀州楊紆、幷州昭余祁、是也。

とあり、『爾雅』釋地に、

兩河閒曰冀州、河南曰豫州、河西曰雝州、漢南曰荊州、江南曰楊州、濟河閒曰兗州、濟東曰徐州、燕曰幽州、齊曰營州。九州。

とあり、『說苑』辨物篇に、

八荒之内有四海、四海之内有九州。天子處中州而制八方耳。兩河閒曰冀州、河南曰豫州、河西曰雍州、漢南

曰荊州、江南曰揚州、濟南閒曰兗州、濟東曰徐州、燕曰幽州、齊曰青州、山川汙澤、陵陸丘阜、五土之宜、聖王就其勢、因其便、不失其性。高者黍、中者稷、下者秔。蒲葦萓蒯之用不乏、麻麥黍粱亦不盡、山林禽獸川澤魚鼈滋殖。王者京師四通而致之。

とあり、『淮南子』墬形篇に、

墬〔形〕之所載、六合之閒、四極之内、昭之以日月、經之以星辰、紀之以四時、要之以太歲。天地之閒、九州八〔極〕(柱)、土有九山、山有九塞、澤有九藪、風有八等、水有六品。何謂九州。東南神州曰農土、正南次州曰沃土、西南戎州曰滔土、正西弇州曰幷土、正中冀州曰中土、西北臺州曰肥土、正北泲州曰成土、東北薄州曰隱土、正東陽州曰申土。

とある。また上海博物館藏戰國楚竹書（以下、上海博楚簡と略稱）の『容成氏』にも九州が見える。『容成氏』第二十三號簡・第十五號簡・第二十四號簡〜第二十八號簡上段に、

舜聽政三年、山陵不疏、水潦不湝、乃立禹以爲司工。禹既已受命、乃卉服箁箬帽、芙蘮疋□□□□□□□□□□□□□□□□□□□□□□□□□□□□□□□□□面皯粗、脛不生之毛、開聖湝流。禹親執畚耜、以陂明都之澤、決九河之結。於是虖夾州徐州始可尻也。禹通淮與沂、東注之海。於

是虖競州莒州始可尻也。禹乃通淶與易、東注之海。於是虖幷州始可尻也。禹乃通三江五湖、東注之海。於是虖荊州揚州始可尻也。禹乃通伊洛、幷瀍澗、東注之河。於是於豫州始可尻也。禹乃通涇與渭、北注之河。於是虖叡州始可尻也。禹乃從漢以南爲名谷五百、從漢以北爲名谷五百。(39)

とある。李承律は上記の文獻を系統別に類型化し、「禹貢」・『史記』夏本紀を第一系統に、『呂氏春秋』有始篇を第二系統に、『周禮』夏官・職方氏・『逸周書』職方解・『說文解字』一下・艸部を第三系統に、『爾雅』釋地・『說苑』辨物篇を第四系統に、『淮南子』墬形篇を第五系統に、上海博楚簡『容成氏』を第六系統に分け、第一系統の各州は冀州・兗州（濟河）・青州（海岱）・徐州（海岱及び淮）・揚州（淮海）・荊州（荊及び衡陽）・豫州（荊河）・梁州（華陽黑水）・雍州（黑水西河）の順に、第二系統は豫州（漢の閒・周）・冀州（兩河の閒・晉）・兗州（河濟の閒・衞）・青州（東方・齊）・徐州（泗上・魯）・揚州（東南・越）・荊州（南方・楚）・雍州（西方・秦）・幽州（北方・燕）の順に、第三系統は揚州（東南）・荊州（正南）・豫州（河南）・青州（正東）・兗州（河東）・雍州（正西）・幽州（東北）・冀州（河内）・幷州（正北）の順に、第四系統は冀州（兩河閒）・豫州（河南）・雝州（河西）・荊州（漢南）・揚州（江南）・兗州（濟河閒）・徐州（濟東）・幽州（燕）・營州（齊）の順に、第五系統は神州（東南・農土）・次州（正南・沃土）・戎州（西南・滔土）・弇州（正西・幷土）・冀州（正中・中土）・臺州（西北・肥土）・泲州（正北・成土）・薄州（東北・隱土）・陽州（正東・申土）の順になっているとする。第六系統の『容成氏』の各州の順序は夾州／徐州（明都の澤、九河の結）・競州／莒州（淮・沂）・幷州（淶・易）・荊州／揚州（三江五湖）・豫州（伊・洛・瀍・澗）・叡州（涇・渭）であるが、李氏は「『九州』の配列順序及び名稱において、そのいかなる系統とも百パーセント一致あるいは類似するものはない。…本篇は第一～五の系統とは一線を畫する別系統のものと考えるべきであろう」と言いい、その九州說の特徵を五點にまとめ「①各州域の範圍が全く示されていない點、②各州域の位置が河川や藪澤によって示されている點、③禹貢篇のような中國全土の地宜・田賦・特產物・交通の便などに關する記載は一切ない點、④莒州と漢水の治水が特記されている點、⑤冀州が禹の治水の對象外となっている點」とする。(40)

上記の九州說を述べた文獻の中で『周禮』職方氏と『逸周書』職方解が特に詳しく、兩篇ともに九州說の後に五服を說いているところは「禹貢」と同樣であり、更には五等爵による封建制にまで及んでいる點は他の文獻と趣を異にする。李氏は、この兩篇にある「河南」「河東」「河內」という語から、宗周（陝西省長安縣の西北）ではなく成周（河南省洛陽縣の西邊）中心の考え方にもとづくものとするのは、(41)一考を要する。

尹宏兵は、『容成氏』は「禹貢」の九州觀念を吸收しているが、「禹貢」の政治や地理の視野とは完全に異なる九州方案を提出しており、春秋戰國時の政治地理から勘案すると、『容成氏』の夾・涂二州は春秋時の宋・衞二國の地に相當するとし、また『容成氏』の九州は宋・衞の地を中心として天下を觀察ならびに畫分し、一種の殷商本位あるいは東方の立場を具有し、「禹貢」の夏・周本位あるいは西方の立場と鮮明な對照を形成し、正に九州版〈夷夏東西說〉と言えるとし、また「禹貢」の成立年代が最も早く夏・商時代に淵源し、西周に成書された可能性があり、『容成氏』の九州は戰國早期に生產された可能性があり、『周禮』職方氏・『爾雅』釋地・『呂氏春秋』有始篇に幽州があることから、戰國中後期に燕が強國になった後に生產され、『逸周書』職方解の東方に對する畫分は戰國中晚期の東方の政治地理を基礎にしたもので、最晚の『呂氏春秋』有始篇に周の遺民の傾向があ

ることから戰國末期とする。(42)

おわりに

九州說について、『尙書』や『詩經』、あるいは戰國・秦・漢期に亙る諸文獻を檢討してきた。ここで「九州」の語の見える先秦文獻について檢討し、再度、九州說話の成立過程についてまとめてみたい。『尙書』禹貢の序に「禹別九州、隨山濬川、任土作貢」とあり、「禹貢」に「九州攸同」とある。この九州は上述のとおり天下を九つの地域に分けた九州で、具體的な地域名が示されている。これを九州の完成されたものと考えた場合、それ以前の九州、すなわち完成された九州の雛形となったものはどのようなものであったのか。

まず『詩經』商頌・玄鳥に「方命厥后、奄有九有」とあり、「毛傳」に「九有、九州也」と解釋し、「鄭箋」にも「覆有九州爲之王也」とする。また「商頌・長發」に「九有有截」とあり、「鄭箋」に「天下歸鄉湯、九州齊一截然」として、やはり「九有」を「九州」と解釋する。漢代の解釋であるから「九州」と見るのは當然であるかもしれない。當否はともかくとして、『詩經』の本來の意味は、九という數字に表れているように、全ての地域、卽ち王權の及ぶ範圍ということであろう。これらの詩篇の成立年代については上述のとおりであり、西周中葉から春秋期にかけて作られたものと見てよい。春秋中葉に製作された『齊侯鎛・鐘』(『叔夷鎛・鐘』)に「虩虩成湯、有嚴在帝所、博受天命、……咸有九州、處禹之緒」とあるように、この頃には「九州」の語が禹と結びつけられているが、この九州もまだ「禹貢」の地域區分の概念を讀み取ることはできない。他に「九有」を用いる文獻に

『墨子』非樂上篇の「上帝弗常、九有以亡、上帝不順、降之百祥」や『荀子』解蔽篇の「成湯監於夏桀、…此其所以代夏王而受九有也」があり、時代は下るが詩篇に見える「九有」と同じ意味で使われている。

次に『左傳』襄公四年に「於虞人之箴曰、芒芒禹迹、畫爲九州、經啓九道」、昭公四年に「四嶽・三塗・陽城・大室・荊山・中南、九州之險也」、昭公二十二年に「晉籍談・荀躒帥九州之戎及焦・瑕・溫・原之師、以納王于王城」、哀公四年に「士蔑乃致九州之戎、將裂田以與蠻子而城之」とあり、『國語』鄭語に「謝西之九州何如」とある。襄公四年の「九州」は「禹迹」との關係で述べられ、(43)『書經』立政の「陟禹之迹」と語句が近似している。昭公四年の「九州」は四嶽・三塗・陽城・大室・荊山・中南の具體的な地名が記述されて、「禹貢」の九州說の雛形にも見える。『左傳』や『國語』の成立時期は戰國末というのが定說であるが、これについても異論があり、一考を要する。

また戰國諸子の『墨子』尙賢上に「禹擧益於陰方之中、授之政、九州成」、『莊子』在宥篇に「出入六合、遊乎九州」、秋水篇に「人卒九州、穀食之所生、舟車之所通、人處一焉」、天下篇に「昔者、禹之湮洪水、決江河而通四夷九州也」、『管子』内業篇に「上察於天、下極於地、蟠滿九州」、輕重(乙)篇に「九州無敵、竟上無患」、輕重(戊)篇に「神農作樹五穀淇山之陽、九州之民、乃知穀食、而天下化之」、輕重(戊)篇に「夏人之王、外鑿二十虻、渫十七湛、疏三江、鑿五湖、道四涇之水、以商九州之高、以治九藪」とあり、『墨子』尙賢上・『莊子』天下篇・『管子』輕重(戊)篇の三篇に見える「九州」は禹の治水との關係で述べられ、特に『管子』輕重(戊)篇には二十虻・十七湛・三江・五湖・四涇之水・九藪の具體的な地名(河川や湖池)が記述され、上述の『荀子』成相篇の「九河・十二渚・三江」、『呂氏春秋』仲夏紀・古樂や『淮南子』本經訓の「三江・五湖」等と似ており、成立時期が近いことを感じさせる。『管子』輕重篇の成立時期は恐らく漢代に入ってからであろう。

また『楚辭』離騷に「思九州之博大兮、豈惟是其有女」とあり、「九歌・大司命」に「紛總總兮九州、何壽夭兮在豫」とある。「離騷」や「九歌」は屈原の作と言われており、成立時期が戰國期末説や漢代説があり、まだよく分かっていない。成立年代が先秦か漢代か未だ定説を見ないのが『禮記』であるが、曲禮下篇に「九州之長入天子之國、曰牧」、王制篇に「凡四海之内九州、州方千里…凡九州、千七百七十三國」、月令篇に「凡在天下九州之民者、無不咸獻其力」、禮器篇に「四海九州之美味也」、祭法篇に「共工氏之霸九州也、其子曰后土、能平九州、故祀以爲社」とあり、「四海」と「九州」を分けて、九州を「千七百七十三國」としていることなどから見て、これも恐らく漢代の成立であろう。

『詩經』に見える「九有」の概念が「九州」に轉化（轉訛）したことは十分にあり得ることで、西周から春秋にかけて成立したと思われる詩篇が「禹貢」の九州の雛形であると假定すれば、その後に成立した孟子等戰國諸子の影響を受けながら禹の九州説が形成されていったものと思われ、更に『容成氏』等が「禹貢」の九州説を雛形にして成立したものと思われる。『周禮』職方氏・『逸周書』職方解・『爾雅』釋地・『呂氏春秋』有始篇等の九州説は、「禹貢」九州説の漢代的展開であり、そこに現れた地域名などは時代を反映したもので、「禹貢」の九州説の地域名と合致しないのは當然である。では成立した時期はいつ頃かと言えば、『孟子』に遲れ『容成氏』に先立つ頃、すなわち戰國中期偏晩という見解が、本論の檢討から導き出された結論である。

〈注〉

1 夏商周斷代工程專家組「夏商周斷代工程一九九六―二〇〇〇年階段成果報告　簡本」世界圖書出版公司、二〇〇〇年。

2 岡村秀典『夏王朝 ―― 王權誕生の考古學』講談社、二〇〇三年。宮本一夫『中國の歴史1　神話から歴史へ ―― 神話時代 夏王朝』講談社、二〇〇五年。

3 古本『竹書紀年』・『世本』（『漢書』地理志注・『續漢書』郡國志注・『禮記』緇衣『正義』等引）に「禹都陽城」とある。

4 古本『竹書紀年』・今本『竹書紀年』ともに「自禹至桀十七世有王與無王用歳四百七十一年」とある。

5 岡村氏前掲書一〇一～一〇四頁および一一八～一二一頁、參照。ただ、岡村氏は「土器編年による文化論では限界がある」（一〇三頁）、「そこに王朝の交替が反映されていると考えるのは、考古學者の幻想にすぎない」（一〇三頁）、「都合のよいデータだけが選別されている可能性がある」（一一八頁）、「それは木に竹をつぐような方法で導いた目安にすぎず、放射性炭素法や考古學から結論づけたものではない」（一二一頁）、「現状はまだ試行段階にすぎない」（一二一頁）と述べて、夏商周年代確定プロジェクト（夏商周斷代工程）の成果報告に對して、全面的に贊成はしていない。

6 本稿引用の『尙書』は、池田末利『尙書』（全釋漢文大系 第十一巻、集英社、一九七六年）に從った。

7 『史記』夏本紀には、「隨山」を「行山」に、「刊木」を「栞木」に作り、「乗四載」について「陸行乗車、水行乗舟、泥行乗橇、山行乗檋」とあり、「橇」は「そり」、「檋」は「かご」のこととする。また「懋遷有無化居」については、「食少、調有余、補不足、徙居、衆民乃定、萬國爲治」とあり、これに從えば、「皐陶謨」は「懋遷有無、化居烝民」と句讀することもでき、民衆を徙居させる意にも取れる。これについては池田氏前掲書一〇三頁注に指摘あり。

8 『史記』宋微子世家には、「鴻範九等」に作る。

9　「堯典」の成立については、池田氏前掲書八四～九〇頁の補説にやや詳しく説明されている。また、松本雅明『春秋戰國における尙書の展開』（風間書房、一九六六年）二四〇～二五二頁、津田左右吉『左傳の思想史的硏究』（『津田左右吉全集』第十五巻）所收、一九六四年、二九九～三〇一頁等、參照。なお、屈萬里『尙書釋義』（一九五六年初版、一九七二年華岡書局增訂版）二・三頁には、孔子の歿後、孟子の前、戰國初年の儒家者流が傳説に據って作成したものとし、十證を揭げている。また、金景芳・呂紹綱『尙書・虞夏書新解』（遼寧古籍出版社、一九九六年）九頁には、周の平王東遷以後に「堯典」のなかの多くの書篇を包括して、某大學者の手を經て編纂された。編目數量は現在の二九篇より多く、その中には堯舜以前のものもあったが、孔子が詩書を論次した時に取捨された。「堯典」記載の堯舜禹の史迹は基本的に信じるべきである。堯舜禹は神話の人物で、「堯典」は戰國秦漢時代の人の精心から編造されたもので、古代中國の歷史は層累に造成されたものと説く觀點は、錯誤であるとする。この金氏らの見解は、顧頡剛ら疑古派の説に對する反論であり、近年の中國における『尙書』解釋は、ほぼ同樣の論調である。

10　池田氏前掲書、「洪範」の解説（二四二頁）。

11　松本氏前掲書、四三八～四五二頁に、春秋後期説——李泰棻（『今文尙書正僞』一九三一年序）、戰國初期説——童書業（「五行説起源的討論——評顧頡剛先生五德終始説下的政治和歷史——」『古史辨』第五册下編所收、一九三五年）・郭沫若（「金文所無考」『金文叢考』所收、一九三二年）・飯島忠夫（「支那哲學の源流」『東洋大學紀要』第一輯、一九四〇年、『補訂支那古代史論』所收、一九四一年）、戰國中期説——津田左右吉（「左傳の思想史的研究」『東洋文庫論叢』二十三、一九三五年、三六三頁、『左傳の思想史的研究』（『津田左右吉全集』第十五巻）所收、一九六四年、二九九頁）・戸田豐三郎（「洪範篇原始」『廣島大學文學部紀要』第十號、一九五六年、「五行説成立に關する一考察」『支那學研究』

第十二號、一九五五年）・張西堂（『尚書引論』一九五八年）、戰國末期説——梁啓超（「陰陽五行説之來歷」『東洋雜誌』第二十巻第十號、一九二三年、『古史辨』第五冊上編所收、一九三五年）・劉節（「洪範疏證」『東方雜誌』第二十五巻第二號、『古史辨』第五冊下編、修改所收、一九三五年、『古史考存』所收、一九六三年）等を掲げている。

12 松本氏前掲書、四五三～四六四頁。

13 屈氏前掲書、五九・六〇頁。

14 『左傳』文公五年に「商書曰、沈漸剛克、高明柔克」（「洪範」には「漸」を「潛」に作る）、成公六年に「商書曰、三人占、從二人」、襄公三年に「商書曰、無偏無黨、王道蕩蕩」とある。

15 劉節前掲論文（『古史考存』香港太平書局、一九六三年）一四頁。

16 池田氏前掲書、「洪範」の解説（二四二頁）。

17 劉節前掲論文（『古史考存』香港太平書局、一九六三年）五頁。なお屈氏前掲書にも『詩經』小旻の成立年代を「東西周之際」として、「洪範」の「五徵」は小旻の語句を踏襲したものと見る。

18 劉起釪『尚書校釋譯論』第三冊（中華書局、二〇〇五年）一二一三頁。

19 劉起釪前掲書、一二一八頁。

20 「辟廱」（辟雍）については、學宮の名（毛傳）・音樂の名（莊子）・樂を習う所・大射の禮を行う處（集傳）等の諸説があり、戴震は「辟廱について經典上ではっきりと説明した文章はない。…「辟上」「廱上」と曰って（記して）いるものがあることからすれば、澤池に名づけて上に宮を作ったのであろうから、宮（の名）は（澤池の）水に因って名づけられた。『孟子』の「雪宮」（梁惠王下）の趙注に、（雪宮は）離宮の名である。宮には苑・囿・臺・池などの飾りがある、とあり、この（靈臺の）詩の臺・沼・囿と辟廱とは連稱されているから、さては文王の離宮であろうか」（『毛鄭詩考正』）と言って、離宮説を提唱しているようである。

21 馬瑞辰『毛詩傳箋通釋』に「九有は九域の假借で、韓詩には九域に作る。『文選』注（冊魏公九錫文の李善注に「玄鳥」を引いて「奄有九域」に作る）に引く薛君の章句に、九域は九州なりと曰い、徐幹の『中論』法象篇に、成湯敢えて怠遑せずして九域を奄有すとあるのは、正しく韓詩に本づいている。域・有は一聲の轉（之部又字聲系）であるから通用する」（商頌・玄鳥）とある。

22 王國維「說商頌」『觀堂集林』巻第二 藝林二、所收（『觀堂集林』上、河北教育出版社、二〇〇一年）六六～六八頁。

23 于省吾「詩「履帝武敏歆」解 —附論姜嫄棄子的由來」『澤螺居詩經新證』（中華書局、一九八二年）收載、二〇二～二一五頁。

24 李學勤「論𤋮公盨及其重要意義」（『𤋮公盨 —大禹治水與爲政以德』線装書局、二〇〇二年）の釋文に據る。なお、『𤋮公盨』は盗掘された器であるため、出土地を特定できない。

25 王國維『古史新證』（清華大學出版社、一九九四年）六頁に「この二器を擧げることによって、春秋の世に東西二大國で、禹が古の帝王となって湯より先に天下を有ったことを信じていたことが分かる」とある。

26 岡村氏前掲書、三二一～三九頁。

27 三原一雄『重訂夏后の研究』（陝甘文化研究所、一九六一年）一六・一七頁。

28 三原氏前掲書、四一～七〇頁、參照。なお、三原氏は禹の出身地と夏の由來を述べて、「殷の前に夏という古い國があり、その始祖と考えられる禹については、初め西方の羌族の地たる三狼谷に出で、まず周邊の國を従えて本來西戎の居住地だった夏（土）今陝西省鳳翔府縣之西北に由って王となり、そこに都したために其の國を夏（土）と號した」と結論づけている。禹と羌族との關係について、楊寛「禹・句龍與夏后・后土」（『楊寛古史論文選集』所收、上海人民出版社、二〇〇三年。『中國上古史導論』原收、『古史辨』第七册編入）に、顧頡剛（「九州之戎與戎禹」）が禹を九州の戎の宗神としていることを指摘し、『史記』六國年表の「禹興于西羌」、『呉越春秋』越王無余外傳の「家于西羌」、『後漢書』戴良傳の「大禹出西羌」、『新語』術事の「大禹出于西羌」、『史記集解』引皇甫謐の「孟子稱禹生石紐西夷之人也（傳曰、禹生自西羌）」等を證據に、禹を西方民族の宗神（社神・后土・句龍）とし（三三九頁）、また、『詩經』小雅・信南山の「信彼南山、維禹甸之」、「大雅・文王有聲」の「豐水東注、維禹之績」、「大雅・韓奕」の「奕奕梁山、維禹甸之」等を證據に、周人は南山・豐水を禹迹・禹の甸（畿内）としており、そこは周人の京都の所在であるから、禹は周民族の神話中の人物であることがわかる。また梁山は秦晉の閒にあり、そこは羌戎の所在地で、禹の甸としているから、本もと羌戎の神話傳說であったことがわかるとしている（三四二頁）。

29　『荀子』成相篇に「舜授禹以天下、尙得推賢不失序。外不避仇、内不阿親、賢者豫。禹勞心力、堯有德、干戈不用三苗服。擧舜甽畝、任之天下身休息。得后稷、五穀殖、夔爲樂正鳥獸服。契爲司徒、民知孝弟尊有德」、『淮南子』人閒訓に「古者、溝防不脩、水爲民害、禹鑿龍門、辟伊闕、平治水土、使民得陸處。百姓不親、五品不愼、契教以君臣之義、父子之親、夫妻之辨、長幼之序。田野不脩、民食不足、后稷乃教之辟地墾草、糞土種穀、令百姓家給人足」とあり、『荀子』成相篇には后稷と契との閒に樂正となった夔を加えており、『淮南子』人閒訓には后稷が契の後に述べられている。

30　三原氏前掲書、一一二～一一四頁および一二八頁註四に、十年說が最古であることを考證している。

31　孫詒讓『墨子閒詁』・呉毓江『墨子校注』・王煥鑣『墨子集詁』等を參照した。
32　『禮記』王制篇に「千里之内曰甸」、樂記篇に「諸侯賓服」とあり、甸服を方五百里とする「禹貢」とは異なる。
33　趙春青「『禹貢』五服的考古學觀察」（『中原文物』二〇〇六年第五期）には、五服の中心である王城から外に向かって三つの大圏に分けられ、内圏は甸服、中圏は侯服・綏服、外圏は要服・荒服とし（一三・一四頁）、王灣三期文化は王畿・甸服に、王灣三期文化を取り巻く中原龍山文化諸文化類型（后崗二期文化・造律臺文化・三里橋類型・楊庄二期類型・下王崗類型・陶寺文化等）は侯服・綏服に、中原龍山文化の東邊に分布する海岱龍山文化・南邊に分布する石家河文化・西邊に分布する客省庄文化と齊家文化・北邊に分布する老虎山文化は要服・荒服に當たるとする（一九頁）。
34　屈氏前掲書、二七頁。
35　辛樹幟『禹貢新解』（農業出版社、一九六四年）一二一頁。
36　李民『尙書與古史研究』修訂本（中州書畫出版社、一九八一年）四五～六四頁。
37　金・呂兩氏前掲書、二九七頁。
38　劉起釪前掲書、八三一～八四三頁に、西周時期説（王國維『古史新證』・辛樹幟『禹貢新解』・徐旭生『讀山海經札記』）・春秋時期説（康有爲『孔子改制考』・王成祖「從比較研究重新估定禹貢形成時代」）・戰國時期説（江俠庵『先秦經籍考』・顧頡剛「論今文尙書製作時代書」『中國古代地理名著選讀・禹貢』・史念海「論禹貢的著作年代」『河山集二集』・陳夢家『尙書通論』）・秦統一後之説（内藤虎次郎「禹貢制作時代考」）・藍本出於紀元前一〇〇〇年（殷代武丁時期）以前、迭經加工修訂而成今本説（邵望平「禹貢九州的考古學研究」『九州學刊』總五期『禹貢九州風土考古學叢考』）等を掲げる。

39 李承律「上海博物館藏戰國楚竹書『容成氏』譯注（上）」『出土文獻と秦楚文化』第二號（上海博楚簡研究會編、二〇〇五年）收載、一三九・一四〇頁に據る。

40 李氏前掲書、一六三～一六七頁。

41 李氏前掲書、一六七頁。

42 尹宏兵「『容成氏』與九州」（『楚地簡帛思想研究』三、湖北教育出版社、二〇〇七年）二二〇～二三六頁。

43 金景芳『古史論集』（齊魯書社、一九八一年）八八～九四頁に、『左傳』襄公四年の「芒芒禹迹、畫爲九州、經啓九道」を周初（前一〇二七～前一〇一四）に出現したとし、また『國語』周語下に禹の治水を論じて「封崇九山、決汨九川、陂鄣九澤、豊殖九藪、汨越九原、宅居九隩、合通四海」とある、この條を春秋中世に出現したものと見る。

二　『詩經』と『尙書』の考察

周人の人間的自覺 ――詩・書を中心として――

前言 ――天道と人道――

殷代から周代への變遷を思想史的に見ると、宗教時代から倫理時代への移行期と言えよう。殷代の帝王の行動の全てが宗教の制約の下に置かれていたことは、殷墟から發掘された多量の甲骨文からみても明らかである。しかし、こうした呪術信仰的生活は人間的自覺と共に高度の精神生活へと進み、周代の封建制の確立と相俟って〈禮〉を基礎とした道徳文化へと進展する。『禮記』表記篇に孔子の言葉として、

殷人は神を尊び、民を率いて以て神に事へ、鬼を先にして禮を後にす。…周人は禮を尊び施を尙び、鬼に事へ神を敬して之を遠ざけ、人を近づけて焉に忠《あつ》し。〔殷人尊神、率民以事神、先鬼而後禮。…周人尊禮尙施、事鬼敬神遠之、近人而忠焉。〕

とあるのは、殷・周兩文化の相違を的確に表現したものと言えよう。このような〈禮〉を基調とした周代の道德

文化は、漢代以降の儒教文化に大きな影響を與えた。

殷代には絶對的であった帝天觀念が周代に懷疑的になることは、古文獻に散見する。『左傳』襄公九年に、宋の罹災に對する晉侯（悼公）と士弱との問答を載せて、

晉侯 士弱に問うて曰く「吾 之を聞けり、宋に災あり是に於てか天道有るを知ると、何の故か」と。對へて曰く「…（宋の先祖の）商は大火〔大火星〕を主る。商人 其の禍敗の釁〔兆〕を閲れば、必ず火に始る。是を以て日〔過去〕に其の 天道有るを知るなり」と。公曰く「必すべきか〔確かなことか〕」と。對へて曰く「道〔國・人のやり方〕に在り。國の亂に象〔天の豫兆〕無し、知るべからざるなり」と。〔晉侯問於士弱曰、吾聞之、宋災於是乎知有天道、何故。對曰、…商主大火。商人閲其禍敗之釁、必始於火。是以日知其有天道也。公曰、可必乎。對曰、在道。國亂無象、不可知也。〕

とあり、天災は天道（自然の攝理）によるもので、國家の治亂はその國家（の人）のやり方次第で、天道とは關係のないことを述べている。また昭公十八年に、火災の厄祓いに對する鄭の裨竈と子産との問答を載せて、

宋・衞・陳・鄭に皆火あり。…裨竈曰く「吾が言を用ひずんば、鄭 又將に火あらんとす」と。鄭人之を用ひんことを請ふも、子産 可《き》かず。子大叔曰く「寶は民を保つ以《ゆゑん》なり、若し有（又）火あらば、國幾《ほとん》ど亡びん。以て亡を救ふべきに、子 何ぞ愛《をし》むや」と。子産曰く「天道〔自然の攝理〕は遠く〔知り難い〕、人道〔人世

の出來事〕は邇《ちか》し〔知り易い〕、〔天道は〕及ぶ所に非ざるなり。何を以て之を知らん。竈 焉くんぞ天道を知らん。是れ亦言多し、豈に信或（有）らずや」と。遂に與へず。〔宋・衞・陳・鄭皆火。…裨竈曰、不用吾言、鄭又將火。鄭人請用之、子產不可。子大叔曰、寶以保民也、若有火、國幾亡。可以救亡、子何愛焉。子產曰、天道遠、人道邇、非所及也。何以知之。竈焉知天道。是亦多言矣、豈不或信。遂不與。〕

とあり、天災は天道（自然の攝理）であるから人道（人世の出來事）とは關係なく、厄祓いで除くことなどできないことを述べている。また『國語』周語下に、單子（襄公）が晉の內亂を豫言（豫想）したことに對する魯侯（成公）との問答を載せて、

單子曰く「君何ぞ患へん。晉將に亂有らんとす、其の君と三郤（郤錡・郤犨・郤至）と其れ之に當らんか」と。魯侯曰く「寡人 晉に免れざらんことを懼る。今君『將に亂有らんとす』と曰ふ。敢て問ふ、天道なるか、抑そも人の故なるか」と。對へて曰く「吾は瞽・史に非ず、焉んぞ天道を知らん。吾れ晉君の容を見て、三郤の語を聽くに、殆んど必ず禍ある者なり。…」〔單子曰、君何患焉。晉將有亂、其君與三郤其當之乎。魯侯曰、寡人懼不免於晉。今君曰、將有亂。敢問、天道乎、抑人故也。對曰、吾非瞽史、焉知天道。吾見晉君之容、而聽三郤之語矣、殆必禍者也。…〕

とあり、晉の內亂の豫言は晉君の容體と臣下（郤錡・郤犨・郤至）の言動から判斷したもので、國家の治亂（人

道）は天道と關係のないことを述べている。

天道と人道との乖離はやがて天道に對する不信感へと發展する。『論語』述而篇に孔子と子貢の問答を載せて、

　入りて曰く、「伯夷・叔齊は何人ぞや」と。曰く、「古の賢人なり」と。曰く、「怨みたるか」と。曰く、「仁を求めて仁を得たり、又何をか怨みん」と。〔入曰、伯夷・叔齊何人也。曰、古之賢人也。曰、怨乎。曰、求仁而得仁、又何怨。〕

とあり、「怨乎」とは、伯夷・叔齊が互いに王位を譲って出國し、武王を諫めて周の粟を食まずに餓死するという境遇を、天に對して怨んだか否かという意味で、子貢の言葉の裏には「怨んでいるかもしれない」という意味合いを含んでいる。孔子は「何怨」と言い、天に對する怨はないと見て、公冶長篇にも、

　伯夷・叔齊は舊惡（紂王の惡政）を念はず。怨 是を用て希なり。〔伯夷・叔齊不念舊惡。怨是用希。〕

と言う。しかし漢代に入ると司馬遷の『史記』伯夷列傳に、

　孔子曰く、「伯夷・叔齊は舊惡を念はず。怨 是を用て希なり」、「仁を求めて仁を得たり、又何をか怨みん」と。余 伯夷の意を悲み、軼詩の異なる可きを睹る。其の傳に曰く、「…遂に首陽山に餓死す」と。此に由て之を

觀れば、怨みたるか非か。或ひと曰く、「天道に親《ひいき》無し、常に善人に與す」と。伯夷・叔齊の若きは、善人と謂ふべき者か非か。仁を積み行を絜くすること此の如くにして餓死す。且つ七十子の徒、仲尼獨り顏淵を薦して學を好むと爲す。然るに回や屢しば空しく、糟糠すら厭かず、而して卒に蚤夭す。天の善人に報施するや、其れ何如ぞや。…余甚だ惑ふ、儻《もしく》は〔ひょっとしたら〕所謂る天道は是か非か。〔孔子曰、伯夷・叔齊不念舊惡。怨是用希。求仁而得仁、又何怨乎。余悲伯夷之意、睹軼詩可異焉。其傳曰、…遂餓死於首陽山。由此觀之、怨邪非邪。或曰、天道無親、常與善人。若伯夷・叔齊、可謂善人者非邪。積仁絜行如此而餓死。且七十子之徒、仲尼獨薦顏淵爲好學。然回也屢空、糟糠不厭、而卒蚤夭。天之報施善人、其何如哉。…余甚惑焉、儻所謂天道是邪非邪。〕

とあり、文中に「怨みたるか非か」「善人と謂ふべき者か非か」「其れ何如ぞや」「天道は是か非か」等の天に對する懷疑の言葉が散見する。ここには既に『論語』に見られた疑念よりも強い懷疑心が現れている。このことは、天命は不確かで一定不變ではないものという觀念に基づいており、この考え方は既に『詩經』や『尙書』に現れており、『詩經』小雅・十月之交篇に「天命 徹《ひとし》からず〔天命不徹〕」、小雅・小宛篇に「天命 又せず〔天命不又〕」、大雅・文王篇に「天命 常靡《な》し〔天命靡常〕」等とあり、『尙書』康誥篇に「命 常ならず〔命不于常〕」、僞古文ではあるが伊訓篇に「上帝（の命）常ならず〔上帝不常〕」、咸有一德篇に「命 常靡《な》し〔命靡常〕」等とある。

小論では、周代において、殷代では絶對的であった〈天〉からの解放、すなわち〈天〉に對する疑惑・疑念と、その反面として強調された〈德〉とについて、『詩經』や『尙書』に基づきながら考察し、周人の〈德〉に對する考え方や、周代における〈德〉の本質を明らかにし、そのことによって、周人が人間的に自覺していく樣相を見ていく。

一　天に對する疑惑的態度——『詩經』の場合——

殷代の甲骨文の中には〈帝〉〈上帝〉の文字が見られ、これらは人に禍福を降す恐るべき存在であり、また雨を降らせ穀物を實らせる祈雨祈年の對象となっていたことから、〈帝〉は人間界や自然界の一切を司る絶對的な主宰者であると考えられていた。このような〈帝〉に對する考え方は周代にも踏襲されるが、それと竝んで別に〈天〉という概念が明確になってくる。[1]〈天〉は〈帝〉と同時に宇宙の主宰者としての至上神と見なされ、[2]さらに政治的な原理に應用されるようになる。すなわち、〈天〉は地上の王者に〈命〉を授けて代わって天下を治めさせ、王者は〈天命〉を受けて〈天〉を補佐する。この王者を〈天子〉と呼ぶ。

〈天〉のこのような性格は、〈天子〉にとっては恐るべきもの、警戒すべきものであり、『詩經』や『尙書』には、〈天〉に對する非好意的懷疑的な言葉が見られる。『詩經』邶風・北門篇に、

北門より出づ、憂心 殷殷たり。終に窶《やつ》れて且つ貧し、我が艱を知る莫し。已《や》んぬるかな、天 實に之を爲す、之を何と謂はんや。王事は我に適《ゆ》き、政事は一に我に埤益す。我れ外より入れば、室人 交も徧く我を讁《せ》む。

已《や》んぬるかな、天 實に之を爲す、之を何と謂はんや。王事は我に敦《なげう》つ、政事は一に我に埤遺す。我れ外より入れば、室人 交も徧く我を摧《はば》む。已《や》んぬるかな、天 實に之を爲す、之を何と謂はんや。〔出自北門、憂心殷殷。終窶且貧、莫知我艱。已焉哉、天實爲之、謂之何哉。王事適我、政事一埤益我。我入自外、室人交徧讁我。已焉哉、天實爲之、謂之何哉。王事敦我、政事一埤遺我。我入自外、室人交徧摧我。已焉哉、天實爲之、謂之何哉。〕

とあり、「已んぬるかな、天 實に之を爲す、之を何と謂はんや」は、貧乏生活は天命によるものだから仕方のないこと、と言う諦めの言葉であるが、この言葉の裏には天に對する非好意的な態度が讀み取れる。また王風・黍離篇に、

彼の黍 離離たり、彼の稷の苗。行き邁《ゆ》くこと靡靡たり、中心 搖搖たり。我を知る者は我を心憂ふと謂ふ、我を知らざる者は我れ何をか求むと謂ふ。悠悠たる蒼天、此れ何人ぞや。彼の黍 離離たり、彼の稷の穗。行き邁《ゆ》くこと靡靡たり、中心 醉ふが如し。我を知る者は我を心憂ふと謂ふ、我を知らざる者は我れ何をか求むと謂ふ。悠悠たる蒼天、此れ何人ぞや。彼の黍 離離たり、彼の稷の實。行き邁《ゆ》くこと靡靡たり、中心 噎《むせ》ぶが如し。我を知る者は我を心憂ふと謂ふ、我を知らざる者は我れ何をか求むと謂ふ。悠悠たる蒼天、此れ何人ぞや。〔彼黍離離、彼稷之苗。行邁靡靡、中心搖搖。知我者謂我心憂、不知我者謂我何求。悠悠蒼天、此何人哉。彼黍離離、彼稷之穗。行邁靡靡、中心如醉。知我者謂我心憂、不知我者謂我何求。悠悠蒼天、此

何人哉。彼黍離離、彼稷之實。行邁靡靡、中心如噎。知我者謂我心憂、不知我者謂我何求。悠悠蒼天、此何人哉。〕

とあり、毛傳や鄭箋は王風を平王が成周（洛邑）東遷後の王城畿内の詩で、平王・桓王・莊王三代の詩を収めるものとし、詩序には周の大夫が宗周（鎬京）に至って宗廟・宮室に禾黍が生い茂るのを見て嘆き悲しんで作った詩と見る。これに據れば「悠悠蒼天、此何人哉」は「遙かなる蒼い天よ、このように荒れ果てたのは誰のしわざか」という意味になり、西周末の幽王のために宗周は滅んだのであるが、天はそれを見捨てたという意味に解せられ、天に對する懷疑心が讀み取れる。「蒼天」は單なる天空と解されないこともないが、當時にあってはやはり人格神的天と解するのが妥當であろう。「蒼天」を使った同じような表現は、秦風・黄鳥篇にも見られる。

交交たる黄鳥、棘に止る。誰か穆公に從ふ、子車奄息。維れ此の奄息は、百夫の特〔傑〕。其の穴に臨めば、惴惴として其れ慄《おそ》る。彼の蒼たる者は天、我が良人を殲《つく》せり。如《も》し贖《あがな》ふ可くんば、人其の身を百にせん。交交たる黄鳥、桑に止る。誰か穆公に從ふ、子車仲行。維れ此の仲行、百夫の防。其の穴に臨めば、惴惴として其れ慄《おそ》る。彼の蒼たる者は天、我が良人を殲《つく》せり。如《も》し贖《あがな》ふ可くんば、人其の身を百にせん。交交たる黄鳥、楚に止る。誰か穆公に從ふ、子車鍼虎。維れ此の鍼虎、百夫の禦。其の穴に臨めば、惴惴として其れ慄《おそ》る。彼の蒼たる者は天、我が良人を殲《つく》せり。如《も》し贖《あがな》ふ可くんば、人其の身を百にせん。〔交交黄鳥、止于棘。誰從穆公、子車奄息。維此奄息、百夫之特。臨其穴、惴惴其慄。彼蒼者天、殲我良人。如可贖兮、人

百其身。交交黃鳥、止于桑。誰從穆公、子車仲行。維此仲行、百夫之防。臨其穴、惴惴其慄。彼蒼者天、殲我良人。如可贖兮、人百其身。交交黃鳥、止于楚。誰從穆公、子車鍼虎。維此鍼虎、百夫之禦。臨其穴、惴惴其慄。彼蒼者天、殲我良人。如可贖兮、人百其身。〕

とあり、秦の穆公に殉死した三良、すなわち子車氏の奄息（長男）・仲行（次男）・鍼虎（三男）の三人を悼み悲しんで作った詩で、「彼蒼者天、殲我良人」は、「あの蒼い天は、わが有能な三人の息子たちを見殺しにした」という意味に解せられ、ここでも天に対する不信感が讀み取れる。

また小雅・節南山篇に、

…節たる彼の南山、實ちて其れ猗たる有り。赫赫たる師尹は、平ならざるを何とか謂はん。天方《まさ》に瘥《やましき》を薦《かさ》ね、喪亂 弘《おほい》に多し。民言 嘉き無きも、憯《かつ》て懲り嗟《なげ》く莫し。尹氏は大師、維れ周の氏〔本〕、國の均を秉る、四方を是れ維《つな》ぐ、天子を是れ毗《たす》け、民をして迷はざら俾む。不弔なる昊天、宜しく我が師（衆）を空《きは》むべからず。…昊天 傭《ひとし》からず、此の鞫訩を降す。昊天 惠まず、此の大戾を降す。…不弔なる昊天、亂 定まる有る靡し。…昊天 平ならず、我が王 寧からず。〔……節彼南山、有實其猗。赫赫師尹、不平謂何。天方薦瘥、喪亂弘多。民言無嘉、憯莫懲嗟。尹氏大師、維周之氐、秉國之均、四方是維、天子是毗、俾民不迷。不弔昊天、不宜空我師。…昊天不傭、降此鞫訩。昊天不惠、降此大戾。…不弔昊天、亂靡有定。…昊天不平、我王不寧。…〕

とあり、詩序には「家父、幽王を刺る」とあり、大夫の家父が幽王の執政の大師尹氏の暴政を誹謗したものとし、暗に幽王を諷諫した詩と見る。「天 方に瘥を薦ね」「不弔なる昊天」「昊天 傭からず」「昊天 惠まず」「不弔なる昊天」「昊天 平ならず」等はみな天に對する不平不滿を述べた言葉で、「不弔」について、毛傳に「至なり」と言い、鄭箋に「至は猶ほ善のごときなり。昊天に善からずとは、之を愬《うった》ふるなり」と言っていることから見ても、天に對する不信感の表明と見なすことができる。この暴政に對する天の災異はいわゆる天人相關說（災異說）であるが、暴政の張本人たる爲政者にだけ鐵槌が下るのではなく、良吏や無辜の民にまで被害が及ぶことへの不滿を吐露したもので、詩人の純粹なる天への不信感が述べられているものと言えよう。(3) また小雅・雨無正篇に、

浩浩たる昊天、其の德を駿《おほい》にせず。喪〔騷亂〕と饑饉とを降し、四國を斬伐す。昊天 威を疾《はや》くす、慮られず圖られず。…如何ぞ昊天、辟言〔先王の法言〕信ぜざる。彼の行き邁《ゆ》きて、則ち臻《いた》る所靡《な》きが如し。〔浩浩昊天、不駿其德。降喪饑饉、斬伐四國。昊天疾威、弗慮弗圖。…如何昊天、辟言不信。如彼行邁、則靡所臻。〕

とあり、「昊天」の災いを繰り返し嘆いた詩である。詩序には「大夫、幽王を刺るなり」とあり、また「爾《なんぢ》王都に遷れと謂ふ〔謂爾遷于王都〕」の句（上記引用の下句）があることから、平王東遷前夜の詩であることが分かり、作者は周室の役人で幽王の側にいた者と推定される。「昊天」に假託して幽王を刺ったものである。また大雅・大明篇に、

明明として下に在り、赫赫として上に在り。天忱《まこと》とし難し、易からざるは維れ王。…大任身《はら》める有り、此の文王を生む。…天より命有り、此の文王に命ず。周に京に。女〔大任〕を纘《つ》ぐ維れ莘〔大姒〕、長子〔長女〕維れ（徳を）行ふ。篤く武王を生む。（天は）保右〔補助〕して爾に命じ、大商を燮伐せしむ。〔明明在下、赫赫在上。天難忱斯、不易維王。…大任有身、生此文王。…有命自天、命此文王。于周于京。纘女維莘、長子維行。篤生武王。保右命爾、燮伐大商。〕

とあり、詩序に「文王明徳有り、故に天復た武王に命ずるなり」と言い、毛傳に「文王の德、下に明明たり」とあり、鄭箋に「文王・武王明德を天下に施すなり」とあることに據れば、殷の天命が周の文王・武王に移り、武王が殷を倒したことを述べ、天命は一定不變ではなく、天は信頼し難いので、王位（國家）は永遠に安泰ではないことを記す。このように天に對する非好意的な言葉は、西周末期において天の權威が失墜した證左と言えよう。

二　天に對する疑惑的態度 ——『尚書』の場合——

次に『尚書』に見える天に對する疑惑的態度を考察する。『尚書』大誥篇には、成王の言葉として、

王若《か》く曰く、「繇《ああ》、大いに爾が多邦と爾が御事とに誥ぐ。弔《よ》からざる天は、割〔害〕を我が家に降して、少

しも延《ゆる》めず。洪惟《ここ》に我れ幼沖人〔成王〕は、疆《かぎ》り無き大歷服〔天の歷數を受けた重要な職務〕を嗣ぎしも、哲《あきらか》に民を康かなるに迪《みち》びくに造《いた》らず。矧《また》其れ能く(神を)格《いた》らしめて天命を知ること有りと曰はんや」と。〔王若曰、繇、大誥爾多邦越爾御事。弗弔天、降割于我家、不少延。洪惟我幼沖人、嗣無疆大歷服、弗造哲迪民康。矧曰其有能格知天命。〕

とあり、大誥篇には、成王の言葉として、

王曰く、「爾《なんぢ》惟れ舊人なるに、爾克く遠く省みざれば、爾寧王〔文王〕の若《ごと》く勤めしを知らんや。天 我が成功を閟《とざ》さんや。予敢て寧王の圖事を極《おさ》め卒《おわ》らずんばあらず。肆《いま》予大いに我が友邦の君を化誘せんとす。天は忱《まこと》に棐《あら》ずして〔「辭」＝語詞〕、其れ我が民に考ふ。予曷《なん》ぞ其れ前寧人〔文王〕の圖功に于《おい》て攸《もつ》て終らざらんや。天亦惟れ用て我が民を勤毖すること、疾有るが若くにす。予曷ぞ敢て前寧人の受くる攸《ところ》の休〔＝美　王業の意〕に于《おい》て畢らざらんや」と。〔王曰、爾惟舊人爾不克遠省、爾知寧王若勤哉。天閟我成功所。予不敢不極卒寧王圖事。肆予大化誘我友邦君。天棐忱辭、其考我民。予曷其不于前寧人圖功攸終。天亦惟用勤毖我民、若有疾。予曷敢不于前寧人攸受休畢。〕

とあり、また大誥篇に、成王の言葉として、王曰く、「嗚呼、肆《いま》我 爾《なんぢ》庶邦の君と爾御事とに告ぐ。爽《こ》れ邦の由哲、亦十人惟《あ》りて、上帝の命を迪《みち》びき知れり。天の忱《まこと》に棐《あら》ざるを越《もつ》てするも、爾《そ》の時敢て易法《はい》〔=廢〕する罔し。矧《また》今天 戻《わざわい》を周邦に降して、惟れ大艱人鄰を誕《ひ》きて厥の室に胥《あい》〔=相〕伐たんとす。爾も亦不《ここ》に天命の易《やす》からざるを知る」と。〔王曰、嗚呼、肆我告哉爾庶邦君越爾御事。爽邦由哲、亦惟十人、迪知上帝命。越天棐忱、爾時罔敢易法。矧今天降戻于周邦、惟大艱人誕鄰胥伐于厥室。爾亦不知天命不易。〕

とあり、また君奭篇に、周公が召公（君奭）に語った言葉として、

周公若《か》く曰く、「君奭よ、弔《よ》からざる天は、喪を殷に降し、殷は既に厥の命を墜せり。我が有周は既に受けしも、我敢て『厥の基は永く休に孚す』と曰ふを知らず。若《か》く天は忱《まこと》に棐《あら》ざれば、我亦敢て『其れ終に不祥に出づ』と曰ふを知らず。嗚呼、君は已に『時《こ》れ我にあり』と曰ふ。我亦敢て上帝の命に寧んぜざれば、永遠に天の威と我が民とに尤違する罔きは、惟れ人なるを念はざらんや」と。〔周公若曰、君奭、弗弔天、降喪于殷、殷既墜厥命。我有周既受、我不敢知曰厥基永孚于休。若天棐忱、我亦不敢知曰其終出于不祥。嗚呼、君已曰時我。我亦不敢寧于上帝命、弗永遠念天威越我民罔尤違惟人。〕

とあり、また君奭篇に、周公の言葉として、

（周公曰く、）「我が後嗣の子孫に在りても、大いに克く上（天）下（民）に恭せず、前人（文王）の光の家に在るを遏佚《あついつ》し、天命の易からざると、天の諶《まこと》とし難きとを知らざれば、乃ち其《まさ》に命を墜さんとす。弗克く經歴して、前人の 德を恭明せるを嗣がざらんや。今予小子旦（周公）に在りては、克く正すこと有るに非ずして、迪《ただ》惟前人（文王の光を、我が沖子（成王）に施《のば》さんとするのみ」と。又「天 信ず可からず」と曰ひて、「我れ迪《ただ》惟寧王（文王）の德を延《なが》くせば、天 庸《もつ》て文王の受命を釋《す》てざらん」と。〔在我後嗣子孫、大弗克恭上下、遏佚前人光在家、不知天命不易、天難諶、乃其墜命。弗克經歴、嗣前人恭明德。在今予小子旦、非克有正、迪惟前人光、施于我沖子。又曰天不可信、我迪惟寧王德延、天不庸釋于文王受命。〕

とあり、「天は忱《まこと》に棐《あら》ず」「弔《よ》からざる天」「天の諶《まこと》とし難き」「天 信ず可からず」等は、「天は信じがたいもの」「（周家にとって）よくない天」という意味で、西周初期の成王や周公の時に既に〈天〉に對する不信感が述べられている。殷代には無かった〈天〉に對するこのような態度は、人間的自覺の表れと見られる。

周人の〈天〉に對する自覺的態度は、殷代には絶對的であった〈天〉の意志を問う卜占に對する疑惑的態度にも表れている。やはり大誥篇には、成王の言葉の後に臣下の應答を載せて、

朕が卜は幷びに吉なり。肆《ゆゑ》に豫は我が友邦の君と尹氏・庶士・御事とに告げて、曰く、「予は吉卜を得たり。豫惟れ爾《なんぢ》庶邦を以て、于《ゆ》きて殷の逋播の臣を伐たん」と。爾庶邦の君と庶士・御事とは、反《こた》へて曰はざる罔《な》し、「艱の大にして、民の靜《やす》んぜざるは、亦惟れ王宮・邦君の室に在ればなり。豫が小子に越《おい》ては考翼なれば、

征す可からず。王 害《なん》ぞ卜に違《たが》はざる」と。〔朕卜并吉。肆予告我友邦君越尹氏庶士御事、曰、豫得吉卜。豫惟以爾庶邦、于伐殷逋播臣。爾庶邦君越庶士御事、罔不反曰、艱大、民不靜、亦惟在王宮邦君室。越豫小子考翼、不可征。王害不違卜。〕

とある。「王 害《なん》ぞ卜に違《たが》はざる」は「王様はどうして卜占などにお頼りになるのか」という意味で、當時、卜占に違う（頼らない）ことが社會的通念として許されていたものと考えられ、殷代のように卜占に依存した素朴な心情は見出せない。このような〈天〉に對する周人の態度は、彼らの理性の宗教的權威に對する優位の表明に他ならない。このことは同時に、〈天〉の宗教的權威の失墜を意味している。

三　徳の意識 ――『詩經』の場合――

殷代と周代との人の態度や觀念の相違は、人間的自覺に基づく知性の進歩と言えよう。その知性とは〈徳〉の意識に根據を求めることができる。次に『詩經』に現れた〈徳〉について考察する。小雅・鼓鍾篇に

鍾を鼓《う》つ將將たり、淮水 湯湯たり。憂心且つ悲し。淑人君子、懷ふて允に忘られず。鍾を鼓つ喈喈たり、淮水 湝湝たり。憂心且つ悲し。淑人君子、其の徳 回《よこしま》ならず。鍾を鼓ち鼛を伐つ、淮に三洲有り。憂心且つ妯《うご》く。淑人君子、其の徳 猶《かくのごとく》ならず。〔鼓鍾將將、淮水湯湯。憂心且悲。淑人君子、懷允不忘。鼓鍾喈喈、

淮水湝湝。憂心且悲。淑人君子、其徳不回。鼓鍾伐鼛、淮有三洲。憂心且妯。淑人君子、其徳不猶。〕

とあり、詩序に「幽王を刺るなり」と言い、「憂心且つ悲し」の毛傳に「幽王の樂を用ふる、徳と比すせず。諸侯を淮上に會し、其の淫樂を鼓し、以て諸侯に示す。賢者 之が爲に憂傷す」とあることに據れば、西周末期の政治の亂を憂い、周初の政治が整っていた時期を懷う詩で、「淑人君子」は文・武・成・康等の周王を指すものと思われる。從って、「其の徳」とは文・武・成・康の徳治と解することができる。また大雅・皇矣篇に、

帝（周の）明徳に遷り、串夷〔夷狄〕も載《すなは》ち（周を）路《おほい》なりとす。天 厥の配を立つ、命を受くる既に固し。…維れ此の王季、帝 其の心を度る。貊たる其の徳音、其の徳 克く明《つと》めたり。…帝 文王を謂ふ、「豫徳を明《つと》めるを懷しむ」と。聲と色とを大にせず、夏と革とを長くせず。〔帝遷明徳、串夷載路。天立厥配、受命既固。…維此王季、帝度其心。貊其徳音、其徳克明。…帝謂文王、豫懷明徳。不大聲以色、不長夏以革。〕

とあり、大雅・蕩篇に、

文王曰く、咨《ああ》、咨《ああ》 女《なんぢ》殷商、女《なんぢ》中國に炰烋す、怨を斂《をさ》めて以て徳〔徳治〕と爲す。爾が徳を明《つと》めざれば、時《こ》れ背無く側無し。爾が徳 明《つと》めざれば、以て陪無く卿無し。〔文王曰咨、咨女殷商、女炰烋于中國、斂怨以爲徳。不明爾徳、時無背無側。爾徳不明、以無陪無卿。〕

とある。

春秋時代には、『詩經』を學ぶことは爲政者（役人）としての必須の教養であり、國と國との外交場面で〈詩〉の應酬が行われたことは『左傳』に屢々見え、『論語』子路篇にも、

子曰く、「詩三百を頌し、之に授くるに政を以てして達ず、四方に使して專對する能はずんば、多しと雖も亦奚を以て爲さん」と。〔子曰、頌詩三百、授之以政不達、使於四方不能專對、雖多亦奚以爲。〕

とあり、「詩三百」を記憶して自由に扱えることは爲政者の政治能力の一部であり、外交場面でこの能力に缺けた場合は爲政者として成り立たないことを述べている。孔子も門人に對して詩を學ぶことを勸めており、子の伯魚に對しても『論語』季氏篇に、

嘗て獨り立ち、鯉趨りて庭を過ぐ。曰く、「詩を學びたるか」と。對へて曰く、「未だし」と。「詩を學ばざれば以て言ふ無し」と。鯉退きて詩を學ぶ。他日又獨り立ち、鯉趨りて庭を過ぐ。曰く、「禮を學びたるか」と。對へて曰く、「未だし」と。「禮を學ばざれば以て立つ無し」と。鯉退きて禮を學ぶ。〔嘗獨立、鯉趨而過庭。曰、學詩乎。對曰、未也。不學詩無以言。鯉退而學詩。他日又獨立、鯉趨而過庭。曰、學禮乎。對曰、未也。不學禮無以立。鯉退而學禮。〕

と述べており、また陽貨篇にも、

子 伯魚に謂ひて曰く、「女 周南・召南を爲めたるか。人にして周南・召南を爲めずんば、其れ猶ほ牆面に正して（眞っ直ぐ向かって）立てるがごときか」と。〔子謂伯魚曰、女爲周南召南矣乎。人而不爲周南召南、其猶正牆面而立也與。〕

と述べている。季氏篇には「禮」と竝んで「詩」は立身のための、すなわち爲政者となるための教養として修得しなければならない必須の學業と見ており、陽貨篇には國風二南の具體名「周南」「召南」を掲げている。このように『詩經』は爲政者や爲政者を志す者と密接な關わりを持ち、詩情の中に徳治を讀込んだものが多い。

四　徳の意識 ――『尙書』の場合――

次に『尙書』周書に散見する〈徳〉の主張を見ていく。『尙書』康誥篇に、成王が康叔に告げた言葉として、

王若《か》く曰く、「孟侯、朕の弟、小子封〔康叔〕よ、惟れ乃《なんぢ》の丕顯なる考〔父〕の文王は、克く徳を明《つと》め罰を愼みて、敢て鰥・寡を侮らず、庸《もっ》て祇《つつし》み威れ、庸て祇み威れて民を顯《うやま》ひ、…」と。…王曰く、「封よ、爽惟《これ》 民を吉康

に迪《みち》びくに、我時《こ》れ其れ殷の先哲王の德、用て民を康んじ乂《をさ》むるを惟《おも》ひて、求〔匹敵〕と作さん」と。〔王若曰、孟侯、朕其弟小子封、惟乃丕顯考文王、克明德愼罰、不敢侮鰥寡、庸庸祇祇威威顯民、…。…王曰、封、爽惟民迪吉康、我時其惟殷先哲王德、用康乂民、作求。〕

とあり、成王が康叔に告げたスタイルをとっているが、實は周公が康叔に告げた言葉と見るのがよい。「孟侯」について、『漢書』地理志に「周公封弟康叔、號曰孟侯」とあり、顔師古注に「孟、長也。言爲諸侯之長」とあるように、周公が諸侯の長に任命された康叔に對して、文王や殷の先哲王の德による政治を見習うように教訓したもの。また酒誥篇に、成王が康叔に告げた言葉として、

王若く曰く、「…小子〔康叔〕よ、惟れ土物を愛《をし》み、厥の心を臧《よ》くし。祖考の彝訓を聰聽せよ。小大の德に越《おい》て、小子惟れ一にせよ。…封〔康叔〕よ、我曰ふ惟《あ》るを聞く、『在昔《むかし》、殷の先哲王は、迪《もっ》て天顯と小民とを畏れ、德を經《をさ》むるに哲を秉《と》れり。成湯より咸《みな》帝乙に至るまで、王畏を成せり』と」と。〔王若曰、…小子、惟土物愛、厥心臧。聰聽祖考之彝訓。越小大德、小子惟一。…封、我聞惟曰、在昔、殷先哲王、迪畏天顯小民、經德秉哲。自成湯咸至于帝乙、成王畏。〕

とあり、ここでも成王が康叔に告げたスタイルをとっているが、やはり周公が康叔に告げた言葉と見たい。やはり文王・武王等周の先祖（祖考）の常訓に見習い、德による政治は事の大小にかかわらず専一に行い、殷の先哲

王の徳による政治も見習うべきことを述べている。

また梓材篇に、成王が康叔に告げ、康叔が應えた言葉として、

今王惟れ曰く、「先王既に明德を用ひて、懷《きた》りて夾《たす》けしむることを勤めたれば、庶邦享《ささ》げ作《な》し、兄弟方《なら》び來れり。亦既に明德を用ひたれば、后《きみ》は典を式《もつ》て集まり、庶邦丕《ことごと》く享《ささ》げたり。皇天既に中國の民と厥の彊土とを先王に付す」と。「肆《いま》王惟れ德を用ひて、迷民を和懌先後し、用て先王の受命を懌《つ》がん。…」と。〔今王惟曰、先王既勤用明德、懷爲夾、庶邦享作、兄弟方來。亦既用明德、后式典集、庶邦丕享。皇天既付中國民、越厥彊土于先王。肆王惟德用、和懌先後迷民、用懌先王受命。…〕

とあり、ここでも先王（文王・武王）の徳による政治に鑑み、その受命を繼がんことを述べている。ここでは既に「中國の民」という言葉が見られ、中華思想の観念が現れている。また召誥篇に、周公の言葉として、

（周公）曰く、「…嗚呼、天亦四方の民を哀み、其れ命を眷《かえり》み用て懋《あつ》くせり。王其《ねがは》くは疾かに德を敬まんことを。…王敬んで作《な》さんか、德を敬まざる可からず。…肆《いま》惟れ王其《ねがは》くは疾かに德を敬まんことを。」と。〔（周公）曰、…嗚呼、天亦哀于四方民、其眷命用懋。王其疾敬德。…王敬作所、不可不敬德。…肆惟王其疾敬德。〕

とあり、周公が成王に對して「敬德」すなわち徳による政治を務めるように諭したもの。

洛誥篇に、成王が周公に告げた言葉として、

王若《か》く曰く、「公よ、予沖子〔成王〕を明保せよ。公 丕顯の徳を稱《あ》げ、豫小子をして、文武の烈を揚げしめよ。天命を奉享し、四方の民を和恆せん。師〔洛邑〕に居りて、宗を惇くし禮を將《たす》け、元祀を稱げ秩《ただ》し、咸《みな》秩して文《みだ》るること無れ。惟れ公は徳を明め、上下に光《おお》いにし、四方に勤め施して、旁《あまね》く穆穆を作し、迓衡して文武の勤教に迷はざらしめよ。予沖子は夙夜毖《つつし》んで祀らん」と。〔王若曰、公明保予沖子。公稱丕顯徳、以豫小子、揚文武烈。奉答天命、和恆四方民。居師、惇宗將禮、稱秩元祀、咸秩無文。惟公徳明、光于上下、勤施于四方、旁作穆穆、迓衡不迷文武勤教。予沖子夙夜毖祀。〕

とあり、周公が徳による政治を用いて成王を補佐すべきことを述べている。また無逸篇に、周公の言葉として、

周公曰く、「嗚呼、殷王中宗自り、高宗に及び、祖甲に及び、我が周の文王に及ぶ、茲の四人は迪哲〔民を導く知者〕なり。厥《も》し之に告げて、『小人〔民衆〕は汝を怨み汝を詈《ののし》る』と曰ふもの或らば、則ち皇《にわ》かに『徳を敬《つつし》む』と自《い》〔=曰〕はん。厥《も》し愆《あやま》たば、『朕の愆《あやまち》』と曰はん。…」と。〔周公曰、嗚呼、自殷王中宗、及高宗、及祖甲、及我周文王、茲四人迪哲。厥或告之、曰小人怨汝詈汝、則皇自敬徳。厥愆、曰朕之愆。…〕

とあり、殷の先哲王（中宗・高宗・祖王）や文王は、民衆に批判されたら、過ちを認め、徳による政治を慎んだ

ことを述べている。また君奭篇に、周公が召公に告げた言葉として、

周公若《か》く曰く、「君奭〔召公〕よ…我が後嗣の子孫に在《おい》ても、大いに克く上下に恭せず、前人〔文王〕の光の家に在るを遏佚し、天命の易からざると、天の諶《まこと》とし難きとを知らざれば、乃ち其《まさ》に命を墜さんとす。克く經歷して、前人の徳を恭明せるを嗣がざらんや。今予小子旦〔周公〕に在りては、克く正すこと有るに非ずして、迪《ただ》惟前人の光を、我が沖子〔成王〕に施さんとするのみ」と。又「天信ず可からず」と曰ひて、「我迪《ただ》惟寧王〔文王〕の徳を延くせば、天庸《もつ》て文王の命を受けしを釋《す》てざらん」と。〔周公若曰、君奭…在我後嗣子孫、大弗克恭上下遏佚前人光在家、不知天命不易、天難諶、乃其墜命。弗克經歷、嗣前人恭明德。在今予小子旦、非克有正、迪惟前人光、施于我沖子。又曰天不可信、我迪惟寧王德延、天不庸釋于文王受命。〕

とあり、周公が徳による政治を愼み務めて成王を補佐すれば、天命は一定不變〔普遍〕ではないが、文王の徳による政治を受け繼いで天命を保持できるであろうということを述べている。

また多方篇に、周公が代讀した成王の言葉として、

周公曰く、「王若《か》く曰く、『…乃ち惟れ成湯〔湯王〕は、克く爾《なんぢ》多方を以《ゐ》て夏に簡代《かわ》つて、民の主と作る。厥の麗を愼みて、乃ち勸め、厥の民を刑して、用て勸めたり。以て帝乙に至るまで、徳を明《つと》め罰を愼まざるは罔く、亦克く用て勸めたり。…』と」と。〔周公曰、王若曰、…乃惟成湯、克以爾多方、簡代夏、作民主。

愼厥麗、乃勸、厥民刑、用勸。以至于帝乙、罔不明德愼罰、亦克用勸。…。」

とあり、殷の初代湯王の功績を述べ、殷の歴代の王が「德を明め罰を愼む」ことを述べている。

以上は『尙書』周書からの抜粋であるが、「明德」「敬德」等は「德治に明《つと》め」「德治を敬《つつし》む」と言う意味で、〈德〉字は全て「德治」に置換えて理解することができる。これは『尙書』が爲政者の言葉を書き記した文獻であり、周代の爲政者にとって〈德〉を務めることは政治そのものだったからである。殷代では政治を含めた日常全般の行爲を〈天〉に問う卜占に委ねた祭政一致の宗教的政治體制であったものが、周代には卜占を引き繼ぎながらも〈天〉に對する懷疑心が芽生え、その結果、〈天〉に賴らない自己の〈德〉を主張することになった。

結　論 ——明德と愼罰——

〈天〉に代わる人間的自覺は、人としての責任を強く要求することになる。すなわち〈天命〉を畏れて〈德〉を勉めよと言うことで、〈德〉字は、殷代の甲骨文や金文には見られず、周初の金文に初めて現れる。(4) 〈德〉字の構成要素には「心」が含まれることから、〈道德〉〈人德〉等の人間の内面を表す倫理的な意味に用いることが多くなり、後の儒教國家において、〈明德〉は「修身」「治國」等の根源になり、爲政者の人德による道德的政治、すなわち德治のスローガンとして理解されるようになる。しかし甲骨文などは「彳《テキ》」（道路の十字路を表す行の左半分）と「目」とから構成されているように、本來は爲政者の軍事行動や巡視等に關わる字とも言われている。[5]

「明徳愼罰」は、後に「刑徳」が熟語となるように、「明徳」は政治の積極面、「愼罰」はその消極面として、周王朝統治の要領となっていたものと思われる。[6] このことは『左傳』成公二年に、

楚の 陳の夏氏を討つや、莊王 夏姬を納れんと欲す。申公巫臣曰く、「不可なり。君 諸侯を召して、以て罪を討つなり。今夏姬を納るるは、其の色を貪るなり。色を貪るは淫たり。淫は大罰たり。周書に曰く、明徳愼罰は、文王の 周を造る所以なり。明徳とは、務めて之を崇《たか》くするの謂なり。愼罰とは、務めて之を去るの謂なり。諸侯を興して、以て大罰を取るが若きは、之を愼むに非ざるなり。君 其れ之を圖れ」と。王 乃ち止む。〔楚之討陳夏氏也、莊王欲納夏姬。申公巫臣曰「不可。君召諸侯、以討罪也。今納夏姬、貪其色也。貪色爲淫。淫爲大罰。周書曰、明徳愼罰、文王所以造周也。明徳、務崇之之謂也。愼罰、務去之之謂也。若興諸侯、以取大罰、非愼之也。君其圖之」王乃止。〕

と言っていることによって理解できよう。申公巫臣が援用する「周書」は康誥篇のことで、「文王所以造周」は康誥篇の「不顯考文王、…肇造我區夏」を改變したものであろう。「明徳愼罰」が周王朝の創始者文王に假託された嫌いが無くもないが、西周時代には〈天命〉に代わる統治原理に用いられていたものと言えよう。[7]

春秋時代に徳と罰（刑）とによる政治（政策）が行われていたことは、『左傳』の中に散見する。『左傳』僖公二十五年に、

晉侯〔文公〕王〔襄王〕に朝す。王醴〔甘酒〕を享〔饗〕し、之に宥〔酢（返杯）〕を命ず。…之に陽樊を與ふ。…陽樊服せず。之を圍む。蒼葛（城内より）呼びて曰く、「德以て中國を柔げ、刑以て四夷を威す。宜なり吾れ敢て服せざるや。此れ誰か王の親姻に非ずや、其れ之を俘にするか」と。乃ち其の民を出す。〔晉侯朝王。王享（饗）醴、命之宥。…與之陽樊。…陽樊不服。圍之。蒼葛呼曰「德以柔中國、刑以威四夷。宜吾不敢服也。此誰非王之親姻、其俘之也」。乃出其民。〕

とあり、中國には德を、夷狄には刑をもって對處すべきことを述べている。すなわち陽樊の民は周室とは親戚・姻戚關係にある中國（中華）の民であるから、德による王道を施すべきで、夷狄には刑罰による覇道で對處すべきであるとする。ここには中國を內、夷狄を外とする中華思想の觀念が現れており、中國の民には「明德」を施すべきことを説いている。また宣公十二年に、

師〔軍〕を用ふるに、釁〔隙〕を觀て動く。德・刑・政・事・典・禮易らざれば、敵すべからず、是が征を爲さず。楚君鄭を討つや、其の貳〔謀叛〕を怒りて其の卑〔服從〕を哀む。叛けば之を伐ち、服すれば之を舍《ゆる》すは、德・刑成る。叛くを伐つは、刑なり。服するを柔ぐは、德なり。二者立てり。〔用師、觀釁而動。德刑政事典禮不易、不可敵也、不爲是征。楚君討鄭、怒其貳而哀其卑。叛而伐之、服而舍之、德刑成矣。伐叛、刑也。柔服、德也。二者立矣。〕

とあり、晉軍が楚に攻められた鄭の救援に臨んで、晉の隨武子（士會）が楚君（莊王）を褒めた言葉である。德・刑・政・事・典・禮を正常に行う楚君に對抗するのは得策でないことを述べている。ここでは政・事・典・禮とともに德・刑をその筆頭に掲げ、特に「德」を最先としていることから見ても、その重要性が窺える。また成公十六年に、

德・刑・詳〔祥〕・義・禮・信は、戰の器なり。德以て惠を施し、刑以て邪を正し、詳〔祥〕以て神に事へ、義以て利を建て、禮以て時に順ひ、信以て物を守る。〔德刑詳義禮信、戰之器也。德以施惠、刑以正邪、詳以事神、義以建利、禮以順時、信以守物。〕

とあり、晉・楚の鄢陵の戰に臨んで、楚の司馬子反に答えた申叔時の言葉である。德・刑・詳・義・禮・信の六種は「戰の器」、すなわち戰爭の手段であり、ここでも詳・義・禮・信とともに德・刑をその筆頭に掲げ、特に「德」を最重要手段と見ている。また成公十七年に、

亂外に在るを姦と爲し、内に在るを軌と爲す。姦を御《ふせ》ぐに德を以てし、軌を御ぐに刑を以てす。施さずして殺す、德と謂ふべからず。臣逼りて討たず、刑と謂ふべからず。德・刑立たずんば、姦・軌並び至る。〔亂在外爲姦、在内爲軌。御姦以德、御軌以刑。不施而殺、不可謂德。臣逼而不討、不可謂刑。德刑不立、姦軌

並至。〕

とあり、晉の厲公に大夫の長魚矯が語った言葉である。ここの「亂在外爲姦」「在内爲軌」について、楊伯峻は杜豫が「外内」を「遠近」に解していることは誤とし、「在外」は朝廷の外、「姦」は民衆の造亂、「宄（軌）」は臣下の造亂と見なす。[8]『國語』晉語六には、ここと同様の内容を述べて「軌」を「宄」に作り、「御姦以德」を「禦姦以刑」に、「御軌以刑」を「御宄以德」に作っている。[9]民衆の動亂を德によって御ぎ、臣下の謀叛を刑罰によって御ぐと見るのが、德治としての「明德愼罰」の機能であるから、『左傳』の記述が正しく、『國語』は誤って改變したものと推測される。

上述の『左傳』はいずれも戰爭や爭い事の場面であるため、〈德〉と〈刑〉とを對擧して強調しているが、平常の時にはやはり〈德〉を務める德治が主張されたものと思われる。このことは『尚書』康誥篇に、成王が康叔〔封〕に訓言して、

嗚呼封よ、乃《なんぢ》の罰を敬《つつし》み明《つと》めよ。人に小罪有り、眚〔過失〕に非ず乃ち惟れ終〔故意〕にして、自ら不典を作《な》して式《もつ》て爾《しか》れば、厥の罪 小有りとも、乃ち殺さざるべからず。乃ち大罪有り、終〔故意〕に非ず、乃ち惟れ眚〔過失〕の災 適たま爾れば、道〔方法〕を旣《つく》して厥の辜《つみ》を極《きわ》め〔調べ盡くし〕、時に乃ち殺すべからず。…其の義刑・義殺〔理にかなった刑・殺〕を用ひ、庸《もち》ふるに次〔恣〕を以てすること勿れ。…封よ、豫惟れ監みざるべからず。汝に德の說〔德治の要領〕と罰の行〔刑罰の方法〕とを告ぐ。今惟れ民 靜ならず、

未だ厥の心を戾《さだ》めず、迪《もつ》て屢《しばしば》するも未だ同ぜざれば、爽惟《これ》天其れ我を罰殛するも、我其れ怨まず。惟れ厥の罪 大に在る無く、亦多に在る無きも、矧《また》其れ天に顯聞せんことを尙《こひねが》ふと曰はん。〔嗚呼封、敬明乃罰。人有小罪、非眚乃惟終、自作不典式爾、有厥罪小、乃不可不殺。乃有大罪、非終、乃惟眚災適爾、既道極厥辜、時乃不可殺。…用其義刑義殺、勿庸以次。…封、豫惟不可不監。告汝德之說于罰之行。今惟民不靜、未戾厥心、迪屢未同、爽惟天其罰殛我、我其不怨。惟厥罪無在大、亦無在多、矧曰其尙顯聞于天。〕

と言い、刑罰を敬《つつし》み、理にかなった刑罰を用い、恣意に亂用してはならないことを說いている。また「德の說(德治の要領)」と「罰の行(刑罰の方法)」とは、上述の政治の積極面と消極面とを言ったもので、すなわち積極面の「明德」と消極面の「愼罰」とを說いたものである。この「德を明《つと》め罰を愼む」ことが周王朝統治の原理となり、また儒家の政治思想の根源ともなった。(10) このような倫理的政治體制は〈德〉の主張による人間的自覺の現れであり、〈德〉の意識にその根源を見出すことができる。

〈注〉

1　帝については、『天亡簋』に「不顯考文王、事喜(饎)上帝」、『井侯簋』に「克奔走上下帝、無終命于有周」、『猒簋』に「其頻在帝廷陟降」、『周公簋』に「帝無終命于有周」、『猶鍾』に「先王其嚴在帝左右」、『詩經』大雅・文王篇に「有周不顯、帝命不時。文王陟降、在帝左右…上帝既命、侯于周服…殷之未喪師・克配上帝」、大雅・大明篇に「維此文王、小心翼翼、昭事上帝」、大雅・皇矣篇に「皇矣上帝臨下有赫…上帝耆之、憎其式廓」、『尙書』金縢篇に「乃命于

帝廷、敷佑四方」、大誥篇に「豫惟小子、不敢替上帝命。…爽邦由哲、亦惟十人、迪知上帝命」、多士篇に「勑殷命終于帝。……惟時上帝不保、降若茲大喪」、君奭篇に「在昔上帝割申勸文王之德」等とあり、天については、『何尊』に「隹（唯）珷（武）王既克大邑商、則廷告于天」、『大盂鼎』に「丕顯玟（文）王、受天佑大命」、『詩經』小雅・天保篇に「天保定爾、俾爾戩穀。罄無不宜、受天百祿」、大雅・大明篇に「有命自天、命此文王」、昊天有成命篇に「昊天有成命、二后受之」、周頌・時邁篇に「時邁其邦、昊天其子之」、『尙書』金縢篇に「嗚呼、無墜天之降寶命、我先王亦永有依歸」、大誥篇に「天休于寧王、興我小邦周」、康誥篇に「天乃大命文王、殪戎商」、多士篇に「弗弔旻天、大降喪于殷」等とある。郭沫若は「殷時代是已有至上神的概念的、起初稱爲帝、後來稱爲上帝、大約在殷周之際又稱爲天」（「先秦天道觀之進展」『靑銅時代』所收、『郭沫若全集』歷史編 第一卷所收、人民出版社、一九八二年、三二四頁）と言い、陳夢家は「西周時代開始有了天的概念、代替了殷人的上帝」（『殷墟卜辭綜述』科學出版社、一九五六年、五六二頁）と言う。殷周の際の周原甲骨にも「小告于天、斯乙牢」（H11:96）、「……□文武……□王其昭帝（禘）□天、□[illegible]周方伯□□斯正亡左……王受有佑」（H11:82）とあり、當時、天は告祭の對象になっていたことがわかる。

2

『詩經』鄘風・君子偕老篇に「胡然而天也、胡然而帝也」、大雅・文王篇に「假哉天命、有商孫子。商之孫子、其麗不億。上帝既命、侯于周服」、大雅・雲漢篇に「天降喪亂、饑饉薦臻…后稷不克、上帝不臨…昊天上帝、則不我遺…昊天上帝、寧俾我遯…昊天上帝、則不我虞」等とあり、『尙書』大誥篇に「迪知上帝命。越天棐忱、爾時罔敢易法」、康誥篇に「惟時（怙）冒聞于上帝、帝休。天乃大命文王、殪戎殷、誕受厥命」、君奭篇に「我亦不敢寧于上帝命、弗永遠念天威越我民罔尤違惟人」等とあって、同文中に〈帝〉と〈天〉が現れており、〈帝〉と〈天〉とは同一概念で把握されている。

3 『詩經』小雅・十月之交篇に「黽勉從事、不敢告勞。無罪無辜、讒口囂囂。下民之孽、匪降自天。噂沓背憎、職競由人」、大雅・烝民篇に「懿厥哲婦、爲梟爲鴟。婦有長舌、維厲之階。亂匪降自天、生自婦人。匪教匪誨、時維婦寺」とあり、天災は人事に由って生じるものとする考え方は、天道中心の思考から人間中心の思考に移行す轉換期と見なされる。前漢時代に董仲舒の唱えた天人相關説（災異説）は、この思考を皇帝權力の抑制に利用したものである。

4 『師𩛥鼎』は西周中期（恭王期）の青銅器ではあるが、銘文に〈德〉字を多用しているので、煩を厭わず掲げる。

唯王八祀正月、辰在丁卯。王曰、師𩛥、汝克盡乃身、臣朕皇考穆王、用乃孔德遜純、乃用心引正乃辟安德、唯余小子肇淑先王德、賜汝玄衮・⿰黹戈純・赤市・朱黄・纞旂、大師金膺・攸勒、用井乃聖祖考、隣明⿰黹令辟前王、事余一人。𩛥拜稽首、休伯大師夷任𩛥臣皇辟。天子亦弗忘公上父猷德、𩛥蔑歷伯大師、不自乍。小子夙夕尃由先祖烈德、用臣皇辟。伯亦克柴由先祖蠱、孫子一湛皇辟懿德、用保王身。𩛥敢釐王、俾天子萬年、(朿)(䜌)伯大師武、臣保天子、用厥烈祖介德。𩛥敢對王休、用綏作公上父尊、于朕考虢季易父秩宗。

これは周王の𩛥に對する命令と、𩛥が應えた銘文とからなっており、互いに先祖の〈德〉を嗣ぐことを強調している。また康王期の『大盂鼎』に「今我唯卽型禀于玟（文）王正德、若玟（文）王命二三正。今余唯命汝盂紹榮、敬雍德經」とあり、「型禀于文王正德」「敏雍德」等は西周前期の德治を反映したものと言える。この他にも西周青銅器の銘文には、〈德〉字が散見する。

5 〈德〉字について、小倉芳彥は金文の「省」字と近い關係にあることから、爲政者の支配領域の巡視に關係あることを指摘し（「左傳における覇と德」『中國古代史研究』一二九頁以下）、小南一郎も「省」字との關係から軍事行動と領土の占有とを意味しているとし、一方で、天上に由來する生命力を意味しているから、王權が祭祀權と軍事權とを兼ね備えていた時期には、恩惠と征伐（懲罰）との雙方の意味を併せ持っていたものと推論する（「天命と德」『東方學報（京都）』第六十四冊、一九九二年、三七頁以下）。

6 池田末利は、楊向時が康誥篇の〈德〉字を「命」または「政」と解している（「尙書詞例」『孔孟學報』第五・九期）ことを指摘し、〈明德〉が政治の積極面、〈愼罰〉がその消極面を表すという假說を提出している（『尙書』集英社、一九七六年、二九五頁）。本論は池田說に據った。

7 穆王期（郭沫若は成王期と見る〔「班𣪘的再發現」『文物』一九七二年九期〕）の靑銅器『班簋』に「公〔毛公〕厥の事〔東國を征伐した事〕を上〔祖先神〕に告げ、「唯れ民〔東國の民〕は亡びて拙なるかな、彝《つね》に天命に昧《くら》し。故に亡ぶること、允《まこと》なるかな顯なり。唯れ德を敬《つつし》み、違ふ攸《ところ》無かれ」と。〔公告厥事于上、唯民亡拙哉、彝昧天命。故亡、允哉顯。唯敬德、無攸違。〕」とあり、毛公が祖先神に對して、天命を妄信した東國の民に鑑み、德を敬むことを告げている。この他にも西周靑銅器の銘文に見える「明德愼罰」の類語には、「秉元明德、御于厥辟」（『虢叔旅鍾』）、「克哲厥德」（『井人安鍾』）、「敏諫罰訟、夙夕詔我一人烝四方」（『大盂鼎』）等がある。

8 楊伯峻『春秋左傳注』二（中華書局、一九八一年）九〇三頁。

9 『國語』晉語六に「亂在内爲宄、在外爲姦。御宄以德、禦姦以刑。今治政而内亂、不可謂德。除鯁而避彊、不可謂刑。德刑不立、姦宄竝至」とある。

10 池田氏前掲書、康誥篇の解說（二九〇頁）に、「前儒家思想としての明德愼罰が當時の政治思想の最大要件であったこと、そして文中に反覆して殷の先哲王やこれを踏襲した文王の政策に依據すべきことが說かれている。これは康叔の封地が殷の遺民のいる場所であったことにもよるが、さらに一般的には周初の王室が殷の遺民の慰撫とその文化の温存といかに腐心したかを示すもので、本篇をはじめ五誥全體にこうしたムードがあふれている」と述べ、殷の遺民對策について言及している。このことは康誥篇に「乃《なんぢ》の文考（文王）が衣（殷）の徳言を紹聞せしを遹《つ》ぐ〔遹乃文考紹聞衣徳言〕」、「往きて敷《あまね》く殷の先哲王に求めて用て民を保《やす》んじ乂《をさ》む〔往敷求于殷先哲王用保乂民〕」、「汝丕《ここにおい》いて遠く商の耇成人を惟《おも》ひ、心に宅《はか》りて訓《をしへ》を知る〔汝丕遠惟商耇成人、宅心知訓〕」、「殷の民を應保す〔應保殷民〕」、「茲の殷罰の倫有るに師《のっと》る〔師茲殷罰有倫〕」、「殷の先哲王の徳 用て民を康《やす》んじ乂《をさ》むるを惟《おも》ふ〔惟殷先哲王徳用康乂民〕」、「汝乃ち殷民と以《とも》に世々享《まつ》らん〔汝乃以殷民世享〕」等とあることによっても理解できる。また劉起釪は、「周公の言葉（康誥篇）から見たら、〈徳〉は主に周人に對して説かれたもので、その意味するところは、經驗的教訓を積んで徳によって天命に依存することの限界を救濟し、統治方法を改進して敬徳で天命を保持し、殷人に對して話す時にはただ天命を強調し、現在の天命は周が殷に取って代わったから、あなた方（殷人）は天命に従い周に服従しなければならない、と」（『尚書校釋譯論』第三册、中華書局、二〇〇五年、一三〇四頁）と述べ、周人に對しては徳を説き、殷の遺民に對しては天命を説く、という二重構造の政治宗教體制（對策）であったと見なす。確かに康誥篇に「我れ享《まつり》を殄《た》つこと無かれ。乃《そ》の服〔職事〕命〔王命〕を明《つと》め、乃の聽を高め、用て民を康《やす》んじ乂《をさ》む。〔無我殄享。明乃服命、高乃聽、用康乂民〕」とあり、祭祀と政治を怠らないことを述べており、周初成王期の青銅器『何尊』にも「唯れ王、徳を恭《つつし》みて天を裕《まつ》り、我が不敏を訓《みちび》け。〔唯王恭徳裕天、訓我不敏〕」とあり、周初における王の役割は徳を恭（敬）むと同時に天の祭祀を行うことであることを述べている。

古公亶父の周原への移住と造營 ――古典文獻と出土文獻に見る――

はじめに

周人の故鄕とも言える周原（中國・陝西省寶鷄市の岐山縣・扶風縣にまたがる一帶）は、殷代後期から西周前期に造營された建築遺跡や甲骨文が發掘され、最近では貯水池や用水路の遺跡も發見された。また『詩經』大雅緜篇には、周の古公亶父（文王の祖父）が周原へ移住し、都市を造營したことが詠われている。

文王の子武王が殷の紂王を討伐した年は、學者間で見解の相違はあるが、中國で公表している年代は西曆前一〇四六年であり、これに據れば、西周時代はこの年から始まるわけである。西周建國以前の周の歷史については、近年來、〈先周文化〉という位置づけで中國・日本や欧米等でも盛んに研究されるようになった。西周建國以前の周王の系譜を掲げると、次のようになる。（〇圍み數字は王位繼承順位）

①后稷―②不窋―③鞠―④公劉―⑤慶節―⑥皇僕―⑦差弗―⑧毀隃―⑨公非―⑩高圉―⑪亞圉―⑫公叔祖類―⑬古公亶父―⑭季歷―⑮文王

①后稷は周の始祖であるが、『史記』周本紀に據れば、帝嚳の元妃であった姜原が巨人の足跡を踏んで產んだ子とし、感生傳說の影響による記述となっている。『史記』周本紀は『詩經』生民・閟宮の諸篇や『楚辭』離騷・天問の諸篇に據っており、最近では、上海博物館藏の戰國時代楚の竹簡『子羔』に感生傳說の記述が見られる。(1)從って、西周建國以前の后稷からどの周王までが傳說で、どの周王からが實在の人物であったか定かではないが、ここで考察する⑬古公亶父や⑮文王は、以下に述べるような文獻や出土文物に據って、實在の周王と見なすことができよう。

ここでは古典文獻や『詩經』大雅緜篇の釋讀、周原甲骨の解析等を參考にしながら、古公亶父が周原へ移住し、村を造營した歷史的事實の經緯を述べてみたい。

一　古典文獻に見る古公亶父の記録

古公亶父が豳（＝邠、現在の彬縣の東北）から岐山の麓の周原へ移住し、そこに城郭や家屋を造營したことが、文獻に散見する。『孟子』梁惠王篇（下）に、

昔、大王〔古公亶父〕が邠〔＝豳〕に居住していたころ、狄人が侵攻してきた。これを懷柔するために皮衣や絹織物を與えたが〔侵攻から〕免れず、犬馬を與えたが免れず、珠玉〔珊瑚・翡翠の類〕を與えたが免れなかった。そこで大王は長老に託し、告げて言った、「狄人が欲しがっているのは吾が土地だ。吾はこのよ

うに聞いている。『君子〔君主〕は、人を養うことから、人が〔君主のために〕害される〔命を落とすような〕ことはしない』と。お前たちよ、君主がいなくても心配することは無い。我はここから立ち去ることにしよう」と。（大王は）邠を去り、梁山を越え、岐山の麓に村落を作って住んだ。邠に殘った人々は言った、「（大王は）仁德ある人物だ、失ってはならない」と。大王に從う者が市場に出かける人々のように多かった。〔昔者大王居邠、狄人侵之。事之以皮幣、不得免焉。事之以犬馬、不得免焉。事之以珠玉、不得免焉。乃屬其耆老而告之曰「狄人之所欲者、吾土地也。吾聞之也。君子不以其所以養人者害人。二三子何患乎無君。我將去之。」去邠、踰梁山、邑于岐山之下居焉。邠人曰「仁人也、不可失也。」從之者如歸市。〕

とあり、また『莊子』讓王篇に、

大王亶父が邠〔豳〕にいた時、狄人が攻めてきた。皮衣や絹織物を與えて懷柔しようとしたが、狄人は受けず、犬馬を與えても受けず、珠玉〔珊瑚・翡翠の類〕を與えても受けず、結局、狄人の求めていたものは土地だった。大王は言った、「（君主として）人々の兄と共にいて弟を（戰爭で）死なせ、人々の父と共にいて子を死なせることには、吾は耐えられない。お前たちは皆ここに殘って頑張ってくれ。吾が臣下でも狄人の臣下でも、あまり變わりは無かろう。さらに吾はこのように聞いている、『養われる者〔狄人〕が養う者〔豳の人々〕を害することはしない』」と。このようなわけで、（大王は）杖と筴《むち》を持って立ち去った。殘された民も皆連なって大王に從い、遂に岐山の麓に國を作った。〔大王亶父居邠、狄人攻之。事之以皮帛而不受、事之以犬馬而不受、

事之以珠玉而不受、狄人之所求者土地也。大王亶父曰「與人之兄居而殺其弟、與人之父居而殺其子、吾不忍也。子皆勉居矣。爲吾臣與爲狄人臣、奚以異。且吾聞之、不以所用養害所養。」因杖筴而去之。民相連而從之、遂成國於岐山之下。」

とある。さらに『史記』周本紀に、

（舜は）棄〔周の始祖后稷〕を邰に封じ、后稷と名付け、姫氏を別姓とした。……后稷が亡くなり、子の不窋が立った。……不窋が亡くなり、子の鞠が立った。鞠が亡くなり、子の公劉が立った。……公劉が亡くなり、子の慶節が立ち、豳に國を建てた。……古公亶父は后稷や公劉の偉業を繼ぎ、徳を積み民のために義を行ったので、國じゅうの民は皆古公亶父を君主として推戴した。戎狄の薫育〔獯鬻〕が攻めてきて財物を欲しがったので、財物を與えた。しばらくしてまた攻めてきて土地と民とを欲しがった。民は皆怒り戰おうとした。すると古公が言った、「民が君主を立てるのは自らの利益となるからだ。戎狄の薫育が攻めてくる理由は、吾が土地と民が欲しいからだ。皆にとっては、我がもとにいるのと彼等のもとにいるのとで、（自らの利益に）變わりは無いはず。皆は我がために戰おうとしているが、皆の父や子を戰爭で死なせておいて、君主でいることなど余にはとてもできない」と。そこで（古公亶父は）親族と共に豳を去り、漆沮水を渡り、梁山を越え、岐山の麓に移住した（『竹書紀年』に據ると、殷の武乙の元年〔前一一四七〕）。豳に殘された民は老人や女子供を助け、古公亶父を慕ってこぞって岐山の麓に移住してきた。近隣諸國も古公亶父が仁德ある人物だと聞き、多くの人々が慕ってきた。そこで古公亶父は戎狄の習俗を卑下して、城郭や室屋を築き、村落を別けて住まわせ、五官（『集解』に、司徒〔戸籍・教育長官〕・司馬〔軍事長官〕・司空〔治獄・土木長官〕・司士〔役人取締長官〕・司寇〔法務・公安長官〕等を揭げる）の役人を設けた。そこで民は皆詩歌を作り、その德を褒め頌えた。〔(帝舜）封棄於邰、號曰后稷、別姓姬氏。……后稷卒、子不窋立。……不窋卒、子鞠立。鞠卒、子公劉立。……公劉卒、子慶節立、國於豳。……古公亶父復脩后稷・公劉之業、積德行義、國人皆戴之。薰育戎狄攻之、欲得財物、豫之。已復攻、欲得地與民。民皆怒、欲戰。古公曰「有民立君、將以利之。今戎狄所爲攻戰、以吾地與民。民之在我與其在彼、何異。民欲以我故戰、殺人父子而君之、予不忍爲。」乃與私屬遂去豳、度漆沮、踰梁山、止於岐下。豳人擧國扶老攜弱、盡復歸古公於岐下。及他旁國聞古公仁、亦多歸之。於是古公乃貶戎狄之俗、而營築城郭室屋、而邑別居之、作五官有司。民皆歌樂之、頌其德。〕

とある。『詩經』魯頌閟宮篇に、

后稷の子孫は、まことに太王〔古公亶父〕のこと。岐山の陽〔南〕に移住してきて村を營んだ。これこそ商〔殷〕を伐つための始まりであった。〔后稷之孫、實維太王。居岐之陽。實始翦商。〕

とあり、古公亶父が周族の勢力擴大の基礎を築いたことを謳歌している。この周原地區は非常に土地が肥え、ま

た川では多くの魚が漁れることが、周頌潛篇に、

ああ豊かなる沮水と漆水、仕掛けにかかる魚が多い。鱣《ふか》であったり鮪《しび》であったり、他には鰷《はえ》・鱨《ぎぎ》・鰋《なまず》・鯉《こい》も漁れる。〔猗與沮漆、潛有多魚。有鱣有鮪、鰷鱨鰋鯉。〕

と詠われている。すなわち、周原は古公亶父から文王の時代に周人（周族）の文化的な基礎や勢力の擴大に重要な役割を果たした地域であることが理解できる。そこで次に古公亶父が周原へ移住し、都市の造營に勤しんだことを詠った大雅緜篇の釋解を試みたい。

二 『詩經』大雅緜篇釋讀

便宜的に全體を九章に分け、一章六句ずつ釋讀する。

第一章

緜緜瓜瓞　大小の瓜の蔓が連綿と連なり
民之初生　周の民が初めて生活を始める
自土沮漆　沮水漆水の地を耕したのは

古公亶父　古公亶父から
陶復陶穴　穴を掘って住居とし
未有家室　地上に建てる家屋はなし

第二章

古公亶父　古公亶父は（狄人に土地を追われ）
來朝走馬　（代替地を探して）早朝から馬を馳せた
率西水滸　西川〔涇水・渭水〕に沿って
至于岐下　岐山の南麓に至る
爰及姜女　姜女〔太姜〕を娶り
聿來胥宇　ここに來て家屋を建てる

第三章

周原膴膴　周原は肥沃で美しく
菫荼如飴　なずなやにがなは飴のよう
爰始爰謀　そこで暮らし始め そこで相談し
爰契我龜　そこで龜卜し トの辭を刻む
曰止曰時　曰く「止まれ」曰く「時なり」と
築室于茲　そこで宮室を築いて住めり

第四章
迺慰迺止　そこで安住し そこで止まり
迺左迺右　そこで左に行き そこで右に行き
迺彊迺理　そこで境界を定め そこで人々を住まわせ
迺宣迺畝　そこで田畑を與え そこで畝をつくり
自西徂東　西から東まで驅けずり回り
周爰執事　すべて造營のために奮闘す
第五章
乃召司空　そして建築係の長官を呼び
乃召司徒　そして夫役係の長官を呼び
俾立室家　宮室を建立させる
其繩則直　墨繩は眞すぐ張られ
縮版以載　版築で塀や家屋の壁を作り
作廟翼翼　作られた宗廟は嚴然たり
第六章
捄之陾陾　もっこに土を盛り上げ
度之薨薨　版築の板の間にコウコウと投げ込み

築之登登　トントンと打ち固め
削屢馮馮　余分に固めた土をヒョウヒョウと削り
百堵皆興　城壁も一齊に作り
鼛鼓弗勝　大太鼓の音も絶え間なし
第七章
迺立皐門　そこで皐門〔外城の門〕を立つ
皐門有伉　皐門は聳え
迺立應門　そこで應門〔内城の正門〕を立つ
應門將將　應門は壯大
迺立冢土　そこで冢土〔土地神・大社〕を立つ
戎醜攸行　冢土の前で閲兵を擧行
第八章
肆不殄厥慍　（大王が土地を追われた）かの怒りは絶えず
亦不隕厥問　（しかし大王以來の）譽を傷つけることなし
柞棫拔矣　つげやくぬぎは拔かれ
行道兌矣　行き交う道は平らに
混夷駾矣　混夷も逃げ去り

維其喙矣　息せき切って逃げ去る

第九章

虞芮質厥成　虞芮が境界の裁決を仰ぎ
文王蹶厥生　文王は彼らの心を動かす
豫曰有疏附　我は言う、（周を守る）身内がいる
豫曰有先後　我は言う、（周のために働く）臣下がいる
豫曰有奔奏　我は言う、（周の命令を傳えに）走る者がいる
豫曰有禦侮　我は言う、（周のために）侮りを防ぐ者がいる

第七章までは古公亶父について詠っており、第八章・第九章は文王のことを詠っている。第八章は、文王が混夷（「昆夷」・「獯育」にも作る）を征伐したことが詠われている。第九章は、虞芮の兩諸侯が田を争って譲らず、當時、諸侯が心服していた周の西伯（文王）に裁決してもらおうと赴いたところ、周人等が畔を譲りあう様子を見て訴えを取り止めたという「虞芮の訴え」の故事に基づいている。後に司馬遷が『史記』周本紀に記録したことから有名になった。古公亶父と文王との關係について、小序に「緜は、文王が（政治を）盛んに行えたのは、大王（の政治）に基づいていることを歌った篇である。〔緜文王之興、本由大王也〕」とあり、その關係性を述べている。すなわち、緜篇は古公亶父から文王に至るまでに開發された周人の故郷である周原について詠った詩であり、「大雅文王之什」に収められているように、文王を顯彰するための副次的（伏線的）な詩と言うこともできよう。

三　周原甲骨から見る周人の宗教活動

周原鳳雛村甲組建築址から發見された甲骨（周原甲骨）に細かい文字が刻み込まれていた。その中のH11：1と編號された甲骨には、

癸巳、彝文武帝
乙宗。貞、王其卲祭
成唐、□貞祝示
𠬝□母、其彝
血𦍞三・豚三、
由又正

とある。H11：1の「彝文武帝乙宗」について、王宇信は、「彝」は廟の祭祀で常に供える器であるから、廟における祭祀の意味とするが、(2)「彝文」は連文として「武帝乙」にかかる尊敬の意を表す形容詞ととらえる。「武帝乙」は「帝辛」（紂）の父「帝乙」であるのか曾祖父「武乙」であるのか分からない。「宗」は「廟」の意味である。すなわち「彝文武帝乙宗」とは、「常に氣高き武乙・帝乙の廟において」という意味であろう。「貞、王其卲

祭成唐」の「成唐」は「成湯」のことで、殷の初代の王である。「卜うに、王（武乙・帝乙）はまことに成湯を昭かに祭るべきか」と言う卜占の言葉である。「血羖三豚三」とあるのは、祭祀の場において犠牲の血を青銅器に血塗ることであろう。従って、H11：1の内容は、周人が殷王の「武乙」あるいは「帝乙」の廟において殷の初代王の成湯を祀った時の記録であろう。殷の支配下にある周族が異族である殷の先王を祀っていた證據とも言えよう。同様の例文に、H11：112の「彝文武丁」があり、「武丁」は殷の二二代目の王で、賢人傅說を登用した人物である。清華簡「傅說之命（下）」第八號簡・第九號簡には、武丁が天から三つの〈德〉を賜り、その〈德〉によって民衆を安寧に導く話が記録されている。異族である周人からも尊敬されていた可能性がある。

またH11：82と編號された甲骨には、

……文武
……王其邵禘
……天□典告
周方白□□由
正亡左……
……（王）受有佑

とあり、「文武」は前後の文章が判然としないので、H11：1と同様に「彝文武帝」であれば、「武帝」は「帝乙」

か「武乙」である可能性があるが、明瞭ではない。「周方白」は「周方伯」で、すなわち西伯文王のことである。H11：84にも「告周方白□由正不左于受有佑」とあり、後半はH11：82と同様の構文であり、また「周方白」の名も見えており、禘祭を行った時の記録である。周原甲骨の記録から、周人も殷人と同じように卜辭による宗教活動を踏襲していたことがわかり、王國維は、殷文化と周文化は繼承されずに大きな相違があった、とするが[3]、全てが斷絶していたわけではない。

周原甲骨で注目したいのは、周初の封建制の證據を示していることである。H11：83と編號された甲骨に、

曰今秋
楚子來告
父後□

とあり、「楚子來告」とある「楚子」とは、『史記』楚世家に、

周の文王の時に、季連の苗裔〔子孫〕を鬻熊と言った。鬻熊の子は文王に事えたが、夭折した。その子は熊麗と言った。熊麗は熊狂を生み、熊狂は熊繹を生んだ。熊繹は周の成王の時に當る。（成王は）文王・武王の時に勤勞の働きのあった後嗣〔子孫〕を舉げ用いたので、熊繹は楚蠻に封じられ、子爵・男爵に相當する田畑〔領地・領土〕をもらい、芈《ビ》氏を姓として、丹陽〔湖北省〕に居住した。楚子〔「子」は楚の爵位〕熊

繹は魯公伯禽・衞康叔子牟・晉侯燮・齊の太公子呂伋らと倶に成王に事えた。〔周文王之時、季連之苗裔曰鬻熊。鬻熊子事文王、蚤卒。其子曰熊麗。熊麗生熊狂、熊狂生熊繹。熊繹當周成王之時、擧文武勤勞之後嗣、而封熊繹於楚蠻、封以子男之田、姓芈氏、居丹陽。楚子熊繹與魯公伯禽・衞康叔子牟・晉侯燮・齊太公子呂伋倶事成王。〕

とあり、「封熊繹於楚蠻、封以子男之田、……楚子熊繹……」と言う「楚子」と符合する。H11：83 の甲骨文は、成王の時に熊繹が楚に子爵として封建されたとする『史記』楚世家の記事を出土資料から裏付けるものである。なお、周原甲骨の寫眞・拓本・摹本・研究等については、注2の王宇信氏の著述の他、數點の著作がある。[4]

おわりに

二〇〇四年五月二一日の毎日新聞（朝刊）に、今から約三〇〇〇年前に成立した周王朝の王墓群（周公廟遺跡の發見を報ずる記事がかなりの紙面を割いて掲載された（六月八日の朝日新聞夕刊にも報道された）。まだ試掘による調査段階ではあるが、殷王朝の王墓と同規模の墓道をもつ墓を含めて一二基（その後の調査で二二基發見）の大墓が確認され、また厚さ一〇《メートル》の城壁に圍まれていたという。記事には識者のコメントが掲げられており、それによると「考古學上、中國で四つの墓道をもつ墓は、王の墓以外にない。それからみて王陵の可能性が高い」（調査隊責任者の徐天進・北京大學教授）、「王陵を城壁が圍むことが歴史上初めて出現したケースでは」（松丸道雄・

東京大學名譽教授)、「新中國の成立以來、第一というべき發見だ。中國史研究のうえで計り知れない價値を持つ」(鄒衡・北京大學教授)、「一世紀前の殷墟の發見を思い起こさせる中國考古學上の大發見となるかもしれない」(西江清高・南山大學助教授)、「おそらく今世紀の世界最大の發見の一つとなるでしょう」(飯島武次・駒澤大學教授)等とあり、重要な發見であることを伺わせる。發見場所は陝西省岐山縣城から西北へ約七、五キロの周公廟近くの丘陵の斜面で、一昨年(二〇〇三年)の暮にはこの周邊から「周公」「新邑」等の文字が刻まれた甲骨七四〇餘片(有字甲骨八〇餘片、文字數四〇〇餘字)も發見され、注目されていた。周王朝建國の文王・武王や武王の弟の周公旦の墓がこの王墓群うちに含まれている可能性がでてきた。

また今年(二〇〇五年)二月八日の毎日新聞(夕刊)に、上記の周公廟遺跡と新發見(二〇〇四年一二月三一日發見)の大古城壁(鳳翔水溝遺跡)に關する松丸氏の見解が掲載された。記事によると、この城壁は周公廟遺跡から西へ二〇キロ程の鳳翔縣糜杆橋鎭水溝村にあり、東壁一四〇〇メートル、北壁と西壁一〇〇〇メートル、南壁八〇〇メートルで、周圍が四〇〇〇メートル以上に及び、壁高は最大で六、五メートル、壁厚五メートルをこえ、城壁内面積は一四〇萬平方メートル前後で、徐氏ら發掘當事者によれば、西周初期の城壁と認められるという。また徐氏の報告(二〇〇五年二月一九日、金澤大學中國考古學フォーラム)によれば、城内からは磚・瓦・水管や日用の陶器など、また西周以前(先周時期)の卜骨も發見された。松丸氏は『史記』周本紀や『詩經』大雅緜篇等によって推理し、「古文獻に傳える古公亶父(文王の祖父)が築いた城壁である可能性が極めて高い」と言う。今後の發掘の進展を注視していきたい。

〈注〉

1　小寺敦「上海博楚簡『子羔』の感生傳説について―戰國時代の楚地域における『詩』受容の視點から―」(『史料批判研究』六、二〇〇四年)、參照。

2　王宇信『西周甲骨探論』(中國國社會科學出版社　一九八四年) 四〇～四二頁。

3　王國維『殷周制度論』(『觀堂集林』巻一)

4　徐錫臺『周原甲骨文綜述』(三秦出版社　一九八七年九月)、陳全方『周原與周文化』(上海人民出版社　一九八八年九月)、曹瑋『周原甲骨文』(世界圖書出版公司　二〇〇二年一〇月) 等、參照。

清華簡「傅說之命」上篇釋讀

前　言

二〇一二年一二月に清華大學出土文獻研究與保護中心編の『清華大學藏戰國竹簡（三）』（一套上下二册　以下、清華簡と稱する）が上海の中西書局から出版され、その中に「傅說之命」上中下三篇を收錄し、整理者（注釋者）は清華簡主編者の李學勤氏が擔當し、最終的に定稿している。傳世の『尙書』說命（以下、「說命」と稱する）上篇は、殷の武丁（高宗）が傅說を得て宰相に任じ、その果たすべき勉めを命じる辭、中篇は、傅說が武丁に爲政者としての戒を進言する辭、下篇は、武丁が傅說に諫言を求め、傅說が武丁に先王の政治から學ぶべきことを進言する辭から構成されており、「傅說之命」の內容（語句）と同樣の箇所が散見する。

しかし、「傅說之命」と「說命」を總體的に比較すると、內容はかなり異なり、寧ろ同じ內容の箇所は少なく、傳世文獻に未見の新たな內容が含まれている。[1]「傅說之命」上篇は、武丁が失仲を傅說に伐たせて高官に任じた辭、中篇は、武丁が帝（天）から傅說を賜った理由や武丁を補佐する心得等を、武丁自身が比喩を交えながら傳說に述べた訓戒の辭、下篇も中篇同樣、傅說に對する心得等を、武丁自身が比喩や殷の先王大戊の故事を交えながら述べた訓戒の辭から構成されている。特に「傳說之命」上篇には、傳世文獻に現れない「失仲」と言う人物が記録されており、傳說が使用人として仕えた人物として述べられている。この「失仲」と言う人物について、『史記』殷本紀や『竹書紀年』、或いは『漢書』古今人表等には記録されていない[2]。

「傳說之命」上中下三篇とも武丁自身が傳說に述べる訓戒の辭であり、「說命」の中下二篇が傳說の武丁に進言する辭とは内容を異にする。「傳說之命」と言う篇名は、武丁が傳說に命令することから名づけられた篇名であることが分かり、「說命」のように、傳說が武丁に訓戒や教訓を進言することから名づけられたものではない[3]。ただ「傳說之命」中篇の第二號簡に「武丁は言った、（帝が）そなた說をやって來させたのは、朕を戒める言辭を（朕に）聽かせるためである。……〔武丁曰、來格汝說、聽戒朕言。……〕」とあり、この「戒朕言」の語句を「說命」の作篇者が目睹したか否かは分からないが、「說命」作篇の當時、臣下の「箴言」「諫言」を受入れることが明君の理想的な政治の一形態と考えられていたことは確かであり、作篇者が武丁と傳說の關係を理想的に作り變えたことは、大いに考えられることである。

以下の釋讀は以前報告した「竹簡「說命」譯注稿」（大東文化大學大學院文學研究科中國學專攻二〇一三年度研究報告書、二〇一四年三月）及び「清華簡「說命」上篇釋讀」（豫稿集、臺灣 明道大學國學研究所・同中國文學學系・中國經學研究會・中央研究院中國文哲研究所、二〇一五年四月）を訂正したものである。清華簡「傳說之命」上篇は第一號簡から第七號簡までであり、便宜上、四段に分けて釋文と譯文を掲げ、整理者の注釋や關係論文を検討する。釋文は主に整理者に從ったが、解釋の相違で變えた箇所もある。

釋讀及び檢討

【釋文一】

惟殷王賜說于天、用爲失仲使人。王命厥百工向、以貨徇求説于邑人。惟弼人〔以上第一號簡〕得說于傅巖。厥俾綳弓伸闢辟矢。説方築城、縢躬用力。厥説之狀、腕〔以上第二號簡〕肩如椎。

〔譯文一〕

殷王〔武丁〕は傅説を天から賜り、失仲の使用人とした。（しかし武丁は自分を補佐する賢人が天から賜った傅説であることを夢に見て）多くの職人に人相書〔畫〕を作らせ、大金を與えて天下の隅々まで村人たちに傅説を探させた。弼人(4)は傅説を傅巖という場所で探し出した。（武丁は傅説を迎える際、弼人の）弓を束ね（弦を）緩めて（紐を）通し（て結び）、矢を（矢入れ道具〔箙・胡錄・鞁など〕に）納めさせた。（探し出した時に）傅説はちょうど城を築いている最中で、繩索を身に纏って力を振りしぼっているところであった。その傅說の姿たるや、腕と肩は椎の木のよう（に堅強）であった。

＊

整理者は、「書序」の「高宗夢得說、使百工營求諸野」及び『國語』楚語上の「如是而又使以象夢旁求四方之賢」と清華簡「說命」とに、異同のあることを指摘する。また子居氏も「此句可見清華簡《說命》與各傳世文獻所引《說命》版本大有差別、文字上亦頗有不同」と述べ(5)、「傅說之命」と傳世文獻所引「說命」との版本の相違を指摘する。ただ「書序」『國語』楚語上や「說命」の「……夢帝賚予良弼、其代豫言。乃審厥象、殺以刑旁求于天下、說築傅巖之野」等、武丁（高宗）が帝より良き輔けの臣下（良弼）たる傅說を賜る夢を見て、これを傅巖の野に探し出す、という傳說は、多少の異同はあるが、「傅說之命」上篇に記錄された內容と同樣である。(6) 夢の中の帝（天）のお告げによって賢人傅說を登用する話が、當時、既に傳說化されていたことは、容易に理解できる。上述の『國語』楚語上の「使以象夢旁求四方之賢、得傅說以來、升以爲公、而使朝夕規諫」や『墨子』尙賢中の「傅說被褐帶索、庸築乎傅巖、武丁得之、擧以爲三公、與接天下之政、治天下之民」、尙賢下の「昔者傅說居北海之洲、圜土之上、衣褐帶索、庸築於傅巖之城、武丁得而擧之、立爲三公、使之接天下之政、而治天下之民」等に散見する武丁や傅說は、まさに傳說化の證據と言えよう。

「傅說之命」上篇と『墨子』尙賢下との關係について、谷中信一氏は「《墨子》是將武丁從民閒發現傅說的傳說中、〈夢＝神意〉這一實乃最重要的要素剔出後、爲展開自家學說加以了利用。因而也可以說、《傅說之命》上篇、雖然是在缺失了將〈夢〉當作神意的認識之後被著述的、但卻反映出其著述的時期、較之《墨子・尙賢下》、仍爲更早」と述べる。(7)「傅說之命」上篇と『墨子』尙賢下との先後關係について、ここでは觸れないが、谷中氏も「兩者の閒には極めて高い親緣性があると言えよう〔可謂兩者閒有著極高的親緣性〕」と指摘するように、(8)『墨子』尙賢との影響關係があることは確かであろう。

傅說を傅巖という場所で探し出したことについては、諸書に散見する。しかし、その下文の「厥俾緢弓伸關辟矢」については、「傅說之命」上篇に始めて記載され、文字の解釋によって意味が多少違ってくる。「辟矢」について、整理者は『周禮』司弓矢の「庳矢」と推論し、「辟」「庳」が音通することを指摘する。楊蒙生氏は「（武丁）

自身が（或いは人を派遣して）身體を動かして接待するときの裝束である。束弓・庳矢して傅說を迎え、儀式は莊重である〔親自（或派人）動身前去迎接時的裝束。束弓・庳矢、以迎傅說、儀式莊重〕」と述べる。[9] 谷中氏は「弓を括り付け、矢を束ね（敵意のないことを表し）た」と述べる。[10] 迎える相手に敵意を示さないと見る谷中氏の解釋が妥當であろう。ここは、天から賜った賢人傅說を丁重に迎えるための配慮として、武器（弓矢）を傅說に向けないようにした動作として譯出した。

＊

【釋文二】

王廼訊說曰「帝抑尓以畀余、抑非」。說廼曰「惟帝以余畀尓。尓左執朕袂、尓右〔以上第三號簡〕稽首」。王曰「亶然」。天廼命說伐失仲。

〔譯文二〕

武丁はそこで傅說に尋ねた、「帝はそちを我に賜うたのか。それともそうでないのか」と。傅說はそこで對えた、「帝は私奴を貴殿に賜りました。（そこで）貴殿は（私奴の）左脇で私奴の袂にすがり、貴殿は（私奴の）右脇で（私奴に）額ずきました」と。武丁は言った、「まことにさよう」と。天（に代わって武丁）は傅說に失仲を伐たせた。

＊

武丁と傅說の會話の臺詞中の兩箇の「帝」と地の文の「天」について、子居氏は「傅說之命」冒頭の「惟殷王賜說于天」に「天」とあることに據って、「ここに〈天〉と稱して〈帝〉と稱さないのは、當に殷の遺民が周文化の影響を受けたことに因る〔這里稱〈天〉而不稱〈帝〉、當是殷遺民受周文化影響的緣故〕」と述べ、[11]「傳說之命」を殷の遺民の作と見る。確かに、「傳說之命」に記す「帝」は、中篇の武丁の臺詞中の「汝來惟帝命」と併せて、三箇所全ての「帝」は武丁と傳說の臺詞中にあり、「神（帝）を尊んだ」（『禮記』表記）殷代の傳承と取れなくもない。しかし、同じ武丁の臺詞中に「且天出不祥」（「傳說之命」中篇）、「經德配天」「汝亦惟克顯天」（「傳說之命」下篇）とあり、「帝」と言い、或いは「天」と言い、一定しない。[12]これは周代に入って、「帝」と「天」とを同一觀念として捉えていた證據であり、假に、「傳說之命」が殷代の傳承であったとしても、必ずしも殷の遺民の作と見る必要は無い。

武丁の訊問に對えた傳說の言辭は、「惟帝以余畀尔、尔左執朕袂、尔右稽首」であり、夢の中の帝（天）のお告げは、武丁だけではなく傳說も見いていたことになる。この中で傳說は自らを「余」や「朕」と稱し、武丁に對して「尔（爾）」と稱する。[13]この一文を、谷中氏は「天帝はこの私をあなたに下し與えたのですから、王よあなたは左に侍ってわが袂を取り、右に侍って拜禮しなさい」と譯出する。[14]ただ「拜禮」の對象を述べない。青山氏は「上帝が私をあなたにお與えになり、あなたは左手で私のたもとを摑んで、右を向いて上帝に稽首なさいました」と譯出し、[15]「稽首」の對象を「上帝」と見なしている。ただ、「左」を「左手で」と、「右」を「右を向いて」と解釋するが、左右對稱の整合性を缺き、天空の「上帝」に「稽首」することは考え難い。武丁にとって傳說は帝から賜った賢人であり、傳說に對して禮を盡くすことは、帝に敬意を示すことにもなる。從って、武丁が傳說の傍らで傳說に對して「稽首」している情景として譯出した。

子居氏は「武丁の夢の中で見た、天帝が傳說を賜う時の情景を、傳說が誤り無く語ったので、武丁に天から賜った賢人が傅說であることを確信させた（武丁夢中所見天帝賜其傅說時的情景，傅說能說出這个情景，使得武丁確信天帝所賜卽是此人）」と述べる。[16] この解釋は當を得ており、この解釋に從って譯出した。整理者は「亶然」の下文「天廼命說伐失仲」も武丁の臺詞とするが、上文の武丁の臺詞「帝抑尔以畀余」では「帝」と、また傅說を「尔」と二人稱で稱し、「天廼命說伐失仲」では「天」と、また傅說を「說」と固有名詞で稱し、同じ武丁の臺詞としては整合性を缺く。從って、「亶然」以下は武丁の臺詞とは見なさない。また、失仲を伐つことを天が傅說に命じた記述になっているが、實は武丁は天から賜るべき傅說を得ることにより、傅說を失い且つ卜占に反して「一豕」を殺した失仲に天罰を下すものとして、天に代わって傅說に征伐を命令したのである。

＊

【釋文三】

失仲是生子、生二牡豕。失仲卜曰「我其殺之、我其〔以上第四號簡〕已」。「勿殺」。勿殺是吉。失仲違卜、乃殺一豕。

〖譯文三〗

失仲は子を生んだが、二匹の雄豚を生んだ。失仲は卜った、「わしはこれを殺すべきか、わしは（殺して）祀るべきか」と。（卜った結果）「殺すなかれ」と。殺すなかれ（という結果）は吉である。失仲は卜に反して一匹の豚を殺した。

＊

整理者は「牡豕」について、『左傳』昭公二十八年の「生伯封、實有豕心、貪惏無饜、忿纇無期、謂之封豕」

を根據に、「生まれつき性質の劣った子を表している〔形容其子生性頑劣〕」と見る。この解釋に従った谷中氏は、「失仲は子をなしたが、二人であった。二人とも豚のように貪欲で恥知らずな男子であった」と譯出する。[17]これに對して、子居氏は「きっと佚仲はこれを災異とし、殺すべきか否かを卜っている。……『說命』のこの段は『書』系作篇時に怪異を記錄した特徵を有することを體現している。この「豕」は豚（猪）と解釋するべきである〔必是佚仲以此爲災異、才會卜問是否當殺之。……《說命》此段當是體現了《書》系篇章時或有記異言怪的特徵。這里的〈豕〉、卽當解爲豬〕」と述べ、[18]「牡豕」を動物の雄豚（牡豬）とみ見なし、人間が動物（家畜）を生む災異・怪異現象とする。廖名春氏は「〈生二戊豕〉の〈生〉は〈長〉と讀むべきである。〈失仲氏〉の二人の子は成長して豚（豬）のような風貌になったことを言う〔〈生二戊豕〉之〈生〉當訓爲〈長〉。謂「失仲氏」二子相貌長得象公豬一樣〕」と述べる。[19]侯乃峰氏は「先秦時期には戎狄蠻夷を犬豕の後裔に擬えることが多く、典籍の記載にも犬戎族の祖先を二白犬とするものがあるから、簡文に編排〈二豕〉を〈赤孚の戎〉の始祖に擬える、このような傳說も人としての自然の思いや考えの中に含まれる〔先秦時期多將戎狄蠻夷視作犬豕之後、典籍記載中或以爲犬戎族的祖先是二白犬、故簡文編排〈二豕〉是〈赤孚之戎〉的始祖這種傳說亦在情理之中〕」と述べ、[20]佚仲を豚（豕）を祖先とする異民族と見なし、『史記』匈奴列傳『索隱』引韋昭注の「海山經〔大荒東經〕云、黃帝生苗龍、苗龍生融吾、融吾生弄明、弄明生白犬。白犬有二牡（牝牡）、是爲犬戎」を引用して、犬戎族の祖先の「二牡（牝牡）白犬」を「赤孚之戎」の祖先の「二牡豕」に擬え、子居氏と同樣に、「牡豕」を動物の雄豚とする。

　子居氏の災異・怪異現象說に同調する青山氏は、「佚仲の家に「二牡豕」が生まれるという災異が生じる。佚仲がこれを殺すべきか否かを卜すと、「殺すな」という結果が出る。ところが佚仲は卜に従わず、「二豕」のうちの「一家」を殺してしまう。夢を信じた武丁と對照的に、佚仲は卜占の結果を信じきれなかったのである。……恐らくここで語られているのは、「二牡豕を生む」という異常事態を軸にした災異思想の一種と思われるが、……佚仲を武丁の鏡像と見た場合、作篇者が稱揚せんとするのは、夢を介して下された「天」の意思に從う武丁の姿勢そのものであることは明らかであろう。……「生二牡豕」という異常事態が妖怪の惡戲などではなく、「天」の警告であることを佚仲に對して示したのである」と述べ、[21]「生二牡豕」を災異思想と見なし、「天」の意思に從って傳説を得た武丁に對して、「天」の警告に逆らって一家を殺して身を滅ぼした佚仲を、對比的に捉えている。

上述の諸説中で、青山氏の佚仲を武丁の鏡像と見て、佚仲に對する天の警告とする災異思想説は卓見であり、「天」が惡政を行う「失仲」に對して「生二牡豕」の災異を與えて警告を發し、警告を無視した「失仲」を滅ぼす。これに對して、善政を行う「武丁」に對して傳説を與えて稱揚する。失仲を武丁の鏡像と見て對比的に捉える斬新な解釋である。子居氏や青山氏の災異思想説を裏づけるものとして、「傳説之命」中篇に「且天出不祥、……」とあり、「天」が「不祥」を發す、という記述がある。これは明らかに、人格神的「天」が「不祥」すなわち「災異」を與えて警告を發する意味であり、災異思想に基づく記述である。ここは「生二牡豕」を災異現象と見なし、子居氏や青山氏の解釋に從って「二匹の雄豚を生んだ」と譯出した。[22]

整理者は「我其殺之」と「我其已、勿殺」とを正反の相對卜辭と見なし、これに從う付強氏は、賓組卜辭の「貞、勿已、臣□」（《合集》4091）「癸酉卜王貞、余勿已、我亯亩、用」（《合集》15496）「協、毋已、于豕。一月」（《合集》7002）「貞、已、亦不以艱」（《合集》12898）等を引用し、「『說命』の文句と卜辭は全く同樣と見なされ、武丁期の實錄と言える〔可以看到《說命》這句話和卜辭完全一樣、可以說是武丁時期的實錄〕」と述べている。[23] ここは「我其殺之、我其已、勿殺」を相對卜辭とせず、「我其殺之、我其已」を命辭（問辭）、「勿殺」を占辭（繇辭）とし、占辭を實行した場合の結果（評價）として「吉」を驗辭、或いは卜兆の狀況を刻した兆辭として譯出した。

＊

【釋文四】

說于圍伐失仲。一豕乃旋保以逝、廼踐。邑〔以上第五號簡〕人皆從一豕、脫仲之自行。是爲赤敔之戎。其惟說邑、在北海之州、是惟圜土。說〔以上第六號簡〕來、自從事于殷。王用命說爲公。〔以上第七號簡〕

〔譯文四〕

傅說は（失仲の居城に）往って取り圍んで失仲を伐った。もう一匹の豚は命からがら逃亡し、そこで（失仲の）跡を繼いだ。（失仲に從っていた）村人は皆もう一匹の豚に從い、失仲の逃亡を見捨てて離れていった。これが「赤敔の戎」である。さて傅說の（住んでいた）村は、北海の州にあり、ここは監獄であった。傅說は（そこから）やって來て、自ら進んで殷に仕えた。王〔武丁〕はそこで傅說を高官〔三公〕に任命した。

＊

「說于圍伐失仲」の「于」について、整理者は『詩經』周南・桃夭の「之子于歸」の毛傳「于、往也」と『盟方鼎』の「周公于伐東夷豐伯薄姑」の「于伐」とを根據に、「往」に讀む。王寧氏は「〈說于圍伐〉的句式與『詩』〈君子于役〉〈之子于征〉〈王于出征〉略同、〈于〉訓〈往〉」と述べ[24]、整理者と同樣に「于」を「往」に解釋する。「圍」について、子居氏は『呂氏春秋』愼大の「湯爲天子、夏民親郼如夏」の高誘注「郼、讀如衣。今兗州人謂殷氏皆曰衣」と、『呂氏春秋』愼勢の「湯其無郼、武其無岐、不能成功」の高誘注「郼、湯之本國」とを根據に、「圍」

を「鄗」に解釋し、「傳說は鄗地から出發して佚仲を征伐した（傳說自鄗地出發征伐佚仲）」と述べるが、[25]今は保留して、整理者の解釋に從った。

「一豕乃旋保以逝」について、整理者は「旋」を「還」に、「逝」を「行」に解釋し、「失仲の（もう一人の）子は傳說と戰わず、逃亡して身を守った（失仲之子不戰而退守）」と述べる。これに對して、子居氏は「旋」の原字「觀」を「睿」の繁形と見なし、「先見の明を有する（有先見之明）」意味に捉え、「殺されなかったもう一頭の豚が傳說が攻めて來ることを豫見し、これに因って佚仲が逃走できるようにした（歿被殺掉的那只豬先豫見到了傳說來伐、因此保着佚仲逃走了）」と述べる。[26]面白い解釋ではあるが、穿った解釋であろう。廖名春氏は「保」を「俘」に讀んで「俘虜」の意味に解釋し、「逝」を「折」に讀んで「折服」「屈服」の意味に解釋し、「傳說の失仲征伐より先に、失仲のもう一人の子は布陣から脫走し、傳說の捕虜となって投降した（傳說前往討伐失仲、失仲的一個兒子臨陣脫逃、被傳說俘虜因而投降了）」と述べる。[27]侯乃峰氏は「旋」の原字「觀」を音通に據り「穿」に、「保」を「堡」に解釋し、「佚仲の生んだ殺されなかったもう一頭の豚が城壁を破って逃亡した（佚仲所生下的歿被殺掉的「一豕」穿透城堡逃逝了）」と述べる。[28]谷中氏も「保」を「堡」に解釋し、「（失仲の）一人の息子は小城の周りを繞って逃げのびて」と述べる。[29]上述のように諸說あるが、ここは整理者の解釋を妥當と見て、これに從って譯出した。

「廼踐」について、整理者は「踐」を「翦」に解釋し（假借音通）、「伐滅」の意味とする。子居氏もこの解釋に贊同として、『說文』彳部の「㣤、迹也。從彳戔聲」を引用して、「邦を滅ぼして奪い取ることこそ「踐」と言える（滅其邦、有其地、卽可謂之〈踐〉）」と述べる。[30]廖名春氏は「踐」を「餞」に讀んで「設酒食送行」に解釋し、「傳説は彼（失仲の子）を釋放し、酒食を設けて送り出した〔傳説釋放了他、設酒食爲他送行〕」と述べるが、[31]捕虜となった者を釋放して酒食を設けるという解釋には、些か無理がある。侯乃峰氏は「既に城を守る者が皆逃走してしまえば、傳説の征伐も戰わずして勝ち、容易に城を陷落することができる。そこで簡文には「すぐさま滅ぼした」と言う〔既然守城者都逃走了、傳説的征伐也就不戰而勝、輕而易擧地攻進了城堡、故簡文云〈廼踐〉〕」と述べ、[32]「廼踐」の意味を整理者や子居氏と同樣に解釋している。これに對して、谷中氏は「父親の跡を繼いだ」と述べ、[33]「踐」を「踐阼」「踐位」の意味に解釋している。ここは谷中氏の解釋に從い、失仲の跡（位）を繼ぐ意味に譯出した。[34]

「邑人皆從一豕、脱仲之自行」の「從」について、整理者は『左傳』襄公十年の「從之將退、不從亦退」の杜注「從、猶服也」を根據に、服從の意味に解釋し、「從」で句讀して「一豕」を下句に繫ぎ、「脱」の原字「陞」を「隨」に解釋し、「失仲は逃走し、その子は（失仲に）隨った〔失仲逃走而其子隨之〕」と述べる。廖名春氏は原字「陞」を「墮」に讀んで「損毀」「敗壞」に解釋し、「配下の者は全て失仲の一人の子に從って投降し、失仲自身の（傳説に對する）抵抗を殺いだ〔手下人都跟著失仲的這一個兒子投降了、毀掉了失仲自己的反抗〕」と述べるが、[35]「自行」を「自己的反抗」と解釋することには、些か疑問が殘る。子居氏は「從」について、「傳説が佚邑を攻め滅ぼしたので、佚邑の人は皆傳説に從った〔傳説攻下了佚邑、佚邑之人皆從傳説〕」と述べ、[36]整理者の解釋に贊同し、傳説に服從する意味に解釋する。これに對し、侯乃峰氏は「陞」を「脱」に讀んで「脱離」に解釋し、「城から脱出した村人が生き延びることができたのは、全て一頭の豚が城壁を破ったことによる。（村人は豚の）恩義に感じ、皆が一頭の豚に從い、佚仲から離れて去って行った〔從城堡中逃脱出來的邑人、他們之所以能夠得以活命、全都依仗〈一豕〉穿透城堡。也許是感念其恩德、故邑人全部都跟從〈一豕〉、而脱離佚仲而去〕」

と述べるが、(37) 村人が豚の恩義に感じるという道徳的解釋は、些か穿った解釋であろう。王寧氏は「隉」を「地」に讀んで「脱」に解釋し、「一豕地仲之自行」の「之」を接續詞「而」に相當するとし、「もう一人の豚に似た子は逃亡の途中で父親失仲から離れて、自分で逃走した（一豕在逃亡途中離開了他父親失仲、自己走了）」と述べる。(38) 谷中氏は「その國人たちは皆彼に付き從い、失仲の元を去って自發的に（國外に）行き（城を明け渡した）」と述べる。(39)「隉」について、王寧氏や侯乃峰氏に從って「脱」に解釋したが、「仲之自行」を「失仲自らの逃亡」と解釋し、失仲の逃亡を見捨てて（手助けせずに）離れる意味に譯出した。

「是爲赤敄之戎」について、整理者は「赤」を「赦」に、「敄」を「俘」に、「戎」を「兵事」すなわち戰役の意味に解釋する。谷中氏は整理者の解釋に從い、「これが「赦俘の戰い」である」と譯出する。(40) これに對し、子居氏は、網友暮四郎「初讀清華簡三筆記（草稿）」の「赤敄之戎」を「戎狄之名」とすることに贊同し、「赤敄の戎」は當然、赤敄の地にいる戎人（異民族）である。この句は、佚仲の一頭の豚と佚仲が一緒に逃走し、後來、增えて〈赤敄の戎〉となったことを言っている（〈赤敄之戎〉當卽是赤敄之地的戎人。此句是説保着佚仲的那只豬和佚仲一起逃走、後來就繁衍爲〈赤敄之戎〉）」と述べる。(41) 侯乃峰氏は「赤敄」の「敄」を「脬」と讀み、「卵脬」と解釋し、「赤脬」は「紅色的卵脬」で、豚の特徴から付けられた名稱とし、「〈赤脬の戎〉が〈一豕〉の後裔であれば、〈豕〉にはこの顯著な特徴があるから、その後裔の戎族（異民族）もまた〈赤脬の戎〉と稱した（〈赤脬之戎〉既爲〈一豕〉之後、〈豕〉有此顯著特徴、故其後代的戎族亦用〈赤脬之戎〉稱之）」と述べるが、(42) 些か穿った解釋であろう。ここは網友氏・子居氏の解釋に從って「赤敄の戎」と譯出した。

「圜土」について、整理者は「員」を「圜」と讀み、『墨子』尚賢下の「昔者傳説居北海之洲、圜土之上、衣褐帶索、傭築於傳巖之城」と、『周禮』地官比長の「以圜土納之」の鄭注「圜土、獄城也」とを根據に、「圜土」を「監獄」の意味に解釋する。『今本竹書紀年』夏の帝芬三十六年「作圜土」も、監獄の意味に捉えている。王寧氏は「圜土は古代の監獄の稱謂で、傅說が建築した城邑は、殷代に囚人を幽閉することに使用した場所の可能性があるから、後來、傅說は胥靡（囚人）であったとする言辭あるが、これによって誤解したのであろう。監獄は高峻牢固を要求されるから、その邑には〈傅巖〉或いは〈傅險〉の呼び方があった〔圜土是古代監獄的稱謂、傅說建立的這個城邑可能是殷代用來關押犯人的地方、所以後來有傅說爲胥靡（囚犯）之言、蓋由此誤解。監獄務求高峻牢固、固其邑有〈傅巖〉或〈傅險〉之稱〕」と述べる。[43] 王寧氏の解釋は、傅說の邑である「北海之州」と「傅巖」とを同一地とする。子居氏は、傅說は「傅巖」の人では無く、「說命」孔傳の「傅氏之巖」と『墨子』尚賢下の「北海之州、圜土之上」とは同一地では無く、「說命」正義に引く『尸子』の「傅巖在北海之洲」に因って誤ったものとする。[44]「北海之州」と「傅巖」が同一地か否かは、ここでは論じない。ここは諸說を勘案して、「圜土」を「監獄」の意味に解釋した。

「王用命說爲公」について、侯乃峰氏は「王用」を「王庸」と讀み、「庸」を「酬勞」「嘉美」の意味とし、『左傳』僖公二十四年の「庸勳・親親・暱近・尊賢、德之大者也」、『左傳』昭公三十二年の「先王庸之」（杜注「庸、功也」）の「庸」が「王用」の「用」の意味と同樣であるとし、「傅說の佚仲征伐の功績に因って、殷王武丁が褒め勞い、且つ高官に任命した〔因傅說有征伐佚仲之功、故殷王武丁嘉勞之、竝且任命傅說爲公〕」と述べるが、[45] 些か穿った解釋であろう。

結　語

以上、「傅説之命」上篇に釋讀及び檢討を加えた。それでも依然として疑問の殘る箇所は多い。このことは、上述の檢討に於いて諸説紛糾して定説を見ない部分が多いことからも理解できよう。【釋文二】の傅説の臺詞「尓右稽首」の「稽首」の對象について、谷中氏は「右に侍って拜禮しなさい」と譯出し、「稽首」の對象を記しておらず、青山氏は「右を向いて上帝に稽首なさいました」と譯出し、「稽首」の對象を「上帝」と記す。青山氏は武丁の「敬天」を強調するので、「上帝」を「稽首」の對象と見たのであろう。譯文では、武丁が天から賜った傅説に對して禮を盡している情景と見て、「稽首」の對象を「傅説」とした。

【釋文三】の「失仲是生子、生二牡豕」について、「天」が惡政を行う「失仲」に對して二頭の雄豚を生ませて警告を發し、警告を無視した「失仲」を滅ぼし、善政を行う「武丁」に對して傅説を與えて稱揚し、失仲を武丁の鏡像として對比的に捉える青山氏の災異思想説に從って「失仲は子を生んだが、二匹の雄豚を生んだ」と譯出した。人格神的「天」が災異を與えて警告を發すると言う災異思想は、『詩經』『尙書』や『左傳』等の先秦文獻に散見し、西周以來の思想と言えよう。「傅説之命」中篇に「天」が「不祥」を發する記述は、災異を踏まえたものである。

また【釋文三】の「我其殺之、我其已。勿殺。勿殺是吉」について、「我其殺之、我其已」を命辭（問辭）として、「わしはこれを殺すべきか、わしは（殺して）祀るべきか」と譯出し、「勿殺」を占辭（繇辭）として、「殺すなかれ」と譯出し、占辭を實行した場合の結果（評價）として「吉」を驗辭、或いは卜兆の狀況を刻した兆辭として、「殺すなかれ」（という結果）は「吉」である」と譯出した。ただ、筆者は卜辭に關する知識に乏しく、誤解している可能性もあり、大方の批正を請う次第である。

また【釋文三】の「失仲違卜、乃殺一豕」について、子居氏は「もし劣惡な子を理由にして佚仲がその子を殺すことは、人情として考え難い。古來より劣惡な子は多いが、そのことに因って父が子を殺すことは、聞いたことがない〔若僅因其子頑劣貪婪、佚仲即動殺心的話、未免過于不似人情。古往今來、子輩秉性頑劣貪婪者多有、但其父因此緣故就行殺子之事的、則鮮有聞〕」と述べ[46]、「一豕」を「一頭の豚」と解釋する根據の一にしている。ただ、子を殺すことに因って、却って失仲の人情の無さを浮彫りにし、殘虐な性格を強調できることにもなるから、「人情」を理由に「子殺し」を否定することはできない。

【釋文二】及び【釋文四】は、文字の解釋によって意味に多少の相違は出るが、總體的には、武丁が天から賜った傅說を一旦は失仲の使用人とするが、夢に見た天のお告げによって武丁自身を補佐する賢人と分かり、傅巖で勞役に從事していた傅說を探し出して迎え、傅說に勞役を課した失仲が天（武丁）の命を受けた傅說に征伐され、失仲とその子（豚）や邑人等が逃亡し、傅說は武丁に仕えて高官（三公）に任命された、という經緯を記述する。この文脈から分かることは、天（帝）から傅說を賜った武丁は善人で、傅說に過酷な勞役を課した失仲は惡人であり、善人武丁と惡人失仲を峻別するために傅說は介在された。從って、武丁を尙賢君主として強調する「說命」の作篇者は、失仲の傳承は必要ないから削除し、傅說から武丁への進言を付け加え、賢人傅說の言辭に耳を傾ける新たな武丁像を創り出したのではないか。

＊

失仲について、注2に示したように、子居氏は「佚仲」と解釋し、『逸周書』世俘の「佚侯」を根據に「佚地の諸侯」と推論するが、「佚侯」が「佚地の諸侯」である可能性は低い。また上述のように、【釋文四】の「説于圍伐失仲」の「圍」について、『呂氏春秋』（愼大・愼勢）記載の「鄣」を殷の領土内の地名（國名）と解釋する高誘注を根據に、子居氏は「圍」を「鄣」に解釋し、傅説が「佚仲」征伐に向かう時の出發地と見ている。もし「鄣」を失仲と關わる地名（國名）と考えた場合、「鄣」或いは「韋」は、『今本竹書紀年』夏の帝昊元年の「使豕韋氏服國」、帝昊二十八年の「遂征韋、商師取韋」、武丁五十年の「征豕韋、克之」、『國語』鄭語の「彭祖・豕韋・諸稽、則商滅之矣」、『漢書』古今人表の「劉姓豕韋」等の「豕韋」と何らかの關係があるかもしれない。それは「二牡豕」の「豕」と「豕韋」の「豕」との關連性からも考えられるが、推測の域を出ない。

上述のように、「傅説之命」上中下三篇とも武丁が傅説に述べる訓戒の辭であり、「説命」の中下二篇が傅説の武丁に進言する辭とは、内容を異にする。これは「説命」作篇の當時、臣下の「箴言」「諫言」を受入れることが明君の理想的な政治の一形態と考えられていたことから、作篇者が武丁と傅説の關係を理想的に作り變えた可能性が考えられる。しかし、これに因って「傅説之命」に「尙賢」の意圖は無いと見るのは、早計であろう。「傅説之命」中下篇に傅説から武丁への進言（箴言・諫言）の辭が無くても、上篇に武丁が傅説に對して武器を納めて丁重に迎える配慮や、夢の中で傅説に「稽首」して禮を盡くす態度や、傅説に失仲を征伐させて高官（三公）に任命した行爲等を記述していることから、「説命」のような「尙賢」の主張・強調とまでは言えないが、「傅説之命」にも「尙賢」の意識を認めることは可能であろう。

また「傅説之命」の成立問題について、上述のように、殷の遺民が周文化の影響を受けて作ったとする子居氏の説は、【釋文二】の武丁と傅説の問答の臺詞から、その可能性も否定できないが、殷代の傳承が記載されているからといって、殷の遺民の作と見る必要は無い。張連航氏は「『傅説之命』三篇は古來からの蓄積された資料を基に撰寫修訂して成立した。故に資料の重出や新舊の詞語が共存している狀況にある。（從って、成立した）年代は春秋晩期から戰國初期の間とすべきであろう（《傅説之命》三篇是在過去存留下來資料的基礎上撰寫修訂而成。所以才會有資料重出・新舊詞語共存的狀況。年代當春秋晩期至戰國初期）」と述べる。[47]『墨子』尚賢や『國語』楚語、或いは『孟子』や『禮記』の諸篇等との影響關係を考慮すれば、「傅説之命」の成立年代は、春秋後期から戰國後期まで幅を持たせておき、今後の更なる研究を待つのが妥當ではないか。

〈注〉

1 「傅説之命」と「説命」の一致する文言は、『國語』楚語上・『孟子』滕文公上・『禮記』緇衣・『墨子』尚同中等所引の『尚書』に限られる。金城未來「〔表二〕僞古文『尚書』説命と清華簡『尚書』説命との對照表」（大阪大學中國學會編『中國研究集刊』第五六號、二〇一三年六月）

2 整理者は、「失」を「逹」、「仲」を「中」と隷定し、これを「失仲」に讀んでいる。疑義が殘るところであるが、暫く從っておく。子居「清華簡〈説命〉上篇解析」（孔子二〇〇〇網、二〇一三年一月六日）、侯乃峰「讀清華簡（三）《説命》脞錄」（武漢大學簡帛研究中心網站、二〇一三年一月一六日）には、「佚仲」と釋文している。子居氏は『逸周書』世俘の「佚侯」を根據に、「佚仲」を「佚地的諸侯」と推論している。『逸周書』世俘の「俘艾佚侯小臣四十有六」につい章太炎は「「佚」と「侯」は形が近似しているために誤って謄寫された〔佚與侯形近誤謄〕」（「逸周書世俘篇校正」『制言』半月刊第三二期）と述べ（黃懷信・張懋鎔・田旭東『逸周書彙校集注』〔上海古籍出版社、一九九五年一二月〕所引）、黃懷信氏は「佚」を「逃逸」と解釋し、「久しく逃亡していた殷王朝の諸侯の臣下四十六人を捕虜にした〔俘獲了久已逃逸的商朝諸侯的屬臣四十六人〕」と述べる（『逸周書校補注譯』西北大學出版社、一九九六年三月）。

3 青山大介「清華簡「說命（傳說之命）」の主題について ― その「天」觀念および傳說說話を通して ―」（『日本中國學會報』第六六集、二〇一四年一〇月）には「僞古文「微子之命」「蔡仲之命」「畢命」も今文「文侯之命」も、いずれも微子・蔡仲・畢公・文侯がそれぞれ耳にした王の發言を記錄する體裁となっており、篇題に掲げられた人物からの建言は見えず、むしろ「說命（傳說之命）」の體裁に合致している。やはり『尙書』六體の一つとしての「命」は「篇題者が受けた命令」を指すのであろう。……「說命（傳說之命）」の作篇者には武丁を尙賢君主として稱揚する意圖が無かった可能性も考えられる。……僞作者が武丁と傳說の關係を尙賢論の文脈で理解していたからにほかなるまい」と述べ、「傳說之命」の作篇者には「尙賢」の意圖は無く、「說命」の作篇者が「尙賢」にすり替える意圖があったことを指摘している。

4 整理者は「弼人」を『荀子』臣道の「有能抗君之命、……謂之拂」の楊注に「拂、讀爲弼。弼、所以輔助弓弩者也」とあるのを根據に、「弼人は弓の製造に關わる職官であろう〔弼人當爲與製弓有關的職官〕」と述べ、これを敷衍して「射人」と解する者も多い。「射人」については、『周禮』夏官射人に「若有國事、則掌其戒令、詔相其事。掌其治達。以射法治射儀」、『儀禮』大射禮に「射人戒諸公卿大夫射」とある。谷中信一「清華簡『傳說之命』（上）譯注」（『出土文獻と秦楚文化』第七號、二〇一四年三月）には「側近の者」と譯出する。まだ根據は無いが、「虞人」の可能性もあると考える。『孟子』滕文公下の「昔齊景公田、招虞人以旌。不至。将殺之」の趙注に「虞人、守苑囿之吏也」とあり、山澤や苑囿・田猎を掌った役人であるから、傅説を探し出すのに適していたと思われる。

5 子居氏前掲論文

6 「傅説之命」上篇に「賜説于天、……得説于傅巖」、中篇に「説來自傅巖、……王原比厥夢曰、汝來惟帝命」とあり、夢の中の帝（天）のお告げ（佔夢）による傅説登用傅説を記録し、字句の異同はあるが、大意は傳世文獻と同様である。

7 谷中信一「清華簡《傅説之命》探析」（孫佩霞 譯 二〇一三年七月二三日、『第四屆新出簡帛國際學術研討會論文集』、二〇一三年八月二九日）

8 谷中氏前掲論文

9 楊蒙生「清華簡《説命上》校補」（清華大學出土文獻研究與保護中心網站 二〇一三年一月七日）

10 谷中氏前掲譯注

11 子居氏前掲論文

12 青山氏前掲論文に「作篇者が地の部分と會話部分で「天」と「帝」を完全に使い分けているかといえば、そうでもない。中篇以降の武丁の臺詞を見れば、再び夢の話に言及した際に「汝の來れるは、惟れ帝の命なり」（汝來、惟帝命）とある以外は、すべて「天」としている」と述べ、「天」「帝」の混用を指摘している。

13 「朕」は通常皇帝の自稱に使用されるが、これは秦の始皇帝以後のことで、先秦時代には皇帝以外の一人稱に使用されている。ただ、傅説の臺詞の中で、自稱として「余」と「朕」とを使い分けることには、些か疑問が殘る。

14 谷中氏前掲譯注

15　青山氏前掲論文

16　子居氏前掲論文

17　谷中氏前掲譯注

18　子居氏前掲論文

19　廖名春「清華簡〈傳説之命中〉新讀」（孔子二〇〇〇網、二〇一三年一月五日）

20　侯乃峰「讀清華簡（三）《説命》脞録」（武漢大學簡帛研究中心網站、二〇一三年一月一六日・『中國文字』新四〇期、二〇一四年年七月）

21　青山氏前掲論文

22　前稿の「竹簡「説命」譯注稿」及び「清華簡「説命」上篇釋讀」に於いて、失仲を卑しめるための記述で、災異では無いと考え、「失仲は子を生んだが、二人の雄豚に似た子を生んだ」と譯出したが、ここで訂正した。

23　付強「從賓組卜辭看清華簡《説命》的用詞續考」（孔子二〇〇〇網、二〇一三年一月七日）

24　王寧「讀清華三《説命》散劄」（武漢大學簡帛研究中心網站、二〇一三年一月八日）

25　子居氏前掲論文

26　子居氏前掲論文

27　廖名春氏前掲論文

28　侯乃峰氏前掲論文

29　谷中氏前掲譯注

30 子居氏前掲論文
31 廖名春氏前掲論文
32 侯乃峰氏前掲論文
33 谷中氏前掲譯注
34 『左傳』僖公十二年に「往踐乃職」、『禮記』中庸に「踐其位」、『大戴禮記』武王踐阼に「武王踐阼三日」とあり、「踐」は「即く」「昇る」「繼ぐ」等の意味に解せられる。
35 廖名春氏前掲論文
36 子居氏前掲論文
37 侯乃峰氏前掲論文
38 王寧氏前掲論文
39 谷中氏前掲譯注
40 谷中氏前掲譯注
41 子居氏前掲論文
42 侯乃峰氏前掲論文
43 王寧氏前掲論文
44 子居氏前掲論文
45 侯乃峰氏前掲論文

46　子居氏前揭論文

47　張連航「清華簡《傅説之命》的撰述年代」（『古文字研究』第三〇輯、二〇一四年九月）

附　清華簡「傅説之命」下篇の天と徳について

清華簡「傅説之命」下篇第二號簡に天と徳についての記述がある。

大いなる徳は天とともにあり。〔經德配天。〕

「經德」の「經」は、「明德」や「懿德」の「明」や「懿」と同様に徳の重要性や偉大さを述べるための形容で、『尚書』や西周金文に散見する。「配天」は「天とともにあり」の意味で、爲政者は天より受けた命を奉じ、天より賦與した徳によって天下を太平にし、民衆を治めることになる。すなわち、天と徳とは切っても切れない關係にあることを述べている。

また下篇第八號簡・第九號簡に、

王〔武丁〕は言った、「傅説よ、昔大戊〔＝太戊〕のときに、よく五つの祭祀を執り行った。天はこれを顯彰して九德（を與え、これ）によって、人々を蔑ろにさせなかった。そこで大戊は謙って言った、『余は萬民の君主となるに耐えない。余は天（から賜った）幸（なる使命）を完遂できなかった』と。（天は九德のうち〕三徳を我に賜った。そこで吾はこの三徳を人々に遍くおし廣めたいと思う。余は天の大い〔幸い〕なる命令を塞いだりはしない」と。〔王曰「說、昔在大戊、克漸五祀。天章之用九德、弗易百姓。惟是大戊謙曰、『余不克辟萬民。余罔遂天休』。式惟三德賜我。吾乃敷之于百姓。余惟弗雍天之嘏命」。〕

とある。ここには殷王大戊が天から九つの德を、武丁が三つの德を賜り、その德によって民衆〔百姓・萬民〕を安寧に導く話が記述されている。ここに記される天はあくまでも脇役で、主役は殷王が賦與した德である。この王の德によって民衆が安寧になるか否かが決定され、天はその介添え的存在を有するだけである。ただ天は無くても良いわけではなく、「民衆を安寧にするやり方に務め、靈魂や天帝以下の神々に敬意を表してそっとしておくことは、知〔智慧ある者〕と言えよう。〔務民之義、敬鬼神而遠之、可謂知矣。〕」(『論語』雍也篇)と言うように、當時の一般民衆は鬼神を尊崇し且つその祟りを恐れることが多かったので、爲政者としては鬼神を遠ざけ祭り上げておく〔棚上げしておく〕ことが、政治に宗教を介入させない最良の方法としたのである。

三　親親と尊尊

——孝と忠——

郭店楚簡の成立年代試論 ――親親と尊尊を通して見た――

はじめに

すでに郭店一號楚墓の下葬年代については、簡報（「荊門郭店一號楚墓」『文物』一九九七年七期）に「戰國中期偏晩」と推定し、出版された『郭店楚墓竹簡』（文物出版社、一九九八年）の〈前言〉に「郭店楚簡的年代下限應略早於墓葬年代」と見なしているが、これについては異論が出ている。また出土狀況が不明ながら郭店楚簡と内容や字體が近似している上博楚簡について、出版された『上海博物館藏戰國楚竹書（一）』（上海古籍出版社、二〇〇一年）の〈前言〉に科學的年代測定（炭素十四測定？）された標本を戰國晩期と推定し、「楚國遷郢以前貴族墓中的隨葬物」（前二七八年の「白起抜郢」以前）と見なしているが、これについても問題があり、この兩箇の楚簡については、今後いろいろな觀點から更に検討する必要があろう。本報告では思想史的觀點からの考察を試みる。

「親親」とは親族・肉親を大切にし、父子・兄弟等の家族間の絆を第一に考えて行動することであり、孝・悌等の家族道德を重んじる儒家にとって重要な思想である。「尊尊」とは君主を尊敬し、君臣間の紐帶を第一に考えて行動することであり、忠という規範意識を重んじる法家にとって重要な思想である。一般的には「親親」と「尊尊」は對置して使用される場合が多く、相對的な意識形態として用いられている。ただ漢代以降の皇帝支配體制の確立後は、必然的に「尊尊」が「親親」に優越することになる。

この「親親」と「尊尊」を他の相對的な語彙で表現すれば、「國」と「家」・「君臣」と「父子」・「忠」と「孝」・「外」と「内」・「公」と「私」等である。これらの相對的な概念を念頭に置きながら、以下に「親親」と「尊尊」の見える傳世文獻、特に春秋三傳と、郭店楚簡の儒家系文獻中の「親親」と「尊尊」の考え方の見える『六德』『唐虞之道』『成之聞之』等を比較し、その成立年代を考察する。

一　傳世文獻に見える「親親」と「尊尊」

まず最初に「親親」の考え方が見える代表的な文獻として『論語』子路篇に、

葉公孔子に語りて曰く、吾が黨に直躬なる者有り。其の父羊を攘みて、子之を證す。孔子曰く、吾が黨の直なる者は、是に異なり。父は子の爲めに隱し、子は父の爲めに隱す。直其の中に在り。〔葉公語孔子曰、吾黨有直躬者。其父攘羊、而子證之。孔子曰、吾黨之直者、異於是。父爲子隱、子爲父隱。直在其中矣。〕

とある。この直躬説話に「親親」の熟語は見えないが、傍線部の「父は子の爲めに隱し、子は父の爲めに隱す」

という考え方は、親族の絆を第一に考えた家族制主體の「親親」に根ざしたものであることは言うまでもない。

次に『詩經』小雅・伐木の小序に、

伐木は、朋友故舊を燕するなり。天子より庶人に至るまで、未だ友を須たずして以て成る者有らず。親を親しみて以て睦じく、賢を友として棄てず、故舊を遺れざれば、則ち民の德厚きに歸す。〔伐木、燕朋友故舊也。自天子至庶人、未有不須友以成者。親親以睦、友賢不棄、不遺故舊、則民德歸厚矣。〕

とあるが、『詩經』の小序の成立年代はそれほど古くないので、これを「親親」の語の初出とするには些か問題があろう。「親親」の語が早く見える文獻として『孟子』告子下篇に、

公孫丑問いて曰く、高子曰く、小弁は小人の詩なり。孟子曰く、何を以て之を言う。曰く、怨みたり。曰く、固なるかな、高叟の詩を爲むるや。此に人有り、越人弓を關きて之を射れば、則ち己れ談笑して之を道わん。他無し、之を疏んずればなり。其の兄弓を關きて之を射れば、則ち己れ涕泣を垂れて之を道わん。他無し、之を戚めばなり。小弁の怨むは、親を親しむなり。親を親しむは仁なり。固なるかな、高叟の詩を爲むるや。〔公孫丑問曰、高子曰、小弁小人之詩也。孟子曰、何以言之。曰、怨。曰、固哉、高叟之爲詩也。有人於此、越人關弓而射之、則己談笑而道之、無他、疏之也。其兄關弓而射之、則己垂涕泣而道之、無他、戚之也。小弁之怨、親親也。親親仁也。固矣夫、高叟之爲詩也。〕

とあり、また「盡心上篇」に、

孟子曰く、人の學ばずして能くする所の者は、其の良能なり。慮らずして知る所の者は、其の良知なり。孩提の童も、其の親を愛するを知らざる者無し。其の長ずるに及んでや、其の兄を敬するを知らざる無し。親を親むは仁なり。長を敬するは義なり。他無し、之を天下に達するなり。〔孟子曰、人之所不學而能者、其良能也。所不慮而知者、其良知也。孩提之童、無不知愛其親者。及其長也、無不知敬其兄也。親親仁也。敬長義也。無他、達之天下也。〕

孟子曰く、君子の物に於けるや、之を愛して仁せず。民に於けるや、之を仁して親まず。親を親みて民を仁し、民を仁して物を愛す。〔孟子曰、君子之於物也、愛之而弗仁。於民也、仁之而弗親。親親而仁民、仁民而愛物。〕

とある。『孟子』七篇は、『史記』孟子傳に「退きて萬章の徒と詩書を序し、仲尼の意を述べ、孟子七篇を作る」とあるように、漢代には孟子の自著とみなされており、比較的早い時期に成立したものとみてよい。「公孫丑下篇」に「吾れ之を聞く、君子は天下を以て其の親を儉せず」とあるのは、上記「盡心上篇」の「〔君子の〕民に於けるや、之を仁して親まず。親を親しみて民を仁し」と同様の考え方であり、孟子は孔子と同じ「親親」の立場にあることが認められる。

＊

「親親」の語は、この他に『禮記』文王世子篇に、

子と臣との節に居るは、君を尊び親を親しむ所以なり。……其の族食、世ごとに一等を降すは、親を親しむの殺なり。〔居子與臣之節、所以尊君親親也。……其族食、世降一等、親親之殺也。〕

とあり、「喪服小記篇」に、

親を親しむは三を以て五と爲し、五を以て九と爲す。上殺下殺旁殺して親畢く。……親を親しみ、尊を尊び、長を長とし、男女の別有るは、人道の大なる者なり。〔親親以三爲五、以五爲九。上殺下殺旁殺而親畢矣。……親親、尊尊、長長、男女之有別、人道之大者也。〕

とあり、「大傳篇」に、

上　祖禰を治むるは、尊を尊ぶなり。下　子孫を治むるは、親を親しむなり。……其の變革するを得可からざる者は則ち有り。親を親しむなり。尊を尊ぶなり。長を長とするなり。男女の別有り。此れ其の民と變革するを得可からざる者なり。……服術に六有り。一に曰く、親を親しむ、二に曰く、尊を尊ぶ、三に曰く、名、四に曰く、出入、五に曰く、長幼、六に曰く、從いて服す。……是の故に人道は親を親しむなり。親を親し

むが故に祖を尊ぶ。〔上治祖禰、尊尊也。下治子孫、親親也。……其不可得變革者則有矣。親親也。尊尊也。長長也。男女有別。此其不可得與民變革者也。……服術有六。一曰親親、二曰尊尊、三曰名、四曰出入、五曰長幼、六曰從服。……是故人道親親也。親親故尊祖。〕

とあり、「中庸篇」に、

仁は人なり。親を親しむを大と爲す。義は宜なり。賢を尊ぶを大と爲す。親を親しむの殺、賢を尊ぶの等は、禮の生ずる所なり。……凡そ天下國家を爲むるに九經有り。曰く、身を脩むるなり。賢を尊ぶなり。親を親しむなり。……賢を尊べば則ち惑わず、親を親しめば則ち諸父昆弟怨みず。……讒を去り色を遠ざけ、貨を賤しんで德を貴ぶは、賢を勸むる所以なり。其の位を尊くし、其の祿を重くし、其の好惡を同じくするは、親を親しむを勸むる所以なり。〔仁者人也。親親爲大。義者宜也。尊賢爲大。親親之殺、尊賢之等、禮所生也。……凡爲天下國家有九經。曰脩身也。尊賢也。親親也。……尊賢則不惑、親親則諸父昆弟不怨。……去讒遠色、賤貨而貴德、所以勸賢也。尊其位、重其祿、同其好惡、所以勸親親也。〕

とある。また『周禮』天官・大宰に、

八統を以て王に萬民を馭することを詔ぐ。一に曰く、親を親しむ、二に曰く、故を敬う、三に曰く、賢を進む、四に曰く、能を使う、五に曰く、庸しあるを保んず、六に曰く、貴きを尊ぶ、七に曰く、吏を達す、八に曰く、賓を禮す。〔以八統詔王馭萬民。一曰親親、二曰敬故、三曰進賢、四曰使能、五曰保庸、六曰尊貴、七曰達吏、八曰禮賓。〕

とある。『周禮』の成立年代は『禮記』に比較して時代が下ると思われるが、『禮記』の成立年代は、『禮記』緇衣篇と内容のほぼ一致する郭店楚簡『緇衣』が出土し、また郭店楚簡と成立年代や出土地が同様と思われる上博楚簡『緇衣』が出現したことによって、戰國晩期には確實に存在していたことが證明され、上記の『禮記』諸篇も同様の可能性が高いとみてよい。

＊

次に「尊尊」の現れる代表的な文獻として『韓非子』五蠹篇に、

楚人に直躬なるもの有り。其の父羊を竊みて之を吏に謁ぐ。令尹曰く、之を殺せと。以て君に直なれども父に曲なりと爲し、執えて之を罪す。是を以て之を觀れば、夫の君の直臣は、父の暴子なり。魯人に君に從いて戰い、三たび戰いて三たび北ぐるあり。仲尼其の故を問う。對えて曰く、吾に老父有り。身死すれば之を養う莫きなり。仲尼以て孝と爲し、擧げて之を上にす。是を以て之を觀れば、夫の父の孝子は、君の背臣なり。故に令尹誅して楚の姦上聞せず、仲尼賞して、魯の民降北し易し。上下の利、是の若く其れ異るなり。而るに人主は匹夫（令尹・孔子）の行を兼ね擧げて社稷の福を致すを求む。必ず幾うべからざるなり。〔楚之〔人〕

有直躬。其父竊羊而謁之吏。令尹曰、殺之。以爲直於君而曲於父、報〔執〕而罪之。以是觀之、夫君之直臣、父之暴子也。魯人從君戰、三戰三北。仲尼問其故。對曰、吾有老父。身死莫之養也。仲尼以爲孝、擧而上之。以是觀之、夫父之孝子、君之背臣也。故令尹誅、而楚姦不上聞、仲尼賞、而魯民易降北。上下之利、若是其異也。而人主兼擧匹夫之行、而求致社稷之福。必不幾矣。〕

とある。ここに見える直躬・令尹の説話は、内容に多少の異同があるが『莊子』盜跖篇・『呂氏春秋』當務篇・『淮南子』氾論篇等にも散見し、上記『論語』子路篇の説話を踏まえている。魯人・仲尼の説話は、内容に多少の異同があるが『韓詩外傳』巻十・『新序』義勇篇等に散見し、「管鮑の交わり」で有名な『列子』力命篇の「管仲嘗て歎じて曰く、……吾れ嘗て三たび戰いて三たび北ぐるも、鮑叔 我を以て怯と爲さざるは、我に老母有るを知ればなり」の説話を踏まえていることは明らかであり、「君の直臣」たる直躬と「君の背臣」たる魯人とを對比させて、儒家の「親親」に對抗する形で「尊尊」が主張されている。これは『韓非子』五蠹篇の「尊尊」が戰國晩期から秦・漢にかけての君權強化への要請に適合したイデオロギーであったことが理解できる。

＊

なお上記の『禮記』喪服小記・大傳の諸篇に「尊尊」の語が散見し、「尊尊」の他に『禮記』文王世子篇に「尊君」、「中庸篇」に「尊賢」、『周禮』天官・大宰に「尊貴」の語が使用されており、特に「中庸篇」には「親親」に對置して「尊賢」が強調され、「尊ぶ」對象が君主ではなく賢者になっている。これは「中庸篇」が賢者の登用による政治政策を主張し、道徳に重きを置いた德治を強調する篇であることが分かる。『禮記』や『周禮』が戰國晩期から秦・漢にかけて成立したという可能性から考えて、儒家思想本來の「親親」と國家統一に向けての必然としての「尊尊」とが併存した形で現れていると見ることができよう。

二　春秋傳に見える「親親」と「尊尊」

次に春秋三傳に見える「親親」と「尊尊」とを、いくつかの例文を掲げて検討していく。『春秋』隱公元年に、

元年、春、王の正月。〔元年春王正月。〕

とあり、『公羊傳』隱公元年に、

公何を以て卽位を言わざる。公の意を成せばなり。何ぞ公の意を成すや。公將に國を平かにして之を桓に反さんとす。曷爲ぞ之を桓に反さんとするか。桓幼くして貴し、隱長にして卑し。其の尊卑たるや微なれば、國人知る莫し。隱長にして又た賢なり、諸大夫隱もて之を立つ。隱是に於て立つを辭すれば、則ち未だ桓の將に必ず立つを得んとするを知らざるなり。且つ如し桓立たば、則ち恐らくは諸大夫の幼君を相くる能わざるなり。故に凡そ隱の立つは桓の爲めに立つなり。〔公何以不言卽位。成公意也。何成乎公之意。公將平國而反之桓。曷爲反之桓。桓幼而貴、隱長而卑。其爲尊卑也微、國人莫知。隱長又賢、諸大夫隱而立之。隱於

是焉而辭立、則未知桓之將必得立也。且如桓立、則恐諸大夫之不能相幼君也。故凡隱之立爲桓立也。〕

とあり、『穀梁傳』隱公元年に、

公何を以て卽位を言わざる。公の志を成せばなり。焉ぞ之を成すや。君の公と爲るに取らざるを言うなり。君の公と爲るに取らずとは何ぞや。將に以て桓に讓らんとするなり。桓に讓るは正しきか。曰く、不正なり。……先君の桓に與えんと欲するは、非正なり、邪なり。然りと雖も既に其の邪心に勝ちて以て隱に與う。已れ先君の邪志を探りて、遂に以て桓に與えれば、則ち是れ父の惡を成すなり。兄弟は天倫なり。子と爲りては之を父に受け、諸侯と爲りては之を君に受く。已れ天倫を廢して君父を忘れ、以て小惠を行う。曰く、小道なり。隱の若き者は、千乘の國を輕んずと謂う可し。道を蹈むは則ち未だし。〔公何以不言卽位。成公志也。焉成之。言君之不取爲公也。君之不取爲公何也。將以讓桓也。讓桓正乎。曰、不正。……先君之欲與桓、非正也、邪也。雖然既勝其邪心以與隱矣。已探先君之邪志、而遂以與桓、則是成父之惡也。兄弟天倫也。爲子受之父、爲諸侯受之君。已廢天倫而忘君父、以行小惠。曰、小道也。若隱者、可謂輕千乘之國。蹈道則未也。〕

とある。『公羊傳』の「公の意を成せばなり」と『穀梁傳』の「公の志を成せばなり」とは、『春秋』の「元年、春、王の正月」の後に本來ならば「公卽位す」という經文が有るはずなのに、ここにそれが無いのは、世子の桓公が幼少のために年長の隱公がひとまず國政を豫かり、將來桓公に引き繼がせようとするその意志を成就するためと見る。『公羊傳』は「隱の立つは桓の爲めに立つなり」として隱公の桓公を思いやる氣持ちを尊重し、家族の兄弟間の絆を重視した「親親」の立場に立つ。これに對して『穀梁傳』は隱公の意志は認めるものの、「先君の邪志を探って」國政を桓公に引き繼がせようとすることは、「父の惡を成し」「千乘の國を輕んじた」ものであり、「小惠」「小道」の行爲で、「不正なり」「非正なり、邪なり」と論斷する。すなわち先君の命に背いて「小惠」を行うことは、支配秩序を亂すことになり、「尊尊」の立場からは容認しがたい行爲と見る。

*

次に『春秋』隱公四年に、

四年、春、王の二月、戊申、衞の州吁其の君完を弑す。……九月、衞人、州吁を濮に殺す。〔四年、春、王二月、戊申、衞州吁弑其君完。……九月、衞人殺州吁于濮。〕

とあり、『左氏傳』隱公四年

州吁 未だ其の民を和すること能わず、厚 君を定めんことを石子に問う。石子曰く、王覲するを可と爲すと。曰く、何を以て覲することを得んと。曰く、陳の桓公方に王に寵有り。陳・衞も方に睦まじ。若し陳に朝して請わ使めば、必ず得可しと。厚 州吁に從いて陳に如く。石碏 陳に告げ使めて曰く、衞國は褊小にして、老夫耄たり。能く爲すこと無し。此の二人は、實に寡君を弑せり、敢て卽いて之を圖れと。陳人 之を執えて、衞に涖まんことを請う。九月、衞人 右宰の醜をして涖んで州吁を濮に殺さ使む。石碏 其の宰の獳羊肩をして涖んで石厚を陳に殺さ使む。君子曰く、石碏は純臣なり。州吁を惡みて厚も與かれり。大義 親を滅すとは、其れ是の謂か。〔州吁未能和其民、厚問定君於石子。石子曰、王覲爲可。曰、何以得覲。曰、陳桓公方有寵於王。陳・衞方睦。若朝陳使請、必可得也。厚從州吁如陳。石碏使告于陳曰、衞國褊小、老夫耄矣。無能噫爲也。此二人者、實弑寡君、敢卽圖之。陳人執之、而請涖于衞。九月、衞人使右宰醜涖殺州吁于濮。石碏使其宰獳羊肩涖殺石厚于陳。君子曰、石碏純臣也。惡州吁而厚與焉。大義滅親、其是之謂乎。〕

とある。『春秋』は、衞の公子州吁が君の完（桓公）を殺害して國君の地位に卽こうとしたクーデターとその後の處刑とを記しただけであるが、『左傳』にはその經緯を詳細に記している。クーデターの張本人州吁を補助した石厚を父の石碏（桓公の父莊公の臣下）が州吁と共に處罰し、秩序を亂す行爲は、肉親である子であっても許さないという嚴しい措置を講じ、「大義 親を滅す」という「尊尊」が主張されたのである。ただ「大義 親を滅す」という命題は、『左傳』全體に當てはまるかどうか、檢討すべき問題ではある。

＊

次に『春秋』哀公三年に、

三年、春、齊の國夏・衞の石曼姑師を帥いて戚を圍む。〔三年、春、齊國夏・衞石曼姑帥師圍戚。〕

とあり、『公羊傳』哀公三年に、

齊の國夏 曷爲ぞ衞の石曼姑と師を帥いて戚を圍む。伯討なればなり。此れ其の伯討たるは奈何ん。曼姑 命を靈公に受けて輒を立つれば、。曼姑の義を以て固に以て之を距ぐ可しと爲すなり。輒は曷爲る者ぞや。蒯聵の子なり。然らば則ち曷爲ぞ蒯聵を立てずして輒を立てたる。蒯聵 無道を爲す。靈公 蒯聵を逐うて輒を立てり。然らば則ち輒の義 以て立つ可きか。曰く、可なり。其の可なるは奈何ん。父の命を以て王父の命を辭せず、王父の命を以て父の命を辭するは、是れ父の 子に行わるるなり。家事を以て王事を辭せず、王事を以て家事を辭するは、是れ上の 下に行わるるなり。（齊國夏曷爲與衞石曼姑帥師圍戚。伯討也。此其爲伯討奈何。曼姑受命乎靈公而立輒、以曼姑之義爲固可以距之也。輒者曷爲者也。蒯聵之子也。然則曷爲不立蒯聵而立輒。蒯聵爲無道。靈公逐蒯聵而立輒。然則輒之義可以立乎。曰、可。其可奈何。不以父命辭王父命、以王父命辭父命、是父之行乎子也。不以家事辭王事、以王事辭家事、是上之行乎下也。）

とある。これは衞の蒯聵（靈公の子、輒の父）と輒（靈公の孫、蒯聵の子、衞の出公）との王位繼承をめぐる紛爭の一齣である。『公羊傳』に據れば、靈公歿後、大夫の石曼姑は靈公の命を受けて輒を立てようとしたが、靈公の怒りを買って國外へ放逐されていた蒯聵がこれを不服として、晉の援助で戚（衞の邑）に攻め入ったために、石曼姑は齊の援助を得て戚を取り圍んだ。『公羊傳』はこれを「伯討」（何注 - 方伯の當に討つべき所）とし、蒯聵の攻撃を防ぎ輒を守ることを正當化している。「父の命を以て王父の命を辭せず、王父の命を以て父の命を辭す」は、王父の靈公の命に從い、父の蒯聵の命に從わない（行爲を拒否する）ということである。すなわち「家事を以て王事を辭せず、王事を以て家事を辭す」ということであり、靈公の命たる「王事」が蒯聵の命たる「家事」に優先し、「王事」のためには蒯聵と輒の父子の親など犧牲にしてもよいということであり、公事が私事に、「尊尊」が「親親」に優先することを述べたものである。ただ『公羊傳』は全體から見れば「親親」の立場を取るのであるが、ここは「尊尊」への傾斜、すなわち國家秩序への志向を讀み取ることができる。

＊

次に『春秋』文公二年に、

八月丁卯、太廟に大事あり、僖公を躋す。〔八月丁卯、大事于太廟、躋僖公。〕

とあり、『穀梁傳』文公二年に、

大事とは何ぞ。是の事を大なりとし、祫嘗を著せり。祫祭には、毀廟の主を太祖に陳ね、未毀廟の主を皆升せて太祖に合祭す。躋は、升なり。親を先にして祖を後にするは、逆祀なり。逆祀ならば、則ち是れ昭穆無し。昭穆無くんば、則ち是れ祖無し。祖無くんば、則ち天無し。故に曰く、文は天無しと。天無きは、是れ天無くして行うなり。君子は親親を以て尊尊を害せず、此れ春秋の義なり。〔大事者何。大是事也、著祫嘗。祫祭者、毀廟之主陳于太祖、未毀廟之主皆升合祭于太祖。躋、升也。先親而後祖也、逆祀也。逆祀、則是無

昭穆也。無昭穆、則是無祖也。無祖、則無天也。故曰、文無天。無天者、是無天而行也。君子不以親親害尊尊、此春秋之義也。」

とある。「太廟に大事あり、僖公を躋す」とは、文公が太廟(周公の廟)で祭祀(『公羊傳』は祫祭、『穀梁傳』は祫祭と嘗祭、『左傳』杜注は禘祭とする)をした際に、父である先君僖公の主(位牌)をその先君閔公よりも上位に升せたというもので、「親（僖公）を先にして祖（閔公）を後にする」（『公羊傳』は「親」を「斑」に作る）ということになり、昭穆制度において「逆祀」になる。昭穆制度は父子相續による祭祀儀禮の秩序を保つ上で重要な制度であり、僖公は閔公の異母兄ではあるが閔公の後を繼いだのであるから、制度上は閔公が父で僖公が子となる。この順序を逆にしたのであるから昭穆制度が崩れ祖が無いことになる。祖が無いことになれば天も無いことになり、崇拜の對象たる天を無視して行動することになり、「親親を以て尊尊を害せず」という「春秋の義」からは逸脱した行爲となる。すなわち『穀梁傳』は、昭穆制度を守る上で僖公に對する親よりも閔公に對する尊を優先せよという「尊尊」の立場を強調している。

三　郭店楚簡に見える「親親」と「尊尊」

郭店楚簡中には「親親」と「尊尊」の考え方が現れている篇がいくつか見える。先ず『六德』について考察する。

1　『六徳』第二六號簡～第二七號簡

仁は内なり。義は外なり。禮樂は共なり。内は父・子・夫を立つるなり。外は君・臣・婦を立つるなり。〔仁、内也。義、外也。禮樂、共也。内立父・子・夫也。外立君・臣・婦也。〕

2　『六徳』第二九號簡～第三〇號簡

父の爲めに君を絶ち、君の爲めに父を絶たず。昆弟の爲めに妻を絶ち、妻の爲めに昆弟を絶たず。宗族の爲めに朋友を殺ぎ、朋友の爲めに宗族を殺がず。〔爲父絶君、不爲君絶父。爲昆弟絶妻、不爲妻絶昆弟。爲宗族殺（失・疾）朋友、不爲朋友殺宗族。〕

3　『六徳』第三〇號簡～第三一號簡

人に六徳有り、三親は斷たず。門内は仁を治めて義を弇《おお》い、門外は義を治めて仁を斬つ。〔人有六德、三親不斷（剆）。門内之治仁（紉・恩）弇義、門外之治義斬仁。〕

1の「内は父・子・夫を立つるなり。外は君・臣・婦を立つるなり」、2の「父の爲めに君を絶ち、君の爲めに父を絶たず」、3の「三親は斷たず」等は、血族優先の「親親」を標榜しており、3の「三親」は1の「父・子・夫」のことであり、2の「父・昆弟・宗族」に相當させることもできよう。これを整理すると次のようになる（記號「↑」は指し示す下より上が優先する）。

①　仁　↑　義　（仁、内也。義、外也。…門内之治仁弇義、門外之治義斬仁）

② 父・子・夫 ↑ 君・臣・婦 （内立父・子・夫也。外立君・臣・婦也。…三親不斷）
③ 父 ↑ 君 （爲父絶君、不爲君絶父）
④ 昆弟 ↑ 妻 （爲昆弟絶妻、不爲妻絶昆弟）
⑤ 宗族 ↑ 朋友 （爲宗族殺朋友、不爲朋友殺宗族）

このように『六德』には、血族血縁優先の「親親」を主體とした儒家思想が濃厚に現れているが、「尊尊」は明確に主張されてはいない。ただ既に李澤厚氏が「竹簡明確認〝仁内義外〟、與告子同、與孟子反。竹簡給我的總體印象、毋寧更接近《禮記》及荀子」（「初讀郭店楚簡印象紀要」『李澤厚哲學文存』下編、安徽文藝出版社、一九九九年一月。『道家文化研究』第一七輯に再錄）と指摘しているように、「仁は内なり。義は外なり」という「仁内義外」説は、孟子が反對していることから見ると、儒家思想の中でも孟子の思想に對立する荀子の思想系統の著作である可能性が高く、成立時期も荀子に近いと思われる。

＊

次に『唐虞之道』と『成之聞之』とを掲げる。『唐虞之道』第四號簡～第一〇號簡に、

夫れ聖人は上は天に事え、民に尊有るを教うるなり。下は地に事え、民に親有るを教うるなり。時に山川に事え、民に敬有るを教うるなり。親ら祖廟に事え、民に孝を教うるなり。大學の中、天子親ら齒し、民に弟を教うるなり。先聖と後聖と、後を考えて先を甄《みわ》け、民に大順の道を教うるなり。堯舜の行は、親を愛し賢

を尊ぶ。親を愛するが故に孝、賢を尊ぶが故に禪《ゆず》る。孝の放たるるや、天下の民を愛す。禪の流るるや、世に隱德亡し。孝は、仁の冕なり。禪は、義の至なり。六帝古に興りて、咸な此に由るなり。親を愛し賢を忘るるは、仁なるも未だ義ならざるなり。賢を尊び親を遺《わす》るるは、義なるも未だ仁ならざるなり。古は虞舜の瞽盲（瞽叟）に篤事して、乃ち其の孝を弋《と》り、帝堯に忠事して、乃ち其の臣を弋る。親を愛し賢を尊ぶは、虞舜其の人なり。夫〔聖人上事天、教民有尊也。下事地、教民有親也。時事山川、教民有敬也。親事祖廟、教民孝也。大學之中、天子親齒、教民弟也。先聖與後聖、考後而甄（退・歸）先、教民大順之道也。堯舜之行、愛親尊賢。愛親故孝、尊賢故禪（播）。孝之放（方・殺）、愛天下之民。禪之流（傳）、世亡隱德。孝、仁之冕也。禪、義之至也。六帝興於古、咸由此也。愛親忘賢、仁而未義也。尊賢遺親、義而未仁也。古者虞舜篤事瞽盲（寘）、乃弋（戴・戈〈弋〉）其孝、忠事帝堯、乃弋其臣。愛親尊賢、虞舜其人也。〕

とあり、『成之聞之』第三一號簡～第三三號簡に

天は大常を降し、以て人倫を理む。制して君臣の義を爲し、著して父子の親を爲し、分ちて夫婦の辨を爲す。是の故に小人は天常を亂し以て大道に逆らい、君子は人倫を治めて以て天德に順う。〔天降（詳・證）大常、以理人倫。制爲君臣之義、著（作）爲父子之親、分爲夫婦之辨。是故小人亂天常以逆大道、君子治人倫以順天德。〕

とある。『唐虞之道』の「愛親」や「父子之親」は、親族關係の絆を第一に考えたものであり、また『成之聞之』の「君臣之義・父子之親・夫婦之辨」は、社會的・家族的な秩序立てを説いたものであり、儒家的秩序立ての典型とも言うべきものである。この『成之聞之』の表現と似たものには、『孟子』滕文公上篇の「父子有親、君臣有義、夫婦有別、長幼有序、朋友有信」、『荀子』天論篇の「君臣之義、父子之親、夫婦之別」、『淮南子』泰族篇の「君臣之義、父子之親、夫婦之辨、長幼之序、朋友之際」等があるが、『孟子』滕文公上篇は「父子有親」を「君臣有義」の前に配置して父子間の家族的秩序を優先していたことが分かる。これに對し『成之聞之』の「君臣之義・父子之親・夫婦之辨」は『荀子』天論篇・『淮南子』泰族篇等と同様に、「父子之親」よりも「君臣之義」を優先的に考え、君權強化を意識して著されたものと思われる。このことは『成之聞之』が儒家本來の「親親」の中に法家的要素の強い「尊尊」を取り込まざるを得なくなったからであり、「君臣之義」を優先する法家思想の影響を受けながら戰國晩期に成立したことを示唆している。

＊

また『唐虞之道』では「愛親」と「尊賢」を對置しており、「愛親」の熟語は『左傳』(莊公二十七年)・『孝經』(天子章)等の儒家文獻や『管子』(七法篇・形勢篇)・『韓非子』(難二篇)等の諸子文獻に散見するが、「尊尊」や「尊賢」と對置して使用されてはいない。また「尊賢」の熟語も『論語』(子張篇)・『孟子』(公孫丑上篇・萬章下篇・告子下篇)・『荀子』(儒効篇)・『墨子』(非命中・下篇)・『莊子』(山木篇・庚桑楚篇)・『管子』(幼官篇・幼官圖篇)・『晏子春秋』(内篇問下)・『韓非子』(難三篇・問辯篇)・『呂氏春秋』(長見篇・義賞篇)等の諸文獻に散見するが、「親親」や「愛親」と對置して使用されてはいない。上記『禮記』中庸篇には「親親」と「尊賢」

を對置し、その「尊尊」ではなく「尊賢」になっている理由については前述したが、この點から見れば『唐虞之道』は「中庸篇」と同様の思想傾向にあると見てよく、戰國晩期から秦・漢にかけて成立した可能性が高い。なお「中庸篇」と同様に「親親」と「尊賢」とを對置しているものに、『墨子』非儒下篇・『呂氏春秋』先己篇・『左傳』僖公二十四年等があり、それぞれ一箇所ずつ見えている。

おわりに

「親親」から「尊尊」へ比重が傾いていくのは、儒家の家族主義から法家の國家主義へ、また、家族秩序の重視から君臣秩序の重視へ移行したと言い換えてもよかろう。このことは戰國晩期から秦・漢時代に亙る諸國統一への時間的推移と軌を一にする。上記の『論語』や『孟子』の「親親」から『韓非子』や『穀梁傳』の「尊尊」へ、その中間に位置するのが「親親」と「尊尊」とを併存する上記の『禮記』の諸篇や、「親親」を基調としながら「尊尊」を取り込んで併存させる『公羊傳』、或いは「大義 親を滅す」の「尊尊」を主張しながら「親親」の語も見える『左傳』と見なすことができよう。この推論の上に立てば、上記の郭店楚簡は『禮記』の諸篇や『公羊傳』『左傳』と同様に「親親」から「尊尊」への移行期に成立したと見るのが妥當と言えよう。

孝の原義 ――篆文・金文に見る文字學的考察――

はじめに

孝は儒教にとって最も重要な概念である。孝は家族間あるいは血縁關係のある宗族間において、その紐帶を維持するための原理であり、また保持していかなければならない原則でもある。この孝による血族間の安定こそが儒教を成り立たせる根本となっている。ただ、小論では儒教社會における孝について考察するのではなく、孝の原義について文字學的に考察するものである。しかし、孝の概念についておおよそ把握しておきたいので、孝についての先人の研究の中から、日本人の孝の研究の幾つかを以下に略説してみたい。

先ず加地伸行は、孝を宗族の觀點から、族の中での上下關係の紐帶と祭祀における連帶・結束とを論じ、また政治・宗教的觀點から次のように言う。

宗族については、從來、厖大な論考があり、詳述されている。それを集約すると、重要な二點が浮かび上がる。第一點は、宗族が（とりわけ宗の關係において）上下の關係を構造として持っている點である。これは家政の政治的經濟的基盤となる。
第二點は、宗族の紐帶は、當然、同一血縁による先祖祭祀である。これは宗教的精神的基盤となる。つまり、同一先祖の血縁的共同體が、先祖崇拜の祭祀を精神的連帶の要とし、一定の政治的・經濟的體系を有して土着的小國家を形成していたのである。それらが非常に數多く存在していた小國家の政治が家政であった。
すると、その政治面には、それを動かす原則が、また宗教面には、それを裏付ける原則が、それぞれ要となってくるのは當然である。その原則こそ孝であった。(1)

また下見隆雄は、男尊女卑と言われる儒教社會において、母性の觀點から女性の果たした役割を高く評價し、家族的血縁的觀點から次のように言う。

儒教社會は、家族制を重要素因として構築されている社會である。この社會では、家族における人間は、先祖から續く血縁の血の流れの現在を維持し、次の世代に引き渡して、血の流れを永遠に存續せしめる存在と規定され、これに奉仕・服從しなければならず、これを確立し支える母なるものとしての親と家と血縁と一族から、一個の人間として離脱・獨立して、己個人の單獨の人生を持つことを許さない。この社會では、構成員は、基本的に、個人は個意識を捨てて、親と家と血縁と一族に奉仕する信念を形成することを必要として要請される。この信念を社會的道德的感情へと變換することによって家族組織を背景として社會に立脚する各構成員は、權力機構に對しても、母の慈愛に依存して母の意向に從う子が家や血縁に對して服從・奉仕するように誠實で從順であることを旨とし得る存在となる。また逆に、これを確かな自覺とすることによって、また、血縁集團を背景とする己というものの存立が保證されるのである。そしてこの家族制を維持するために、家・祖靈・血族・親（母）・母なるものに服從・奉仕することを要請する道德理念が、すなわち孝である。(2)

また池澤優は、祖先崇拜における祖先と子孫との關係を考察し、宗教的觀點から次のように言う。

自己と親族關係を有する直系の尊屬は、それが死者であるかぎり、先祖として扱う事に疑問の余地はない。傍系、同輩、卑屬の親族は常識的には祖先ではないが、祖先崇拜の中には死者個人を對象にするより、個々の死者が融合して「祖靈」とも言うべき全體的存在を對象にするような型もある。その場合には同輩、卑屬も祖靈のなかに融合しているから、祖先は直系尊屬を主に指すが、傍系、同輩、卑屬も場合によっては含みを得ると考えておいた方が良い。

……「先祖崇拜」とは、子孫・親族が「祖先」に對して一定の宗教的價値を見出す事で成立している一種の宗教的現象であり、祖先供養は生者が一方的に死者、祖先に對して奉仕する一種の儀式、信仰であると言える。死者に對して供養、奉仕的行爲、信仰をしない限り、死者は生者に對して何らかの害をもたらすという考えとセットになっている場合が多いのは、死者・祖先が生者と何らかの親族關係によって結ばれているという信仰、及びこの信仰に基づく觀念から、尊屬親近が子孫に對して、力を持っていると認める文化が多くあり、祖先が子孫に對して何らかの形で力を發揮することが出來ると考えられているためだと結論付けられる。(3)

また佐野大介は、孝には情緒的面（愛）と社會的面（敬・從順）との二面性があるとし、家族的社會的觀點から次のように言う。

親は、この世で最も近しい情緒的存在であると同時に、自分に對する私的權威者でもある。親子關係は、生み生まれた者同士の情緒的關係であると同時に、「親」・「子」という社會的役割同士の社會的關係でもある。このため、孝は自然の情愛という性格を有するのと同時に、文化的（人工的）な權威に對する從順の性格も有する。

……この孝の持つ二面性を表したのが、「愛」・「敬」である。愛は、孝の持つ私的・先天的・自然的・生物的・内在的・愛着的・情緒的な性質を象徴し、敬は、孝の持つ公的・後天的・文化的・社會的・外在的・服從的・儀禮的な性質を象徴する。

孝行譚に親子の一體性を強調するものと疎遠性を強調するものとが兩存するのは、このことによる。つまり、血縁的親に對する孝行譚は親子の血縁的一體性を強調し、一體性に發する愛的孝に對應している。これに對して、社會的親に對する孝行譚は親子の情緒的疎遠性卽ち兩者の關係が社會性によって成立していることを強調し、社會性に發する敬的孝に對應している。孝行譚の持つ二面性は、孝自體の持つ二面性にその根據を

持つといえよう。(4)

以上、四名の研究をとり挙げてその一班を掲げたが、孝に對するそれぞれのアプローチの違いによって見解の相違がある。しかし、總じて言えることは、祖先・宗族・親族・家族といった血縁の上下關係における強い結びつき(紐帶)であることは、一應に共通している。これ以外にも孝についての論考は多いが、ひとまず以上の諸説に見た孝の概念を念頭に、以下に孝の原義について文字學的考察を試みる。

一　父(老・考)を承け繼ぐ(繼承)—字形・字音の觀點から—

先ず許愼『説文解字』巻八に、

孝は、よく父母に事える者のこと。「老」の省略に從い、「子」に從う。子が父(老)を承け繼ぐこと。〔孝、善事父母者。從老省、從子。子承老也。〕

とあり、孝の上部は「老」の省略「耂」、下部は「子」の形で、「子承老」の「承」は承け繼ぐ意、あるいは承順の意(白川『字統』)である。「善事父母者」は、許愼の當時(後漢)、儒教的道德的意味が付加された解釋とみなすことができよう。

次に朱駿聲『説文通訓定聲』に、

朱駿聲は、案じるに、（『説文繫傳』に）「老」も（「孝」の）聲（音）と言うが、愚（私）はそうではないと言いたい。「孝」字は「考」に從っているが、實は「考」の省略に從っている。「考」は元來「考」に作っているから、（「丂」を）省略すれば「老」と同じである。黄以周『轉注論』に「「孝」字は「考」を承けており、……「考」の省略に「子」が付くのは、子が「考（亡き父）」を承け繼ぐから」と、と言う。（朱駿聲云、按老亦聲、愚謂不然。孝字從考實從考省也。考元作考、故省卽與老同。黄以周轉注論曰、孝字承考。……以考省從子。子承考也。）

とあり、許愼は「父（老）を承け繼ぐ」と解釋するが、朱駿聲は黄以周の説を根據に「亡き父（考）を承け繼ぐ」意と解釋する。

二　父（老人）を扶ける（介護）――字形の觀點から――

呉大澂『説文古籀補』巻八に、

孝は、子が父を扶ける。「父」に從い「子」に從っている。中ほどは父が子に寄りかかる形に作る。「老」「耇」

「壽」「考」等の字は、創られた當初、上部は皆「父」に従っていたが、時間の經過で變化し、多くは本來の意味を失ってしまった。なお一二の證據となるものは、『虞司寇壺』である。〔孝、子承父也。從父從子、中象父子依倚形。老耇壽考等字建首皆從父、日久變易。多失其本意。尚有一二可證者。虞司寇壺。〕

とあり、孝の上部「父」と下部「子」の間に縦棒畫があり、「父が子に寄りかかる」、すなわち「子が父を扶ける」（介護）という意味になる。以下の金文に見える「孝」字はその例證である。


『虞司寇壺』（西周晩期　集成 4063）の「孝」字（）。

『曶鼎』（西周中期　集成 89）の「孝」字（）。

『伯鮮鼎』（西周晩期　集成 2666）の「孝」字（）。

『善夫汈其簋』（西周晩期　集成 4149）の「孝」字（）。

『郜公平侯鼎』（春秋早期　集成 2771）の「孝」字（）。

『魯伯悆盨』（春秋　集成 4458）の「孝」字（）。

『鄲孝子鼎』（戰國中期　集成 2574）の「孝」字（）。

『中山王嚳壺』（戰國晩期　銘文選二 881）の「孝」字（）。

また劉心源『奇觚室吉金文述』巻八に、

『矢人盤』の「孝」は、「季」に解釋する人がいるが、誤りである。これは「丯」に従っていて、「毛」のことで、（「丯」は）「耂」の省略である。〔『矢人盤』孝、或釋季、非。此從　、卽毛、乃耂省也。〕

とあり、「丯」の下部に「子」が付いた形で、毛を戴いた老人の意味と解釋しているのであろう。『矢人盤』〔散氏盤〕（西周晩期　集成10176）の「孝」字（孝）が、その例證である。

また高田忠周『古籀篇』三十三に、

今この篆文に依れば、上部の形は「老」に従い、（「老」は）人の毛の「匕」の三文（三本の毛）が備わっている。そうであれば古文は（「老」の「匕」を）省略せずに正體の字であり、小篆は省略（耂）に従った字である。漢儒（許愼）は省略の字形（小篆）に従ったために誤ったのである。……この「丯」は明らかに「毛」字であり、『毛公鼎』に「毛」を「丯」に作っており、これと照合して證明できる。……ある人は「どうして「父」に従う意味としないのか」と言う。しかし、ただ「父」に従うだけでは、「老」という意味がでてこない。父が老いるから子はそれを承け繼ぐのである。「父」に従うだけではまだ意味が足りない。だから「考（亡き父）」に従って意味をなすのであり、これは字を創作する者が意（工夫）を用いた個所である。

〔今依此篆、上形從老。人毛匕三文備矣。然則古文不省爲正、小篆從省略者。漢儒因爲從省之目尤誤。……此丯明毛字。毛公鼎毛作丯、與此相合可證矣。……或言何不從父以爲其意。然唯從父、老意無存焉。父

老故子承之也。從父則意未足矣。故從考爲其意、此作字者用意之處也。〕

とあり、呉大澂の上部「父」説を否定し、上部「毛」説を取っている。すなわち介護説を否定し、繼承説を取っている。

また張日昇『金文詁林』巻八に、

金文には「耂」と「子」に從い、「父」に從う字を見たことがない。おそらく老人が子に扶けられる形であろう。……「孝」の本義は、おそらく父母に限定されず、他人の父や祖父等にもよく仕えたのであろう。だから（字形は）髮を戴く背の曲がった老人に從い、必ずしも父に從わない。族中の老人を皆で扶けることが、「孝」の本來の意味であろう。「考」「孝」は、老人が行動するに不便であるから、必ず杖を持ち皆で扶けるという會意文字である。兩字の意味は同じではないが、古音が非常に近く、古籍や金文には通假（音通）の例がある。〔金文從耂從子、未見從父。窃疑象老人扶子形。……孝之本誼、恐非限於父母、諸父諸祖、亦應善事。故從戴髮傴僂老人、而不必從父也。三扶族中老者、此孝之朔誼。考孝竝就老人行動不便、須持杖三扶之會意字。兩字義雖不同、古音甚近、古籍金文竝有通叚之例。〕

とあり、呉大澂の上部「父」説を否定し、皆（一族）が杖を持った老人を扶ける意（會意字）と解する。

三　親（老人）を養う（養老）――字形・字音の觀點から――

先ず阮元『積古齊鐘鼎彝器款識』巻七に、

『曾伯霥簠』の「孝」字は、「食」に従った字で、ここに初めて見える。ほぼ「養」の意味に取っている。〔『曾伯霥簠』孝字、從食、創見於此。殆取養義。〕

とあり、『曾伯霥簠』（春秋早期　集成04631-04632）の「孝」字（）は、上部「耂」下部「食」の形、「養老」の意味に取っている。因みに、『番君召簠』（春秋晩期　集成04586）の「用亯用孝」の「孝」字（）も、上部「耂」下部「食」の形である。

この養老說に對して、李孝定『金文詁林讀後記』巻八に、

『曾伯霥簠』に「(先祖に) 孝を盡くし、供物を捧げる」とあり、「孝」字を「耆」に作り、「食」に従うが、これは下文の「亯」字に拘わって誤ったものであろう。(「耆」字は)「孝」字と同様の意味の字ではない。阮元は「ほぼ「養」の意味に取っている」と言うが、この說は付會である。……『伯孝鼓盨』の「孝」字

は、「」に作るが、譌變した字である。〔『曾伯霥簠』用孝用亯、孝字作養、從食、當是涉下文亯字而誤、非孝字有此一體也。阮氏謂殆取養義、說涉傅會。……『伯孝鼓盨』孝字、作、當是譌變。〕

とあり、阮元の説を否定し、『曾伯霥簠』（春秋早期　集成 04631-04632）の「孝」字（）は、下部を「食」に誤り、『伯孝鼓盨』（西周晩期　集成 04407-04408）の「孝」字（）は、下部を「」に誤っているとする。

ただ、この養老説は日本の古文字學者に指示されており、加藤常賢『漢字の起源』2368【孝】八九二頁に、

『禮記』祭統篇に「孝は畜なり」とあり、また『釋名』釋言語には、

孝は好なり。父母を愛好し、說(悅)好する所の如くするなり。孝經說に曰く、孝は畜なり。畜は養ふなり。

……と言い、『論語』爲政篇にも、

子游　孝を問ふ。子曰く、今の孝は是れ能く養ふを謂ふ。犬馬に至るまで皆能く養ふあり。敬せずんば、何を以って別たんや。

とある。また『書經』酒誥篇に「その父母を孝養す」と、『大戴禮』保傅篇に「民の本教を孝と曰ふ。その之を行なふを養と曰ふ」ともある。ともに孝が畜・養の字によって解釋されている。偶然の事實ではない。孝・好・畜・養の諸字を見ると、「老」の聲でないことがわかる。私は「子」の聲であると思う。……「子聲」は「チウ」「キウ」「キャウ」の音で、この音が「カウ」と轉じた。『詩經』および金文では、「孝」字が「亯」と通

用されている。

老人を養亨する意である。禮記の内則篇に「孝子の老を養ふ」ともある。金文の最後の字（）は「老」と「食」との合字で、會意字である。この字は「用って養し、用って亯す」と使われ（『陳逆父簠』・『曾伯霥簠』）てあって、この字は他の器では「孝」となっているから、「孝」と同字である。この字でも老人を養うを「孝」と言ったことがわかる。

とあり、藤堂明保『漢字語言辭典』（『漢字の語源研究』）幽部二二六頁に、

No.48 好・休・孝・畜キク　大事にかばう

48-4【孝】hon → hau（暁効　開2）「よく父母に事えるなり。老の略體＋子の會意」……〈禮記、祭統〉に、「孝とは畜キクなり」とある。大切に父母を養うことで、畜と同系。

單語家族

a 48-1【好】hog → hau（暁皓　開1）女性が子を大切に養育する

b 48-2【休】hiog → hieu（暁尤　開3）休養して體を大切にかばう

c 48-3【畜】hiok → hiuk（暁屋　開3）大切に養う

とあり、白川靜『字統』【孝】二九一頁に、

老の省文と、子とに從う。『禮記』祭統に「孝なるものは畜なり。道に順ひて倫に逆らはず。これをこれ畜ふといふ」とその聲義を説き、畜養の意があるとする。『説文』八上に「善く父母に事ふる者なり。老の省に從ひ、子に從う。子、老を承くるなり」と、老者に承順する意とする。……孝を德目の名とすることは、『左傳』文二年「孝は禮の始なり」、『國語』周語「孝は文の本なり」、『禮記』祭義「衆の本經を孝といふ」など、儒家によって倫理説として組織され、『孝經』に至って大成する。『詩』小雅、六月「張仲（人名）の孝友なるあり」の孝は、なおそのような德目以前の用法である。

とある。

四　先祖を敬う（享孝・追孝）――金文に見える祭祀の觀點から――

唐鈺明「金文解讀《尚書》二例」（『中山大學學報』一九八七年第一期）に、

『尚書』文侯之命に「前文人を追孝す」と、……典籍中の「追孝」の辭例は見ることは稀である。……金文には「追孝」が常見するだけでなく、文侯之命と同様の文例がある。『追簋』の「前文人を享孝す」、『井人鐘』の「前文人を追孝す」。……典籍について言えば、「孝」字は通常、生人に對して孝道を表す時に用い、「享」字は通常、神靈に對して祭享を表す時に用いる。しかし金文中では、この兩字は常に連文として神靈に用いる。
a 用て享り用て皇祖文考を孝す。（『仲自父盨』）
b 用て宗室を享孝す。（『曼龔父簋』）
c 用て文神を享孝す。（『此鼎』）
……金文の「享孝」は神靈に用いる以外に、また生人に用いることができる。
d 用て兄弟・婚媾・諸老を享孝す。（『殳季良父壺』）
e 用て夙夜に攸公と窒叔・朋友とを享孝す。（『豐姞簋』）
f 用て皇神祖考と好朋友とを享考（孝）す。（『杜伯盨』）
……「孝」字の本義は「敬」である。『論語』泰伯に「孝を鬼神に致す」、『禮記』禮運に作「其の敬を鬼神に致す」に作るのは、正にその證據である。……先秦の典籍中、「孝」字は已に「孝道」を表しているものも多いが、なお神靈に用いて「敬」の意味を表すものがある。『詩經』天保の「吉蠲に饎を爲し、是に用て敬い享す（獻ず）」、『詩經』載見の「率に昭考に見え、以て敬い以て享し（獻じ）、以て眉壽を介く」、『周易』萃の「王假に廟に有り、敬い享す（獻ず）」等である。
g 天子は英明で、明らかに神を敬う。（『大克鼎』）
h 用て文神を享し（獻じ）敬う。（『此鼎』）
……「孝」字は「孝道」の意味ではなく、「敬」の意味である。……金文に見える「追孝」は二十余例あり、均しく「追敬」と解釋でき、『余義鐘』の「以て先祖を追敬す」、『陳昉簋』の「用て皇考を追敬す」の如くである。このことから見れば、『尚書』文侯之命の「追孝前文人」は、「文徳ある先祖を追敬する」という意味である。

〔『尚書』文侯之命、追孝于前文人、……典籍中追孝辭例罕見、……金文不僅追孝常見、而且又還與文侯之命相同的文例、如『追簋』享孝于前文人、『井人鐘』追孝侃前文人。……就典籍而言、孝字通常用于對生人而表孝道、享字通常用于對神靈而表祭享。而在金文中、這兩個字卻常常連文而用于神靈。

a 用享用孝于皇祖文考（『仲𠂤父盨』）

b 用享孝宗室（『曼龔父簋』）

c 用享孝于文神（『此鼎』）

……金文「享孝」除用于神靈之外、还可以用于生人。

d 用享孝于兄弟、婚媾、諸老（『殳季良父壺』）

e 用夙夜享孝攸公于（與）窒叔朋友（『豐姞簋』）

f 用享考（孝）于皇神祖考于（與）好朋友（『杜伯盨』）

……孝字本義應是敬也。『論語』泰伯中致孝乎鬼神、『禮記』禮運作致其敬于鬼神、正是其證。……先秦典籍中孝字已經多表孝道、但仍有用于神靈而表敬義的、如『詩經』天保吉蠲爲饎、是用孝享、『詩經』載見率見昭考、以孝以享、以介眉壽、『周易』萃王假有廟、致孝享也。

g 天子明哲、顆孝于申（神）（『大克鼎』）

h 用享孝于文申（神）（『此鼎』）

……孝字用的不是孝道義、而是敬義。金文所見追孝二十余例、均可解爲追敬、如『余義鐘』以追孝先祖、『陳肪簋』用追孝于皇考。准此、則「文侯之命」的追孝前文人、其義應爲追敬于前代有文德之人。〕

とあり、西周金文に見える「孝」字は、生者と生者の關係にも用いるし、生者と死者（先祖）の關係にも用いることが分かる。

日本の古文字學者である高田忠周の『古籀篇』三十三に、

孝子が事えるに、亡き親に事えするには、生前の親に事えるようにする。だから祭祀のときに亯獻の禮（死者をもてなす禮）がある。亯獻は飲食のことでもあるから、「孝」字は「孝」の省略に従い、また「食」に従う。會意（の字）である。〔孝子之事也事死猶事生。故祭祀有亯獻之禮。亯獻亦是飲食事也。故孝字、從孝省、又從食。會意。〕

とあり、「孝」は、亡き親に供物をささげて祀る亯獻の禮を表す字と見る。このように「孝」は先祖供養と密接な關係にあることが分かる。

五　「考」「老」は「孝」と密接な關係にある　——字音の觀點から——

次に字音、特に六書の「轉注」の觀點から「考」「老」「孝」三字の關係を述べたものに、馬敍倫の『說文解字六書疏證』がある。その巻十五に、

私は、「老」の省略に從う、ということを考えるに、(「老」の省略「耂」は)「孝」の省略(「耂」)の音(と同音)であるから、(「孝」は)「老」の轉注字である。『曶鼎』の「文孝弃伯」は「文考弃伯」と言ってもよく、『公曆彝』の「考友惟刑」は「孝友惟刑」と言ってもよい。金文にはよく「追孝」と言うが、『余義編鐘』が「追考」に作っているのは、皆その證據である。……「考」「老」の音(韻母[韻部])は同じく幽類(王力『漢語史稿』上古韻30部說の幽部[eu/au])の轉注字であることが確定でき、また「耇」「考」(の聲母)も同じく舌根音(塞音k[無氣音/有氣音])の轉注字である。〔倫按從老省、孝省聲、爲老之轉注字。『曶鼎』文孝弃伯、即文考弃伯。『公曆彝』考友惟刑、即孝友惟刑。金文每言追孝、『余義編鐘』作追考、皆其證。……得決定爲考老之聲同幽類轉注字、亦耇考之同舌根音轉注字。〕

とあり、『曶鼎』(西周中期　集成02838)『公曆彝』『余義編鐘』等に見える「孝」「考」の兩字は、互いに通用し合い、「考」「老」「孝」は轉注字(象形(形)・聲韻(音)・意味(義)が相互に通じ合う字)であるとする。また『說文解字』の「子承老也」の解釋を、音韻上の觀點から否定し、許愼の文章ではないとする。また「孝」は地名にも使用されており、親子の關係だけを表す字ではないと見る。

おわりに

以上、見てきた通り、孝の原義は「子（若者）が父（老人）を継承する」、「子（若者）が父（老人）を介護する」、「子（若者）が父（老人）を養う」、「子（生者）が先祖（死者）を供養する」等、いろいろな意味を持つが、共通して言えることは、孝が西周時代の家族や宗族において血縁の上下關係を強く結びつける重要な觀念となっていたことである。西周時代の禮を基礎とした道德文化の進展とともに、孝は德目の最も重要なところに位置づけられることになった。西周時代の金文に「德」字が多く現れ、これと相まって「孝」字も多く現れる。德を務めることは、人間としての義務や責任を自覺することであり、このことは、孝を務めることによって、家族や宗族における義務や責任を自覺し、その紐帶を強固なものにすることである。この孝による人間的自覺は、道德的に見れば人間的修養であり、さらには爲政者の人間的修養による天下の安泰、この政治理念が儒家思想の最終目標である。

孝に基づく人間的自覺は、西周時代の家族内・宗族内における人間關係をより緊密にし、目上の者に對する道德的配慮、あるいは先祖に對する崇敬の念を表すこと等、生者・死者を問わずに老人・先祖に對する尊敬や思いやりの念であり、これが後の儒家における「仁」や「恕」、あるいは「忠」という德（觀念）に反映したものと見ることができよう。このように孝は道德の根源であり、儒家思想や儒教の根本原理ともなった。

〈注〉

1　加地伸行『孝研究　儒教基礎論』(『加地伸行著作集』巻三　研文出版社　二〇一〇年)

2　下見隆雄『孝と母性のメカニズム　——　中國女性史の視座　——　』(研文出版　一九九七年)

3　池澤優『「孝」思想の宗教學的研究　——　古代中國における祖先崇拜の思想的發展』(東京大學出版會　二〇〇二年)

4　佐野大介『「孝」の研究　—孝經注釋と孝行譚との分析—』(研文出版　二〇一六年)

先秦時代の忠臣

序　論

秦漢帝國成立以後は皇帝の一元的支配の下、君臣間は臣下の君主に對する從屬關係（君臣の道・尊尊の義）が重視され、「親親を以て尊尊を害せず〔以親親不害尊尊〕」（『穀梁傳』文公二年）、即ち家族間の紐帶よりも君臣間の秩序を優先し、臣下は君主に對して「忠義」「忠節」を最大の美德とした。その事例として『春秋』桓公十一年に、

九月、宋人（＝莊公）は鄭の（宰相であった）祭仲を捕らえた。突は（君主となるために）鄭に歸った。鄭の（君主であった）忽は衞に亡命した。〔九月、宋人執鄭祭仲。突歸于鄭。鄭忽出奔衞。〕

とあり、強國宋の莊公が外孫の突（厲公）を鄭の君位に卽けんがために、鄭の君主忽（突の異母兄、昭公）の守り役であった宰相の祭仲を捕らえて脅しをかけ、脅しに屈した祭仲は忽をひとまず亡命させて再起を圖ろうとし

た。結局は四年後に突を追出し忽を迎入れることができたのであるが、『穀梁傳』には、

「(突は鄭に) 歸った」と曰うのは、容易という言辭である。祭仲がその事〔君主の廢立〕を容易にしたのであるから、權力は祭仲にあった。君主の災難に死ぬことが、臣下の道〔生き方〕である。しかるに今、(君位を奪う) 惡の突を立てて、正 (式の君主) の忽を追い出したのであるから、祭仲を惡む〔惡とす〕べきである。〔曰歸、易辭也。祭仲易其事、權在祭仲也。死君難、臣道也。今立惡而黜正、惡祭仲也。〕

とあり、宰相でありながら君主の廢立を容易に行った祭仲を非難し、「惡祭仲也」と斷罪している。卽ち『穀梁傳』は、「君は君たり、臣は臣たり」(『論語』顏淵) という君臣道德を嚴守する立場をとる。『穀梁傳』の成立年代が前漢時代であることは、ほぼ定說と見なしてよい。[1] 從って、『穀梁傳』は春秋時代の事件に對して漢代的解釋を施していると見てよく、皇帝の絕對的權力の下、「死君難、臣道也」という君主に對する從屬的道德觀念が強調されていたことが分かる。

では先秦時代の君臣閒の道德觀念はどのようなものであったか。以下、古典文獻や出土資料に依據しながら、先秦時代に於ける忠臣及び〈忠〉について考察する。

一　西周後期の忠臣 ――厲王期の銅器銘文に見る――

『史記』周本紀に據れば、西周第十代厲王は賢臣の周公・召公等を遠ざけ、佞臣の榮夷公を重用して暴政を行ったために、政治は腐敗を極め、民衆の怒りが爆發して厲王は彘（現在の山西省霍州市）に逃れ（前八四二）、周公・召公による共和制が始まった（『竹書紀年』に據れば、共伯和が諸侯に推されて政治を行った）、とする。このように、歴史上、厲王は暴君として傳えられているが、厲王期の青銅器の銘文には、厲王の重臣およびその臣下が厲王の命を受けて外敵と戰ったことが記録されている。

『禹鼎』（一九四二年陝西省岐山縣〔現在は扶風縣に屬す〕任家村出土、國家博物館藏、二〇八字）に、

鄂侯馭方が南淮夷・東夷を率きいて、大いに南國・東國を伐ち、歴内（地名）にまで至った。厲王はやむなく宿衞軍（西六師＝近衞兵・殷八師＝夷狄討伐軍）に命じて言った、「鄂侯馭方を伐ち、老弱を問わず殲滅せよ」と。しかし宿衞軍は士氣上がらず恐れ怯えて鄂を伐つことができなかった。そこで武公（厲王の重臣）は禹（武公の臣下）に兵車百臺を率いさせて、兵車の士卒二百人・徒卒千人に言った、「吾が果敢なる戰略を以て、（失敗した）宿衞軍を憐れみ、鄂侯馭方を伐ち、老弱を問わず殲滅せよ」と。禹は武公の士卒・徒卒を率いて鄂に至り、徹底的に鄂を伐ち、幸にその君馭方を獲えた。ここに禹は戰果を擧げ、武公の輝かしい德に報い（その偉大さを稱揚し）、大寶鼎を作った。〔唯鄂侯馭方率南淮夷・東夷、廣伐南國・東國、至于歴内。王迺命西六師・殷八師曰、撲伐鄂侯馭方、勿遺壽幼。肆師彌怵匌恇、弗克伐鄂。肆武公迺遣禹率公戎車百乘、廝馭二百・徒千、曰、于將朕肅謨、惠西六師・殷八師、伐鄂侯馭方、勿遺壽幼。雩禹以武公徒馭至于鄂、敦伐鄂、休獲厥君馭方。肆禹有成、敢對揚武公丕顯耿光、用作大寶鼎。〕

とあり、鄂侯馭方[2]が南淮夷・東夷を率きいて叛亂に及んだので、[3]厲王は配下の宿衞軍に鎭圧を命じたが失敗、厲王の重臣武公[4]は臣下の禹[5]に命じて鄂侯を伐たせた、という内容である。厲王の宿衞軍の失敗に對して憐れむ[6]氣持と厲王を奉じて失敗に報いる氣持とが、武公の戰士に對する再命から窺うことができ、「勿遺壽幼」と言う厲王の命辭を再命にも用いていることから、鄂侯馭方討伐の竝々ならぬ決意が感じられる。この戰に於いて、武公は厲王の命令を忠實に遂行し、禹もまた武公の再命に對して戰果を擧げている。これは武公の厲王に對する、また禹の武公に對する忠誠心の現れであり、延いては禹の厲王に對する忠誠心と見なすこともできる。

また厲王期の戰爭に於ける君臣關係を記錄した『多友鼎』（一九八〇年陝西省長安縣斗門鄉下泉村出土、陝西歷史博物館藏、二七七字）に、

十月に玁狁が竝び興り、大いに京師（陝西省豳縣・旬邑縣の閒）を伐ったので、（京師から）厲王に（玁狁を）追擊してほしい旨を告げてきた。（厲王は）武公に命じて言った、「汝の士卒（元士＝上級武官）を派遣して、京師に進擊せよ」と。武公は多友（武公の臣下）に命じて兵車を率いて京師に進擊させた。癸未の日に、戎（玁狁）は旬（陝西省旬邑縣）を伐ち、ついに（旬の人を）虜にした。多友は西に追擊し、甲申の日の早朝、漆（地名）を伐ち、敵の首（折首）と捕虜（執訊）を得た。兵車に積まれた敵の首二百數十五人、捕虜二十三人、戰利品の兵車百十七臺。ついに虜にされた旬の人を解放し、また共（甘肅省涇川縣附近）を伐ち、敵の首三十六人、捕虜二人、戰利品の兵車十臺を得た。多友はさらに追跡して、世（地名）を伐ち、敵の首と捕虜を得た。

ここに於いて突進して楊冢に至り、兵車に積まれた敵の首百十五人、捕虜三人を得た。戰利品の兵車は運ぶに堪えず、ついに焚き拂い、傷んだ馬は解き放った。そして京師の虜になった人を奪回した。多友は直ちに捕虜の左耳と捕虜を武公に獻じ、武公はそれを厲王に獻じた（獻俘の禮）。（厲王は）そこで武公に告げた、「汝は既に京師を安定させた。汝に賞賜し、汝に領地を賜う」と。丁酉の日に、武公は獻宮に居り、向父（叔向父＝禹）に多友を召さしめ、（多友は）直ちに獻宮に參上した。武公は自ら多友に言った、「余は初めて汝を任命し、（汝は）幸に任をこなして事を成し遂げ、多くの捕虜を得た。また汝は京師を安定させた。よって汝に圭瓚一箇・錫鐘（懸鐘）一揃い・青銅鐈黒銅（鋚）三千斤（百鈞）を賜う」と。多友は武公の美德を稱揚して、鼎を作った。〔唯十月用玁狁方興、廣伐京師、告追于王。命武公、遣乃元士、羞追于京師。武公命多友率公車羞追于京師。癸未、戎伐旬、卒俘。多友西追、甲申之晨、搏于漆、多友有折首執訊。凡以公車折首二百又□又五人。執訊廿又三人、俘戎車百乘一十又七乘。卒復旬人俘、又搏于共、折首卅又六人、執訊二人、俘車十乘。從至、追搏于世、多友又有折首執訊。乃趨追至于楊冢、公車折首百又十又五人、執訊三人。唯俘車不克以、卒焚、唯馬驅盡。復奪京師之俘。多友迺獻俘馘訊于公、武公迺獻于王。迺曰武公曰、汝既靖京師。釐汝、賜汝土田。丁酉、武公在獻宮、迺命向父召多友、迺延于獻宮。公親曰多友曰、余肇使汝、休不逆、有成事、多擒。汝靖京師、賜汝圭瓚一・錫鐘一肆・鐈鋚百鈞。多友敢對揚公休、用作障鼎。〕

とあり、北方の異民族の玁狁（＝獫狁〔『史記』匈奴傳〕）が周の領邑を犯したので、[7]厲王は重臣の武公に命じ、武公は臣下の多友に命じて玁狁を伐たせ、多友は輝かしい戰果を擧げ、武公は厲王から領地を、多友は武公から多くの褒美を賜った、という内容である。ここでも厲王の命令に對する武公の任務執行は迅速であり、臣下の多友を直ぐに派遣して玁狁討伐の任に當たらせており、多友も武公の命令に従って玁狁討伐に轉戰している。この戰に於いても、武公は厲王の命令を忠實に遂行し、多友もまた武公の命令に對して戰果を擧げている。これも武公の厲王に對する、また多友の武公に對する忠誠心の現れであり、延いては多友の厲王に對する忠誠心と見なすこともできる。

上述の銘文から言えることは、禹と多友は武公の忠臣、また武公は厲王の忠臣と見なすことができよう。ただ戰争という情況下に於ける君臣關係は生死を賭して行われるものであるから、平常の君臣關係との相違が感じられ、より嚴しいものとなっている。

二　春秋前期の忠臣 ――春秋傳に見る――

次に『春秋』の解釋書である『左傳』や『穀梁傳』に記す忠臣について見ていく。『春秋』に載せる事件は春秋時代を背景にしているが、『左傳』の解釋はその成立事情から見れば戰國時代の觀念が反映されているので、思想史的に見れば、時代を少し引下げなければならない。また『穀梁傳』に漢代的思想が反映されていることは上述した通りである。しかし、以下に取上げる事例は事件の經緯を淡々と記録したものであるから、取りあえず、春秋時代の事例として扱うことにする。

その事例とは晉のお家騒動に纏わるもので、君主や世子が殺され、その守り役であった臣下の行動が記録されている。『春秋』僖公五年（前六五五）から僖公十年（前六五〇）に亙り、次のように記録されている。

五年、春、晉侯（獻公）は世子の申生を殺した。〔五年、春、晉侯殺其世子申生。〕
九年、九月甲子の日に、晉侯詭諸（獻公）が死んだ。〔九年、九月、甲子、晉侯詭諸卒。〕
冬、晉の里克は君主の子奚齊を殺した。〔冬、晉里克殺其君之子奚齊。〕
十年、春、晉の里克は君主の卓を弑した。その際に大夫の荀息も死んだ。〔十年　春、晉里克弑其君卓、及其大夫荀息。〕
夏、晉は大夫の里克を殺した。〔夏、晉殺其大夫里克。〕

この一連の事件に對して『左傳』僖公九年に、

九月に、晉の獻公が亡くなった。里克と丕鄭は文公（重耳）を迎入れようとして、三公子（申生・重耳・夷吾）の仲間と亂をおこした。以前、獻公は荀息を奚齊の守り役とした。獻公は病氣になると荀息を召して言った、「この幼弱な子をそなたにお願いする。どのようにされるか」と。（荀息は）稽首して應えた、「臣下として全身全靈を竭くし、忠貞を盡くします。うまく行けば、君の靈力のお陰です。うまく行かなかったならば、死を以て償います」と。獻公は言った、「何を忠貞と言うのか」と。（荀息は）應えた、「公家の利益のために何でもやることが、忠です。先君と今君に仕えて疑いを持たれぬことが、貞です」と。里克が奚齊を殺そうとして、先ず荀息に告げた、「三公子たちの怨みが起ころうとし、秦と晉は彼らを輔けるだろう。貴方はどうなさるつもりか」と。荀息は言った、「（奚齊のために）死ぬつもりです」と。里克は言った、「無益である」と。荀叔（＝荀息）は言った、「私は先君と誓いました。背くことはできません。誓を果たそうとするのに、我が身を愛しむことができますか。無益であっても、避けることができますか。且つ人が善を欲することは、自分と同様。自分が背きたくないのに、人に（背くと）言えますか」と。〔九月、晉獻公卒。里克丕鄭欲納文公、故以三公子之徒作亂。初、獻公使荀息傅奚齊。公疾、召之曰、以是藐諸孤、辱在大夫。其若之何。稽首而對曰、臣竭其股肱之力、加之以忠貞。其濟、君之靈也。不濟、則以死繼之。公曰、何謂忠貞。對曰、公家之利、知無不爲、忠也。送往事居、耦俱無猜、貞也。及里克將殺奚齊、先告荀息曰、三怨將作、秦晉輔之。子將何如。荀息曰、將死之。里克曰、無益也。荀叔曰、吾與先君言矣。不可以貳。能欲復言、而愛身乎。雖無益也、將焉辟之。且人之欲善、誰不如我。我欲無貳、而能謂人已乎。〕

冬の十月に、里克は奚齊を喪屋で殺した。「其の君の子（奚齊）を殺す」と記すのは、まだ（先君獻公の）葬儀が濟んでいないからである。荀息は殉死しようとした。「卓子を國君に立てて輔佐した方がよい」と言う人がいたので、荀息は公子卓を立てて（先君の）葬儀を行った。十一月に、里克は公子卓を朝廷で殺すと、荀息は殉死した。〔冬、十月、里克殺奚齊于次。書曰殺其君之子、未葬也。荀息將死之。人曰、不如立卓子而輔之、荀息立公子卓以葬。十一月、里克殺公子卓于朝、荀息死之。〕

とあり、獻公から驪姫の子の奚齊の守り役に任命された荀息は、獻公に誓って「臣竭其股肱之力、加之以忠貞。

其濟、君之靈也。不濟、則以死繼之」と言い、また「公家之利、知無不爲、忠也」と言って、獻公あるいは奚齊に對する忠誠心を示し、その結果、卓子が弑された時に殉死している。荀息の行爲について『左傳』は、君子（孔子）の言葉として『詩經』大雅抑篇の「白圭の玷けたものは、磨くことができるが（修復できるが）、言葉の玷けたものは（過ちは）、爲めることができない。〔白圭之玷、尚可磨也、斯言之玷、不可爲也〕」を引き、獻公との誓を破り、奚齊が殺された時に殉死せずに、卓子の死の際まで生きながらえたことを批判する。但し、『詩經』の引用は斷章取義であり、儒教的解釋が附加されたものと思われる。また『穀梁傳』僖公十年に、

晉の獻公は虢を伐って驪姫を得た。獻公は驪姫に私通し、二人の子ができ、年上を奚齊と言い、年下を卓子と言った。驪姫は（自分の産んだ子を跡繼にしようとして）陰謀を企んだ。……世子は祠を行った。已に祠り終え、福《ひもろぎ》（供物）を君に獻じた。君は田獵に出かけ不在であった。驪姫は酖毒で酒を作り、脯（干し肉）に毒藥を仕込んだ。獻公が田獵より戻った。驪姫は言った、「世子様は已に祠り終えたので、福（供物）を君に獻ぜん」と。君が食べようとすると、驪姫は跪いて言った、「（君の）召上がる物で外から運ばれた物は、お毒味しなければなりませぬ」と。酒を地に注ぐと地は盛上がり、脯を犬に與えると犬は死んだ。驪姫は堂より下りて泣き叫びながら言った、「天よ、天よ、このお國は貴方様のお國であられますのに、貴方様はどうして君に爲られるのが遲い（と思われるの）でしょうか」と。君は溜息をついて歎いて言った、「余と汝は今まで諍はなかったのに、これはなんと深い仕打ちではないか」と。人を遣って世子に言った、「汝自身で始末をつけよ」と。……そこで次男の重耳に後を託し、頸を刎ねて死んだ。だから里克が（驪姫の産

んだ奚齊と卓子を）弑したわけは、重耳のためであった。（三男の）夷吾は言った、「これ（重耳のために奚齊と卓子を殺した行爲）は同様に吾を殺そうとすることなのか」と。〔晉獻公伐虢得驪姫。獻公私之。有二子、長曰奚齊、稚曰卓子。驪姫欲爲亂。……世子祠。已祠、致福於君。君田而不在。驪姫以酖爲酒、藥脯以毒。獻公田來。驪姫曰、世子已祠、故致福於君。君將食、驪姫跪曰、食自外來者、不可不試也。覆酒於地而地賁、以脯與犬、犬死。驪姫下堂而啼呼曰、天乎、天乎、國子之國也、子何遲於爲君。君喟然歎曰、吾與女未有過切、是何與我之深也。使人謂世子曰、爾其圖之。……以重耳爲寄矣、刎脰而死。故里克所爲弑者、爲重耳也。夷吾曰、是又將殺我也。〕

とある。驪姫は自分の産んだ奚齊あるは卓子を跡繼にしようとして陰謀を企み、世子申生を死に追いやり、世子の異母弟の重耳（文公、在位前六三六～六二八）と夷吾（惠公、在位前六五〇～前六三七、重耳の異母弟）までも國外へ追拂い陰謀を達成するが、世子の守り役里克に奚齊と卓子は殺害されてしまう。里克が世子の自殺に際して殉死しなかったのは、重耳に後を託するとの世子の遺言を受けたためであり、奚齊と卓子の殺害は、その結果としての行爲である。しかし、夷吾は里克が奚齊・卓子と同様に自分を殺そうとするのではないかと疑念を抱き、重耳よりも先に歸國して卽位すると、「そなたは二君（奚齊・卓子）と一大夫（荀息）を殺している。そなたの君になることは、なんと難しくはないか〔子殺二君與一大夫。爲子君者、不亦難乎〕」（『左傳』僖公十年夏四月）と言って、對外的には君主殺害の首謀者を討ったこととして里克を殺す（『左傳』に據れば、劍に伏して自殺する）。

このように、荀息は奚齊の死の際に殉死してはおらず、里克も世子申生の自殺の際に殉死してはいないが、結果的に荀息は奚齊のために、里克は世子申生のために死んでいるので、忠臣としての範疇に入れることができよう。但、君主に殉ずる忠義心からすると、この二人の忠臣にあまり緊迫感は感じられない。

三　春秋後期より戰國前期の忠臣 ――『論語』に見る――

『論語』は春秋後期の孔子や弟子らの言動を記録した文獻ではあるが、その書が成立した戰國の時代相も反映していると見てよい。『論語』は前漢墓からの出土例があり、戰國期を通じて成立したものと推測できる。従って、そこに見える思想は、春秋後期から戰國前期あるいは中期に亙ると思われるので、この間の時代相を反映した文獻と見ておく。(8)

『論語』には〈忠〉にまつわる事例が多い。學而篇第七章に、

子夏は言った、「賢者を尊敬して顔色を正し、父母には全力で仕え、君には全身で仕え、友と交際して信頼される。(このような人は)「學問を積んでいない」とは言っても、私は必ず「學んでいる」と言うであろう」と。〔子夏曰、賢賢易色。事父母能竭其力、事君能致其身、與朋友交言而有信。雖曰未學、吾必謂之學矣。〕

とあり、賢者に對する〈敬〉、父母に對する〈孝〉、君に對する〈忠〉、朋友に對する〈信〉が説かれており、士

大夫の道德を述べたものであり、〈忠〉は臣下（士大夫）としての道德である。學而篇第八章に、

孔子は言った、「君子は重々しくないと威嚴がなく、學んで頑迷固陋にならず、忠信を大切にし、それを大切にしない人とは付合わず、過失を犯したら直ぐに改める」と。（「主忠信」を「忠信を大切にする人に親しむ」とする解釋もある）〔子曰、君子不重則不威。學則不固。主忠信、無友不如己者。過則勿憚改。〕

とある。ここでは君子の心構えが說かれ、君子にとっての〈忠〉や〈信〉の重要性を解いている。〈忠〉や〈信〉の重要性は、既に學而篇第四章に、

曾子は言った、「私は一日に何度も反省する。人の爲にやってあげたが忠を盡くさなかったのではないか。友と交際して信がなかったのではないか。習わなかったことを傳えたのではないか」と。〔曾子曰、吾日三省吾身。爲人謀而不忠乎。與朋友交而不信乎。傳不習乎。〕

とある。この〈忠〉は己の眞心を盡くすことであり、〈信〉は他人に對して噓僞りが無いことである。學而篇第八章の「君子」を爲政者と見た場合、この〈忠〉は臣下や庶民に對するものとなり、君主が臣下や庶民に眞心を盡くして接する意味となる。(9) また學而篇第四章の〈忠〉も、その對象は「人」であり「君」とは言わない。從って、〈忠〉は臣下の君主に對する道德觀念だけではないことが理解できる。

君主に對する〈忠〉も、臣下が己の眞心に從って君主を思いやることであり、臣下の君主に對する純眞な心情から發っせられるもので、君臣間の嚴しい秩序からくる圧迫感（緊迫感）は感じられない。ところが學而篇第七章の「事君能致其身」の孔安國の注に、

忠節を盡くして、其の身を愛《をし》まず。〔盡忠節、不愛其身。〕

とあり、臣下の君主に對する「忠節」と解釋し、死をも厭わぬ忠義心と見ている。ただ孔安國は前漢時代の人であり、漢代は君臣關係の秩序が嚴しく、從屬的道德觀が根付いた時代である。『論語』は戰國時代を通じて形成された文獻であるから、漢代の君臣道德とは些か違いがあるはずである。

一般に儒教の道德觀念の中で重要な德目は〈孝〉と〈忠〉とである。儒教は血緣の紐帶を重んじる春秋戰國時代の儒家思想から發展した教であり、『論語』にも孔子の弟子が〈孝〉について問う章がいくつもあり、〈孝〉が當時の父子關係を規定する重要な德目であったことが窺える。そこで〈忠〉について更に數章を掲げて檢討してみる。

『論語』爲政篇に、

季康子が質問した、「民を敬や忠の氣持を以て働かせるには、どのようにすればよいか」と。孔子は答えた、「嚴かな態度で居られれば、（民は）敬し、親孝行で慈しみがおありになれば、（民は）忠を盡くし、善人を

登用して能力無き者を指導なされば、（民は）勵んで働きます」と。〔季康子問、使民敬忠以勸、如之何。子曰、臨之以莊則敬、孝慈則忠、擧善而教不能則勸。〕

とあり、君主の庶民に對する「孝慈」の態度によって、庶民は君主に對して忠を盡くすとし、臣下の〈忠〉ではなく、庶民の〈忠〉として解かれている。上述のように、〈忠〉は君臣閒に限定されていない。また八佾篇に、

定公が質問した、「君主が臣下を使い、臣下が君主に仕えるには、どのようにすればよいか」と。孔子は答えた、「君主は禮を盡くして臣下を遇し、臣下は忠を盡くして君主にお仕えすることです」と。〔定公問、君使臣、臣事君、如之何。孔子對曰、君使臣以禮、臣事君以忠。〕

とあり、君主が臣下に禮を以て臨めば、臣下は君主に對して忠を盡くすとし、上の爲政篇と同樣に、君主の態度如何によって庶民や臣下が忠を盡くすか否かが決定される。これは君主に對して一方的に忠を盡くす從屬的道德觀念ではない。また里仁篇に、

孔子は言った、「参や、私の道（生き方）は一貫しているよ」と。曾子は應えた、「はい、さようです」と。孔子が立ち去った。門人らが曾子に質問した、「どのような意味ですか」と。曾子は言った、「先生の道（生き方）は、忠恕だけ（で一貫しているということ）だよ」と。〔子曰、三乎、吾道一以貫之。曾子曰、唯。子出。

門人問曰、何謂也。曾子曰、夫子之道、忠恕而已矣。〕

とある。ここでは孔子の理念化した德目〈仁〉を具現化した德目〈忠〉と〈恕〉とで表現しており、〈忠〉は己の眞心に從う德、〈恕〉は他人を思いやる德と解釋できる。即ち、〈忠〉は自分に背かない（欺かない）良心的な心であり、〈恕〉は他人を自分のことのように思いやる心である。〈仁〉を内向きに捉えた德目が〈忠〉であり、[10]外向きに捉えた德目が〈恕〉である。〈忠〉〈恕〉いずれも表裏一體の意味を持つ德目であるから、孔子は「忠恕」と熟して言ったものと思われる。

このように『論語』に見える〈忠〉は、〈仁〉を内向きに捉えた感情表現であり、己の眞心に從い他人を思いやる氣持と解釋でき、孔安國の「盡忠節、不愛其身」のような意味には解釋できない。君主に對する從屬的な氣持よりも己（臣下）の氣持が重要であり、己の氣持（心）に背いて（欺いて）まで君主に盡くすことはしない、ということである。これは『論語』の成立當時まだ君臣道德が嚴しく規定されていなかったからである。

四　戰國中期の忠臣　――中山王墓出土銅器の銘文に見る――

戰國時代の中山國（河北省靈壽縣附近）は、北の燕と南の趙に挾まれ、兩大國から干渉されていたことは、『史記』趙世家や『戰國策』の「趙策」や「燕策」に散見するが、新たな史料として中山王墓から燕との關係を記録した青銅器が出土した。これらの史料は中山國第五代王譽と第六代王好䖵の時に作られた青銅器に刻み込まれた銘文である。[11]　そこには中山王に忠誠を盡くす宰相が燕との戰爭に勝利した功績を稱揚している。

『中山王嚳鼎』（大鼎　一九七七年河北省石家莊市平山縣三汲公社中七汲村西出土、河北省博物館藏、四六九字）に、

（在位）十四年、中山王嚳は鼎に銘を作って言う、……昔、我が父成公は夭逝し、余は幼く（政治を行う）智慧に通じておらず、ただ守り役（侍從）等に從うのみであった。天は幸いなる命を我が邦に降し、忠臣の賈を有らしめた。從順で從わないことはなく、天德を敬い、余を補佐して邦（社稷）を治める任務を知らしめ、君臣の義を日夜怠らずに、余を訓導した。……余はこのように聞いている、「事が少なくても多いように、事が愚かしくても智あるように」と。これは言うことは容易いが行うことは難しい。信と忠（の臣）でなければ、誰ができようか、誰ができようか。余の臣下の賈だけがこれを行うことができる。……今、余の臣下の賈は自ら全軍（三軍）の兵（衆）を率いて、不義の邦（燕）を征伐し、太鼓や大鈴を打鳴らして（兵を）奮立たせ、（中山國の）領域を廣げること數百里、配下の城は數十、よく大國（燕）に敵對した。そこで余はその德を頌め功績を嘉して命を賜い、「死罪になっても三世代に亙って赦し、その德を明らかにし功績を頌める」と。しかし余の臣下の賈は、走り回って余の命を聽かず、忽然として逝ってしまうことを懼れ、戰戰兢兢として邦（社稷）の光明が墜ちることを恐れる。そこで余はこれを許し、その謀や思慮に從ったので、よく能力と智慧を出し、死罪の赦し（死罪になっても三世代に亙って赦すという命）を辭した、（誠に）人臣としての義（在り方）を知っている。ああ、これを思わずにはいられない。〔唯十四年、中山王嚳作鼎于

銘曰、……昔者吾先考成王、早棄羣臣、寡人幼童未通智、唯傅姆是從。天降休命于朕邦、有厥）忠臣貫。克順克俾、無不率從、敬順天德、以左右寡人、使智社稷之任、臣主之義、夙夜不懈、以訓導寡人。……寡人聞之、事少如長、事愚如智。此易言而難行也。非信與忠、其誰能之、其誰能之。唯吾老貫、是克行之。……今吾老貫、親率三軍之衆、以征不義之邦、奮枹振鐸、闢啓封疆、方數百里、列城數十、克敵大邦。寡人頌）其德、嘉其功、是以賜之厥命、雖有死罪、及三世無不赦、以明其德、頌其功。吾老貫奔走不聽命、寡人懼其忽然不可得、戰戰兢兢恐隕社稷之光。是以寡人許之、謀慮皆從、克有功智也、辭死罪之有赦、智爲人臣之義也。嗚呼、念之哉。」

とあり、幼君の譽を補佐した宰相の貫[12]の獻身的な様子が記されている。「忠臣貫」「臣主之義、夙夜不懈」「信與忠」「吾老貫」等の言辭から、王譽が貫に對して如何に信頼を寄せていたか窺える。また燕王噲が臣下の子之に讓位したことによる内亂に乘じ、王譽が貫に命じて出兵して燕を伐ち、領域を擴大したことは、『戰國策』燕策の記載を補う史料とも言える。[13]王譽は派兵による戰果の功績を稱揚して「雖有死罪、及三世無不赦、以明其德」と言う命を賜うが、貫がこの命を辭退したことを、「智爲人臣之義也」と賞贊している。ここに述べる「人臣之義」は、臣下の在り方、即ち君主に對する獻身的な態度を言うのであり、貫の態度はまさに忠臣と言うべきものであった。

また『中山王譽壺』（方壺　一九七七年河北省石家莊市平山縣三汲公社中七汲村西出土、河北省博物館藏、四五〇字）に、

（在位）十四年、中山王嚳は宰相の賈に命ず、……天は（余の）願いを厭わずに賢才良佐の賈を與え、我が身を補佐させた。余は賈が忠信であることを知っており、邦を任せた。このようなわけで、一年中の飲食（の供給）に心配することが無くなった。（賈は）志を竭くし忠を盡くして君主（余）を助け、二心を抱かずに任を受けて邦を助け、日夜怠らずに賢者や有能者を任用し、休息せずに我が威光を明らかにした。……賈は言った、「臣下（燕の子之）なるに却って君主（燕王噲）を臣下とする、これより不祥なことは無い。我が君と覇を争い、（天子の）朝覲に諸侯等の年長者と共に與ること、臣は見るに忍びない。（臣）賈は、願わくば大夫等に従って燕の境域を安寧にせん」と。そこで甲冑を身にまとい、順わざる（燕）を誅伐した。燕の古君噲と新君子之は、禮義を用いず、順逆を顧みなかったので、邦を滅ぼし身は死するも、ついに一人の救援も無かった。そこで（賈は燕の）君臣の位、上下の體（本質・體裁）を定め、幸に成功して、（中山國の）領域を廣めることができた。天子はその功績を忘れずに、大夫を遣わして仲父（賈）を策賞し、諸侯は皆慶賀した。〔唯十四年、中山王嚳命相邦賈、……天不斁其有願、使得賢才良佐賈、以輔相厥身。余知其忠信也、而專任之邦。是以遊夕飲食、寧有遽惕。賈竭志盡忠、以左右厥辟、不貳其心、受任佐邦、夙夜匪懈、進賢措能、無有常息、以明辟光。……賈曰、爲人臣而反臣其主、不祥莫大焉。將與吾君竝立於世、齒長於會同、則臣不忍見也。賈願從在大夫、以靖燕疆。是以身蒙甲冑、以誅不順。燕故君子噲新君子之、不用禮義、不顧逆順、故邦亡身死、曾無一夫之救。遂定君臣之位、上下之體、休有成功、創闢封疆。天子不忘其有勛、使其老策賞仲父、諸侯皆賀。〕

とあり、中山王嚳が臣下の賈に國政を任じ、臣主の位を替えた燕王噲と臣下の子之を征伐させ、中山國の領域を擴大し、この功績に對して天子が賈（仲父）を褒賞し、諸侯がこれを慶賀したことを記す。中山王嚳自らが賈に對して「知其忠信」「竭志盡忠」「不貳其心」等と賞贊していることから、賈が如何に忠臣であったかが窺える。また『中山胤嗣好蚉圓壺』（圓壺　一九七七年河北省石家莊市平山縣三汲公社中七汲村西出土、河北省博物館藏、一八二字）に、

（嚳の）胤嗣好蚉は明らかに告げる、……また賢才良佐の司馬賈を得て、重用して邦を任せた。燕は無道にして上（君主）を替え、（臣下の）子之は邪僻不義にして、却って君主（燕王噲）を臣下とした。これは司馬賈を詰めより怒らせ、安寧することができず、ついに軍を率いて燕を征伐し、大いに邦の領土を廣め、百里四方は邦の根幹となった。〔胤嗣好蚉敢明揚告、……有・又得賢佐司馬賈、而重任之邦。逢燕無〕道易上、子之大僻不義、反臣其主。惟司馬賈靳詻怒怒、不能寧處、率師征燕、大啓邦宇、方數百里、惟邦之幹。〕

とあり、嚳の嗣子好蚉が賈の燕征伐による領土擴張を賞贊している。このことは、賈が親子二代の中山王にとって如何に信任厚い忠臣であったか理解できる。

ここに掲げた『中山王嚳鼎』の「忠臣」や「信與忠」、『中山王嚳壺』の「忠信」や「盡忠」は、金文資料に見る〈忠〉字の最古の例であり、銘文の作られた戰國中期に於いて、〈忠〉字は既に臣下の君主に對する道德觀念

を表す字に用いていたことが分かる。

五　戰國後期の忠臣 ――『荀子』及び出土資料に見る――

『荀子』の成立年代は秦漢時代に亙っており、各篇の成立や作者に再考の余地を殘すが、ひとまず戰國晩期の荀子の著作と見ておく。『荀子』には臣下の君主に仕える心構えを説く臣道篇があり、そこには次のようにある。

命に逆らいながらも君主の利益を計る、これを忠と言う。……爲政の過失が國家存亡の危機を招くことがあり、大臣や君主の親族が君主に進言し、聽き入れられればよいが、聽き入れられなければ立ち去ることがある、これを諫（君主を諫める）と言う。また君主に進言し、聽き入れられればよいが、聽き入れられなければ争って死ぬことがある、これを争（君主と争う）と言う。また知力を結集して大臣役人らを統率し、一丸となって君主の過失を矯正すれば、君主は不安となるが聽き入れないわけにはいかず、結局は國家の大患・大害を取り除き、君主の尊嚴と國家の安泰を成し遂げることがある、これを輔（君主を輔ける）と言う。また君主の命令に反抗し、君主の權威を盗み取り、君主の爲政に反對し、そのことで國家の危機を救い、君主の恥辱を取り除き、その功績は國家の大きな利益を齎すに十分なことがある、これを拂（災難を拂う）と言う。故に諫争輔拂の人は、社稷（國家）を支える臣であり、國君の寶である。〔逆命而利君、謂之忠。……君有過謀過事將危國家殞社稷之懼也、大臣父兄、有能進言於君、用則可、不用則去、謂之諫。有能進言於君、

用則可、不用則死、謂之爭。有能比知同力、率羣臣百吏、而相與彊君撟君、君雖不安、不能不聽、遂以解國之大患、除國之大害、成於尊君安國、謂之輔。有能抗君之命、竊君之重、反君之事、以安國之危、除君之辱、功伐足以成國之大利、謂之拂。故諫爭輔拂之人、社稷之臣也、國君之寶也。〕

ここには臣下の心構えとして〈忠〉を重要な要素として取り上げている。同じ〈忠〉でも〈諫〉(君主を諫める)より〈爭〉(君主と爭う)、〈爭〉より〈輔〉(君主を輔ける)、〈輔〉より〈拂〉(災難を拂う)が評價の度合いが高く、〈拂〉に至っては「竊君之重」も辭さない。君主や國家の利益のためには「命に逆ら」い「諫爭輔拂」する人が國家や君主にとっての忠臣と評價されている。

また『荀子』には先秦の諸文獻と同樣に、〈忠〉と〈信〉とを重視して「忠信」と熟して説くことが多い。性惡篇に、

(人の性質は)生まれたときから惡である。その性質によるから、他人を傷つけ損なうことが生じ、忠信が無くなる。〔生而有疾惡焉、順是故殘賊生而忠信亡焉。〕

とあり、「殘賊」と「忠信」とが對語として述べられている。「殘賊」は他人を傷つけ損なう意味であるから、對語としての「忠信」は、己の眞心に從い他人を思いやり信賴(信用)される意味である。〈忠〉は自分の心に背かない(欺かない)ことであり、〈信〉は他人に對して噓僞りが無いことであるから、「忠信」には、自己の心情を推し量って他者に及ぼす意識が働いており、他者との關係を重視していることが理解できる。卽ち「忠信」は

上述した「忠恕」（『論語』里仁篇）と同様の意味を有し、〈信〉は〈恕〉に換言しても差支えない。

『荀子』とほぼ同時期の出土資料に、楚墓から出土した『郭店楚墓竹簡』がある。その「唐虞之道」に、

昔、舜は父の瞽盲（瞽叟）に篤く仕え、孝行者となり、忠を盡くして堯に仕え、臣下となった。親を愛し賢者を尊ぶこと、舜がその人である。……だから瞽盲（瞽叟）の子であっても孝を盡くし、堯の臣下となって忠を盡くした。堯は天下を譲って舜に授け、（舜は）南面して天下の王となり、立派な君主になった。ゆえに堯が舜に譲ったわけは、このようであったからである。〔古者虞舜篤事瞽盲、乃弋其孝、忠事帝堯、乃弋其臣。愛親尊賢、虞舜其人也。……故其爲瞽盲子也、甚孝、秉（及）其爲堯臣也、甚忠。堯禪天下而授之、南面而王天下、而甚君。故堯之禪乎舜也、如此也。〕

とあり、古帝王舜の堯に對する忠臣ぶりを述べ、堯が舜に禪讓する理由の一に忠臣であることを掲げている。これは理想的な君臣間の在り方が普遍であることを述べたもので、「唐虞之道」が當時の臣下の在り方を示す手本にもなっていたことが分かる。また「六德」に、

（大夫の）子弟で才藝の大なる者は大官（高官）に、才藝の小なる者は小官に就け、これに因って俸祿を授ける。彼等を生かすことも殺すこともできる、これを君と謂う。義を以て人を使うことが多い。義は、君の德である。……全身全靈を盡くして憚らず、死を賭してその身を愛しまない、これを臣と謂う。忠を以て人に仕え

ることが多い。忠は、臣の徳である。……君主が君主らしくなく、臣下が臣下らしくないのは、混乱が起こる理由である。〔子弟大才藝者大官、小才藝者小官、因而施祿焉。使之足以生、足以死、謂之君。以義使人多。義者、君德也。……勞其臟腑之力弗敢憚也、危其死弗敢愛也、謂之〔臣〕。以忠事人多。忠者、臣德也。……君不君臣不臣昏所由作也。〕

とあり、〈義〉が臣下を使う君主の德、〈忠〉が君主に仕える臣下の德であることを述べ、〈忠〉が「勞其臟腑之力弗敢憚也、危其死弗敢愛也」の行爲であることを述べている。ここには「死君難、臣道也」(『穀梁傳』桓公十一年)という從屬的道德觀念が感じられる。しかし、同じ『郭店楚墓竹簡』の「魯穆公問子思」に、

魯の穆公が子思に問うた、「どのような者が忠臣と言えるか」と。子思が答えた、「常に君主の惡を諫める臣下は、忠臣と言えましょう」と。穆公は喜ばなかった。(子思は)會釋して退いた。成孫弋なる者が會見した。穆公は言った、「以前、余は忠臣について子思に問うたら、子思は『常に君主の惡を諫める臣下は、忠臣と言えましょう』と言ったが、余はこれがよく分からず、納得がいかない」と。成孫弋は言った、「ああ、なんと善き言葉か。君主のために身を殺す(惜しまない)者は、居りましたが、常に君主の惡を諫める臣下は、まだ居りません。君主のために身を殺す者は、俸祿や爵位を要める者です。義のために俸祿や爵位を遠ざけること、子思の他に、私は、俸祿や爵位を遠ざける(眼中に無い)者です。義のために俸祿や爵位を遠ざけること、子思の他に、私は聞いたことがございません」と。〔魯穆公問於子思曰、何如而可謂忠臣。子思曰、恆稱其君之惡者、可謂

忠臣矣。公不悅。揖而退之。成孫弋見。公曰、向者吾問忠臣於子思。子思曰、恆稱其君之惡者、可謂忠臣矣。寡人惑焉而未之得也。成孫弋曰、噫、善哉言乎。夫爲其君之故殺其身者、嘗有之矣。恆稱其君之惡者、未之有也。夫爲其君之故殺其身者、要祿爵者也。恆〔稱其君〕之惡〔者、遠〕祿爵者〔也。爲〕義而遠祿爵、非子思、吾惡聞之矣。〕

とあり、「恆稱其君之惡」の行爲が淸廉な臣下の在り方で、「爲其君之故殺其身」の行爲は、爲《ため》にする行爲と捉えている。魯の穆公（在位前四〇七～前三七六）や子思の時代は、戰國時代前半ではあるが、「魯穆公問子思」の書かれた戰國時代の後半から晩期にかけても、諫言が忠臣の重要な要素であったことが分かる。このことは上述の『荀子』臣道篇に見た通りであり、諫言については下に詳述する。

戰國時代末から秦代に至る墓葬から出土した『睡虎地秦墓竹簡』の「語書」に、

今、法令が已に布かれたのに、役人や民が自分の利益のために法を犯して止めず、低俗なことを好む氣持が變わらず、宰相等役人がそれを知っても問題にしない。これは明らかに君主の明法を避け、邪僻の民を養成することである。このようであれば、臣下もまた忠を盡くさなくなる。〔今法律令已布、聞吏民犯法爲閒私者不止、私好鄕俗之心不變、自從令丞以下知而弗擧論。是卽明避主之明法也、而養匿邪僻之民。如此、則爲人臣亦不忠矣。〕

とあり、當時の大臣や官僚等が如何に腐敗していたか窺うに足る資料である。これは上に立つ者が法を遵守して清潔な政治を行うことによって、下にいる臣下が忠を盡くすことができる、と言うことを述べている。君臣共に清廉な政治を行うことについては、『睡虎地秦墓竹簡』の「爲吏之道」に、

寛容で忠信を持ち、爭わず怨まず、……忠を根幹とし、愼んで事に臨み、事終わればよく考え、……役人には五善がある。一に曰く、忠信を以て君主を敬い、……君主は（臣下を）いつくしみ（惠み）、臣下は忠を盡くし、父は（子を）慈しみ、子は孝行し、……君主がいつくしみ、臣下が忠を盡くし、父が慈しみ、子が孝行する、これこそ爲政の基本である。〔寛裕忠信、和平毋怨、……以忠爲榦、愼前慮後、……吏有五善。一曰、忠信敬上、……爲人君則惠、爲人臣則忠、爲人父則慈、爲人子則孝、……君惠臣忠、父慈子孝、政之本也。〕

とある。また同時期の秦簡に『嶽麓書院藏秦簡』があり、その「爲吏治官及黔首」（『嶽麓書院藏秦簡』壹）に、

寛容で忠信を持ち、爭わず怨まず、……役人には五善がある。一に曰く、忠信を以て君主を敬い、……君主は（臣下を）いつくしみ、臣下は忠を盡くし、父は（子を）慈しみ、子は孝行し、……死ぬまであやまちは無い。〔寛裕忠信、和平毋怨、……吏有五善。一曰、忠信敬上。……爲人君則惠、爲人臣〔則〕忠、爲人父則慈、爲人子則孝、……終身毋咎。〕

とあり、「爲吏之道」とほぼ同様の内容を示している。秦簡に見る〈忠〉は、父子道德の〈孝〉よりも先に解いており、戰國末（晩期）に於ける君臣道德は、父子道德に比べて重要度が增していることが分かる。

六　諫言と忠臣

諫言が忠臣の重要な要素であったことは、上述した通りである。ここでは諫言についての事例を考察しながら、先秦時代の忠臣の在り方を見る。

『詩經』檜風・羔裘に、

羊の外套（毛皮）を着てぶらぶらし、狐の外套を着て朝廷に臨む。〔羔裘逍遙、狐裘以朝、〕
君を思わないことがあろうか、心配でたまらない。〔豈不爾思、勞心忉忉。〕
羊の外套（毛皮）を着て歩き回り、狐の外套を着て正殿に居る。〔羔裘翱翔、狐裘在堂、〕
君を思わないことがあろうか、我が心は憂い傷む。〔豈不爾思、我心憂傷。〕
羊の外套（毛皮）は脂を塗ったように、日の出に輝くばかり。〔羔裘如膏、日出有曜、〕
君を思わないことがあろうか、心は悼み哀しむ。〔豈不爾思、中心是悼。〕

とあり、詩序に主旨を述べて、

「羔裘」は、臣下が諫言しても聽入れられなければ、君主から去る（ことを詠う）。檜は小國で外國に干渉されているのに、君主は方策を用いず、衣服を着飾ることだけを好み、ぶらぶらと遊んでばかりで、政治に勵むことができない。そこでこの詩を作った。〔羔裘、大夫以道去其君也。國小而迫、君不用道。好絜其衣服、逍遙遊燕而不能自強於政治、故作是詩也。〕

と言い、臣下の諫言を聽入れない無道の君主から去ったことを詠った詩と見なす。詩序は前漢になって附けられたものと推測されるので、詩の本來の意を汲んでいないことが多い。後漢の鄭玄の箋にも、

三たび諫めても（君主が）從わなければ、放逐されることを待ってから去る。これほどまでに君主を思っている（心配している）。〔三諫不從、待放而去、思君如是。〕

とあり、詩序の見解を受けて解釋し、さらに「待放而去」という意見を附加え、君主を心配しながらやむなく去るという忠臣を想定している。確かに詩の「豈不爾思、勞心忉忉」「豈不爾思、我心憂傷」「豈不爾思、中心是悼」等は君主に對する臣下の眞心を感じる。實際に檜は春秋時代の初めに鄭の武公に滅ぼされ併合されているから(14)、「羔裘」の詩はこの歴史的背景を反映していると言えよう。

鄭玄の言う「三諫」については、古典文献に散見するので、以下に事例を掲げて考察する。『禮記』曲禮篇下に、

臣下としての禮は、はっきり諫めないこと。三たび諫めても聴き入れられなければ、君主から去る。〔爲人臣之禮、不顯諫。三諫而不聽、則逃之。〕

とあり、諫言を臣下の禮と捉え、「不顯諫」や「三諫而不聽、則逃之」を禮の規定として掲げている。『春秋』莊公二十四年に「冬、戎が曹に侵入。曹羈が陳に亡命した。〔冬、戎侵曹。曹羈出奔陳。〕」とあり、これについて『公羊傳』に、

曹羈とは何か。曹の大夫である。曹に大夫はいない〔册命されていない〕のに、どうして〔「曹羈」と大夫扱いで〕記されているのか。賢者だからである。どうして曹羈を賢者とするのか。戎が曹に侵入しようとしたとき、曹羈は諫めて言った、「戎は大勢で義も有りません。君はどうか敵對しませぬように」と。曹伯は言った、「それはならぬ」と。三たび諫めても從わなかったので、とうとう去った。故に君子〔孔子〕は君臣間の義〔在り方・立場〕を得た行爲と評價した。〔曹羈者何。曹大夫也。曹無大夫、此何以書。賢也。何賢乎曹羈。戎將侵曹、曹羈諫曰、戎衆以無義。君請勿自敵也。曹伯曰、不可。三諫不從、遂去之。故君子以爲得君臣之義也。〕

とあり、「三諫不從、遂去之」の曹羈を「賢者」とし、その行爲を「君臣之義」を得た行爲と評價する。そこに

は死を賭して諫める嚴しい君臣關係は見いだせない。『左傳』宣公二年に次のような事例がある。晉の靈公の横暴を諫めようとする宰相の趙盾に大臣の士季（士會）が、

（あなたが）諫めても聽き入れられなかったら、繼いで諫める者がいません。先ず私（士季）に諫めさせてください。それでも聽き入れられなかったら、あなたが繼いで諫めてください。〔諫而不入、則莫之繼也。會請先、不入、則子繼之。〕

と言う。靈公は二人の諫めに對して一時的に改めた振りをするが、直ぐに横暴な振舞いに戻り、煩く諫言する趙盾に刺客を送り暗殺しようとするが失敗、更には宴席に招いて殺そうとするも失敗。趙盾は亡命しようとするが、出國寸前で靈公が暗殺される。この事例には、君主の非を諫めはするが、命を賭してまで諫めない、君臣間の微妙な關係が讀み取れる。

また『孟子』公孫丑篇下に次のような事例がある。

孟子は齊の蚳鼃に言った、「あなたが靈丘の村役人を辭めて士師を希望したのは、理由があるに違いない。それは士師に就けば王に諫言できるからでしょう。しかるに今、士師に就いて既に數ヶ月。まだ諫言していないのですか」と。そこで蚳鼃は王を諫めたが用いられなかったので、士師の職を辭して立ち去った。齊の人は言った、「蚳鼃のために言ったのなら結構なこと。では自分（孟子）はどうなのか、私は知らないが」と。

公都子がそのことを告げた。孟子は言った、「私の聞くところでは、有職者はその職責を果たせなければ、職を辭して立ち去り、諫言の責務ある者は諫言が用いられなければ立ち去る、と。私には職責も諫言の責務もない。だから私の進退は余裕綽綽ではないか」と。〔孟子謂蚳鼃曰、子之辭靈丘而請士師、似也。爲其可以言也。今既數月矣。未可以言與。蚳鼃諫於王而不用、致爲臣而去。齊人曰、所以爲蚳鼃、則善矣。所以自爲、則吾不知也。公都子以告。曰、吾聞之也。有官守者、不得其職則去。有言責者、不得其言則去。我無官守、我無言責也。則吾進退、豈不綽綽然有余裕哉。〕

とあり、「士師」という諫言の專門職がいたことが分かる。「言責者」は「士師」を指すのであろう。孟子の活躍した戰國中期には、君主に諫言して聽入れられずに職を辭して去る行爲は、普通に行われていたことが分かる。『左傳』や『孟子』に見たように、春秋時代から戰國時代に亙り、諫言は臣下の執るべき重要な任務であり、君主が諫言を受入れない場合は君主から去ることが許されていた。

結　論

先秦時代に於いては、君主に對して忠であることが臣下の在り方の重要な要素であったことは、上に見てきた通りである。臣下の忠は、秦漢帝國成立後も同様に重要であったが、その持つ意味合いに相違があった。また先秦時代と言っても周王朝だけでも凡そ八百年閒の歴史があり、時代や地域、或いは情況よって忠臣の在り方も異なった。西周時代には封建制が施行され、諸侯國が分立して各國に君臣關係が成立したが、まだ周室の權威が保持されていたので、諸侯等はみな周王の臣下であった。東周時代に入ると周室の權威が地に落ち、諸侯等が力を附けて臺頭し、各國の君臣間の結付が強まった。また社會制度や政治制度、或いは宗法制度や血縁關係等によっても君臣間の情況が異なり、一概に時代により君臣間の道德觀念を斷定することは難しい。拙稿では、試みに、時代に分けて忠臣の在り方を考察した。

西周時代の忠臣については、西周後期、厲王期の金文資料を取上げた。そこには厲王の重臣武公が厲王の命を受け、また武公の臣下の禹や多友が武公の命を受け、忠を盡くして戰果を擧げたことが記録されていた。西周時代はまだ周室の權威が保持され、周王に對して忠誠でなければならなかった。また戰爭という情況下に於ける君臣關係は生死を賭しているため、平常の君臣關係より嚴しいものとなっている。

春秋前期の忠臣については、『左傳』と『穀梁傳』に記された晉の驪姫の亂を取上げ、その亂に巻込まれて死んだ荀息と里克を例に、忠臣としての在り方を考察した。荀息も里克も自分の守立てた奚齊や世子申生の死に際に殉死していない。ここには忠臣としての緩やかさ（希薄さ）を感じ、君臣間の結付はあまり嚴しくなかったことが窺える。

春秋後期から戰國前期にかけては『論語』を取上げ、〈忠〉の多様性を窺うことができた。そこには臣下の君主に對する〈忠〉の他に、君主の臣下や庶民に對する〈忠〉も示され、〈忠〉の對象が君主に限定されるのは、後になってからであることが分かった。また君主に對する〈忠〉は、君主の態度如何によって變化することも分かった。『論語』に見える〈忠〉は、〈仁〉を内向きに捉えた感情表現であり、己の眞心に從い他人を思いやることであり、孔安國の言う「盡忠節、不愛其身」のような從屬的獻身的な意味はなかった。これは『論語』の成立當時まだ君臣道德が嚴しく規定されていなかったからである。

戰國中期は中山王墓出土「平山三器」を取上げ、幼君の嚳を補佐した宰相貫の獻身的な行動を考察した。銘文に記す「忠臣貫」「臣主之義、夙夜不懈」「信與忠」「吾老貫」等の言辭から、王嚳が貫に對して忠臣としての信頼を寄せていたことが窺えた。また貫の戰果の功績を稱揚して賜うた命を辭退したことについて、王嚳は「智爲人臣之義也」と言って「人臣之義」を心得た貫の獻身的な態度を賞賛している。父子二代の中山王に仕えた貫は、蜀漢の劉備・劉禪二代に仕えた諸葛孔明のイメージと重なる。

戰國後期には『荀子』と出土文獻とを取上げた。『荀子』臣道篇に、臣下の心構えとして〈忠〉を重要な要素とし、「諫爭輔拂の人」が國家や君主にとっての忠臣と評價され、〈諫〉（君主を諫める）より〈爭〉（君主と爭う）、〈爭〉より〈輔〉（君主を輔ける）、〈輔〉より〈拂〉（災難を拂う）が評價の度合いが高く、〈拂〉に至っては「君主の權威を盜み取る」ことも辭さない。このような君臣關係は絶對君主制の下においては有得ないことで、先秦時代の思想であることが分かる。

『郭店楚墓竹簡』の「六德」に、〈忠〉は「全身全靈を盡くして憚らず、死を賭してその身を愛しまない」行爲であることを述べているが、同じ『郭店楚墓竹簡』の「魯穆公問子思」には「君主の惡を諫める」行爲が清廉な臣下の在り方で、「君主のために身を殺す」行爲は、爲《ため》にする行爲と捉えている。同時代に書かれた文獻に一見矛盾するような君臣道德が述べられているが、「魯穆公問子思」の忠臣の評價基準は「祿爵」を要めるか否かに因り、「六德」の君臣道德と矛盾するものではない。戰國末には既に「君主の災難に死ぬことが、臣下の道（生き方）である」（『穀梁傳』桓公十一年）という從屬的道德觀念が見え始める。

また秦簡には、君主が淸廉であることにより臣下が忠を盡くすことが述べられており、父子道德の〈孝〉よりも君臣道德の〈忠〉を先に述べている。これにより戰國末（晩期）に於ける君臣道德は、父子道德に比べて重要度が增していることが分かる。

上述の『荀子』臣道篇や『郭店楚墓竹簡』の「魯穆公問子思」には、諫言が忠臣の重要な要素であることを述べており、『禮記』曲禮篇下には、諫言を臣下の禮と捉え、「はっきり諫めない」ことや「三たび諫めても聽き入れられなければ、君主から去る」ことを、禮の規定として掲げている。『公羊傳』莊公二十四年には、「三たび諫めても從わなかったので、遂に去った」曹羈を「賢者」とし、「君臣の義」を得た行爲と評價し、『左傳』宣公二年には、晉の靈公を諫める宰相趙盾との君臣間の微妙な驅け引きが讀み取れる。曹羈と趙盾いずれも死を賭して嚴しく諫めることはしない。また『孟子』公孫丑篇下に見たように、「士師」という諫言の專門職がおり、君主に諫言して聽き入れられずに職を辭して立ち去る行爲は、普通に行われていたことが分かる。

『左傳』や『孟子』に見たように、春秋時代から戰國時代にかけて、諫言は臣下の執るべき重要な任務であり、君主が諫言を受けない場合はその任を辭して去ることが許されていた。これは漢代以降の君臣間の嚴しい秩序の中では實行し難いことであり、「三諫而不聽（從・用）則去」は先秦時代の君臣道德として機能していたことが分かる。

「序論」で述べたように、『穀梁傳』は鄭の君主の廢立を容易に行った宰相の祭仲を非難しているが、『公羊傳』には、祭仲とは何か。鄭の宰相である。どうして名を記さないのか。賢者であったから。どうして祭仲を賢者とするのか。權（臨機應變）を知るから。……古人の權ある者は、祭仲の權がこれである。〔祭仲者何。鄭相也。何以不名。賢也。何賢乎祭仲。以爲知權也。……古人之有權者、祭仲之權是也。〕

とあり、緊急事態に卽應した權、すなわち臨機應變の措置を實行した祭仲を賢者として賞贊する。『穀梁傳』は君權強化を背景にした漢代的思想により、君臣間の嚴しい結付きから臣下の專斷を許さない。これに對して『公羊傳』は、小國分立を背景にした先秦時代の思想と見ることができ、君臣間の緩やかな結付きを容認し、臣下の權を許す。この權について、何休の注（公羊傳解詁）に

權は、稱（分銅）のこと。輕重をはっきり別けるもの。祭仲が國は重く君は輕いことを知っていることに喩えた。〔權者、稱也。所以別輕重。喩祭仲知國重君輕。〕

とあり、漢代の君主（皇帝）は卽ち國家、國家は卽ち君主（皇帝）というような、君主が國家と同等に重きをなしている時代と異なり、先秦時代の諸侯國の君主は國家よりも輕い存在であった。國家が滅亡すれば君主も廢されるが、君主が廢されても國家は存續する。漢代の皇帝という絶對君主の下では、臣下の君主に對する意識は否應なく高まるが、先秦時代の君主の下では、臣下の君主に對する意識はそれほど緊迫してはいない。

これを要するに、先秦時代の忠臣は、様々な情況によって、孔安國の注に見たような「忠節を盡くして、其の身を愛《おし》まず」と言う「忠義」「忠節」の忠臣もいるが、總じて、『論語』に見たような、己の眞心に從って他人を思いやり、君主の清廉な態度に感じる（報いる）忠臣であり、「三諫而不聽（從・用）則去」と言う、君主に對して身を挺して盡くす忠臣では無かったことが理解できる。

〈注〉

1 穀梁傳の漢代的性格を述べた代表的な論考に重澤俊郎「穀梁傳の思想と漢の社會」（『支那學』一〇―二、一九四〇年）がある。

2 殷の紂王の時に鄂侯は三公の一として重視されていたことが『史記』殷本紀に見え、また『噩侯馭方鼎』に、鄂侯馭方が厲王の宴席にて共に飲酒し賞賜されたことが記録され、厲王に重視されていたことが窺える。

3 西周厲王期に淮夷の叛亂があったことは、『後漢書』東夷傳に「厲王無道、淮夷人寇、王命虢仲征之、不克」とあり、や『虢仲盨』に「虢仲以王南征、伐南淮夷」とあることからも窺える。『禹鼎』に見える鄂侯の叛亂が『後漢書』東夷傳『虢仲盨』に記録される淮夷の叛亂か否かは不明であるが、厲王の暴政の隙を突いて、叛亂がたびたび起きていたことを徵することができる資料である。

4 武公の名は『敔簋（三）』に「唯王十又一月、王格于成周大廟、武公入右敔、告禽。馘百・訊四十」、『南宮柳鼎』に「唯王五月初吉甲寅、王在康廟、武公右南宮柳、卽立中廷、北嚮」とあり、敔や南宮柳と同時期の人物であり、厲王から獻俘の禮（告擒の禮）の介添（右）に任命されている。

5 禹の名は『叔向父禹簋』にも見える。『禹鼎』の初めに禹の先祖の「皇祖穆公」「聖祖幽大叔」「考懿叔」等の名が見え、その下文に「政于井邦」とあることから、徐仲舒は、代々畿内の井（陝西省鳳翔縣の南部）の領主であったと推定している（「禹鼎的年代及其相關問題」『考古學報』、一九五九年）。また郭沫若は、禹を『詩經』十月之交の「師氏楀」に比定している（「叔向父禹毀」『兩周金文辭大系圖錄攷釋』科學出版社、一九五八年）。

6 「叀」について、白川靜は「惠の初文。ただ字は惠恤の意ではなく、張宏の義に用いる。……これを固持して張皇する意で、惠恤の意は後起のものである」とし、訓讀では「いましめて」とルビを振っている（「一六二、禹鼎」『白鶴美術館誌』第二七輯、一九六九年九月）。

7 玁狁が南下して屢々周の領土に侵入してきたことは、『兮甲盤』『虢季子白盤』『不其簋』（三器とも宣王期）等の金文資料に散見し、『詩經』小雅・采薇に「靡室靡家、玁狁之故」とあり、侵入被害の甚大であったことが窺える。

8 『論語』の成立については、從來から各篇各章ごとの成立年代を特定する研究が行われており、日本では武内義雄の『論語之研究』（岩波書店、一九三九年一月初版、『武内義雄全集』角川書店、一九七三年、所收）が有名であり、後半十篇は孔子との關係が希薄であることを論じている。

9 『郭店楚墓竹簡』忠臣之道に「（君主は）忠が積もれば（民に）親しまれ、信が積もれば信頼される。忠信が積もっても親しみ信頼しない民は、有ったためしがない。（忠積則可親也、信積則可信也。忠信積而民弗親信者、未之有也）」とあり、君主が庶民に忠（眞心）を盡くし信（信用）を積むことによって、庶民が君主に親しみ信頼することを述べており、〈忠〉や〈信〉の對象が庶民になっている。

10 『郭店楚墓竹簡』忠臣之道に「忠は、仁の實である（忠、仁之實也）」とあり、〈忠〉は〈仁〉の具現化した實體（内實）と捉えている。

11 青銅器の銘文は、鑄込まれたものが大半であるが、中山王墓出土の青銅器、特に「平山三器」と呼ばれる『中山王嚳鼎』（大鼎）・『中山王嚳壺』（方壺）・『中山胤嗣𧊒盗圓壺』（圓壺）の銘文は秀麗精緻な書體で刻み込まれている。

12 「賈」は當初「賙」字で報告されていたが、上部が「用」、下部が「貝」の字形から見ると、「賈」字に釋するのが妥當か。林宏明『戰國中山國文字研究』（臺灣古籍出版有限公司、二〇〇三年八月）には「賈」字に釋している。銘文では「忠臣賈」「吾老賈」（以上大鼎）、「相邦賈」「賢才良佐賈」（以上方壺）、「司馬賈」（圓壺）とあり、また「仲父」（方壺）とも稱しており、「相邦」即ち宰相であったことが分かり、また「司馬」姓であったことも判明する。『戰國策』中山策に記載される「司馬憙（喜）」に措定される。

13 『戰國策』燕策に「王因收印自三百石吏而效之子之。子之南面行王事、而噲老不聽政、顧爲臣、國事皆決子之。子之三年、燕國大亂、百姓恫怨。將軍市被太子平謀、將攻子之。儲子謂齊宣王、因而仆之、破燕必矣。……太子因數黨聚衆、將軍市被圍公宮、攻子之、不克。將軍市被及百姓乃反攻太子平、將軍市被死已殉、國構難數月、死者數萬衆、燕人恫怨、百姓離意。孟軻謂齊宣王曰、今伐燕、此文武之時、不可失也。王因令章子將五都之兵、以因北地之衆以伐燕。士卒不戰、城門不閉、燕王噲死、齊大勝燕、子之亡」とあり、『史記』燕召公世家に「王因收印自三百石吏已上而效之子之。子之南面行王事、而噲老不聽政、顧爲臣、國事皆決於子之。三年、國大亂、百姓恫恐。將軍市被與太子平謀、將攻子之。諸將謂齊湣王曰、因而赴之、破燕必矣。……太子因要黨聚衆、將軍市被圍公宮、攻子之、不克。將軍市被及百姓反攻太子平、將軍市被死以徇。因構難數月、死者數萬、衆人恫恐、百姓離志。孟軻謂齊王曰、今伐燕、此文武之時、不可失也。王因令章子將五都之兵、以因北地之衆以伐燕。士卒不戰、城門不閉、燕君噲死、齊大勝燕、子之亡」とあ

り、『戰國策』燕策と『史記』燕召公世家ともに同様の内容であり、燕の太子平に援軍を出した齊侯が燕王噲と子之を伐ったことだけが記されている。しかし、中山王墓出土「平山三器」に據り、燕征伐には中山國の活躍が大であったことが判明した。ただ、「齊侯」は『戰國策』燕策には「宣王」に、『史記』燕召公世家には「湣王」になっており、『史記』六國年表には、周の赧王元年（前三一四年）條下の燕の項には「君噲及太子相子之皆死」とあり、同年の齊の項は湣王の十年に當り、宣王歿後から短くても十年の開きがあるわけで、『戰國策』燕策と『史記』燕召公世家といずれが事實か判斷しかねる。

14 『史記』鄭世家に「桓公問太史伯曰、王室多故、予安逃死乎。太史伯對曰、獨雒之東土、河濟之南可居。公曰、何以。對曰、地近虢・鄶。虢・鄶之君貪而好利、百姓不附。今公爲司徒、民皆愛公。公誠請居之、虢・鄶之君見公方用事、輕分公地。公誠居之、虢・鄶之民皆公之民也。……桓公曰、善。於是卒言王、東徙其民雒東、而虢・鄶果獻十邑、竟國之」とあり、また『漢書』地理志下に「武公與平王東遷、卒定虢・會之地」とあり、鄶（＝檜）は鄭の桓公に領地を割かれ（前七七五）、武公に滅ぼされている（前七六九）。

四　西周銅器銘文考

微子啓と長子口

昨年の一一月二三日付けの毎日新聞（朝刊）の一面に「文獻上の人物 實在を初確認」「史記に記述「殷・紂王の兄」」と大々的に報じられたその人物とは、微子啓（漢の景帝の諱「啓」を避けて微子開とも呼ばれる）のことである。この時代の文獻に登場する人物で實在が確認されたのは初めてである。以下に新聞の記事（一一月二三日付けと一一月二九日付けの毎日新聞（朝刊））と『史記』等によって、ことの經緯を略說する。

『史記』によると、微子啓は殷王朝の最期の紂王（在位 前一〇七五〜前一〇四六）の庶兄で、[1] 暴虐なふるまいをした紂王をしばしば諫めた聽き入れられずに亡命した。[2] その後、周の武王が殷を滅ぼしたときに、殷王朝の祭器を奉じて上半身裸になり膝行して降伏した。[3] 武王は紂王の子の武庚祿父を封じて殷王朝の祭祀を存續させ、弟の管叔と蔡叔とを武庚祿父の守り役とした。[4] 武王が崩じて子の成王が若かったために武王の弟の周公旦が攝政したが、管叔・蔡叔らは武庚祿父とともに反亂を起こして周に叛いたので、周公旦は武庚祿父らを誅伐し、代わりに微子啓を宋（宋州）に封じて殷の後を繼がせた。[5]

孔子は微子啓を「殷には三人の仁者がいた」（『論語』微子篇・『史記』宋微子世家）と言って、紂王の親戚で諫めて聽き入れられずに狂人をよそおって奴隷となった箕子や、やはり紂王の親戚で直諫して殺された比干とともに、紂王の失政に對して身を以て處した殷末の仁者として評價している。

この『史記』等の文獻に登場する歴史的人物の微子啓が實在の人物であると確認されたことの發端は、一九九七年から九八年まで中國河南省商丘の南約五〇キロの鹿邑太清宮で、河南省文物考古研究所と周口市文化局によって發掘された未盗掘の西周初期の大墓から、「長子口」と鑄込まれた銘文の青銅器（圖1・2、參照）が多く出土したため「長子口墓」と名付けられ（東京大學名譽教授の松丸道雄氏の調査によると、出土した有銘青銅器五四件のうちの三七例を「長子口」と判讀。一一月二九日付けの新聞には、「四十數例」とある）、墓主は不明とされていた。[6]ところが山東省博物館研究員の王恩田氏は、「長子口」は「微子啓」ではないかと問題提起し、「長」は「微」と讀むのが正しいと論じた。[7]

この王説に對して河南省文物考古研究所は、「長」が正しく「長國」という國があったと反論し、松丸道雄氏も「長」に相違なく、王説は受け入れがたいとする一方、「微」に近似した字であることも否定できないとする（表1、參照）。さらに、一、發掘墓がかつての宋國内で發掘された、二、發掘青銅器の年代が殷から西周初期にかかっている、三、南北四九、五メートルの墓道を持ち君主クラスの大墓である、四、一三人の殉葬者が埋葬され、墓主の腰付近に死後の世界の案内役である犬と犬遣いの骨が發見されるなど典型的な殷の貴人墓である、五、「長子」は「微子」と同一人物であることが『呂氏春秋』に記載されている——等から、微子の墓であると斷定した。

松丸氏は、元來「長」であったものが、後世、漢代の古文から今文（隷書）への文獻轉寫時に「微」と誤寫したものではないかとし、また「長子口」の「口」は「啓」や「開」と意味が近いだけでなく、いずれも古代の聲母（聲紐）が同じであることから、「啓」を略して「口」と書いたものと推論する。[8]なお上記の五は、中國社會科學院考古研究所研究員の張長壽氏が指摘したもので、『呂氏春秋』誠廉篇に周の武王が微子を「長侯」に任じて殷の祭祀をさせた[9]、と記載されている。

以上が概略であるが、「長侯」に任じられた微子啓が元來「長子口」という名であると解釋するならば、古文獻に「長子口」と言う名とともに微子啓との關係性を伺わせる證據があってもよさそうなものであるが、現時點でこの名が古文獻に見出し得ないのであるから、長子口墓出土の青銅器の銘文解釋は愼重を要する必要があろう。また宋公（侯）と長侯との關係はいかなるものであるのか、いろいろと興味深い問題が提出されている。今後の發掘資料とそれによる研究とに期待したい。

〈注〉

1 『史記』殷本紀に「帝乙長子曰微子啓、啓母賤、不得嗣。少子辛、辛母正后、辛爲嗣。帝乙崩、子辛立、是爲帝辛、天下謂之紂」とあり、異母庶兄とするが、『呂氏春秋』當務篇には「紂之同母三人、其長曰微子啓、其次曰中衍、其次曰受德。受德乃紂也、甚少矣。紂母之生微子啓與中衍也、尙爲妾、已而爲妻而生紂、紂之父・紂之母欲置微子啓以爲太子、太史據法而爭之曰、有妻之子、而不可置妾之子。紂故爲後」とあり、同母庶兄とする。また「宋微子世家」には「微子開者、殷帝乙之首子而帝紂之庶兄也」とあり、庶兄と記すだけである。

2 『史記』殷本紀に「紂愈淫亂不止。微子數諫不聽、乃與大師・少師謀、遂去」とあり、また「宋微子世家」に「紂既立、不明、淫亂於政、微子數諫、紂不聽。……微子曰、父子有骨肉、而臣主以義屬。故父有過、子三諫不聽、則隨而號之。人臣三諫不聽、則其義可以去矣。於是太師、少師乃勸微子去、遂行」とある。

3 『史記』宋微子世家に「周武王伐紂克殷、微子乃持其祭器造於軍門、肉袒面縛、左牽羊、右把茅、膝行而前以告。於是武王乃釋微子、復其位如故」とある。

4 『史記』殷本紀に「封紂子武庚禄父、以續殷祀、令修行盤庚之政」とあり、「宋微子世家」に「武王封紂子武庚禄父以續殷祀、使管叔・蔡叔傅相之」とある。

5 『史記』殷本紀に「周武王崩、武庚與管叔・蔡叔作亂、成王命周公誅之、而立微子於宋、以續殷後焉」とあり、「周本紀」に「成王少、周初定天下、周公恐諸侯畔周、公乃攝行政當國。管叔・蔡叔群弟疑周公、與武庚作亂、畔周。周公奉成王命、伐誅武庚・管叔、放蔡叔。以微子開代殷後、國於宋」とあり、「魯周公世家」に「管・蔡・武庚等果率淮夷而反。周公乃奉成王命、興師東伐、作大誥。遂誅管叔、殺武庚、放蔡叔。收殷余民、以封康叔於衞、封微子於宋、以奉殷祀」とあり、「宋微子世家」に「武王崩、成王少、周公旦代行政當國。管・蔡疑之、乃與武庚作亂、欲襲成王・周公。周公既承成王命誅武庚、殺管叔、放蔡叔、乃命微子開代殷後、奉其先祀、作微子之命以申之、國于宋。微子故能仁賢、乃代武庚、故殷之余民甚戴愛之」とある。

6 河南省文物考古研究所『鹿邑太清宮長子口墓』(二〇〇〇年一一月)

7 王恩田「鹿邑太清宮西周大墓與微子封宋」(『中原文物』二〇〇二年第四期)

8 「口」は侯部溪紐、「啓」は脂部溪紐、「開」は微部溪紐で、いずれも同紐(溪紐)であることから假借可能である。ただ松丸氏は「啓」を略して「口」と書いたとするが、「微」は元來「長」であったとする氏の推論からすれば、「啓」は元來「口」であったとみるのが妥當である。したがって、「口」と「啓」の意味(ひらく)の共通性や音通(假借)によって、また「口」から「啓」への繁文(繁體)化のいずれか一つ、あるいは複數の理由によって、後世、書き改められたものと理解するのがよいのではないか。

9 『呂氏春秋』誠廉篇に「武王卽位、觀周德、……使保召公就微子開於共頭之下、而與之盟曰、「世爲長侯、守殷常祀、相奉桑林、宜私孟諸。」爲三書同辭、血之以牲、埋一於共頭之下、皆以一歸」とある。

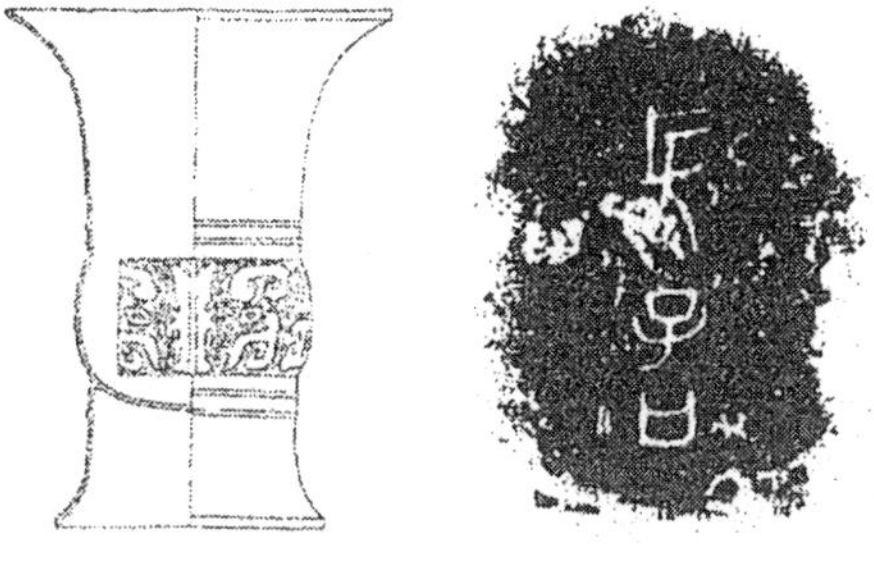

圖１　圓尊と銘文（『考古』2000 年第９期）

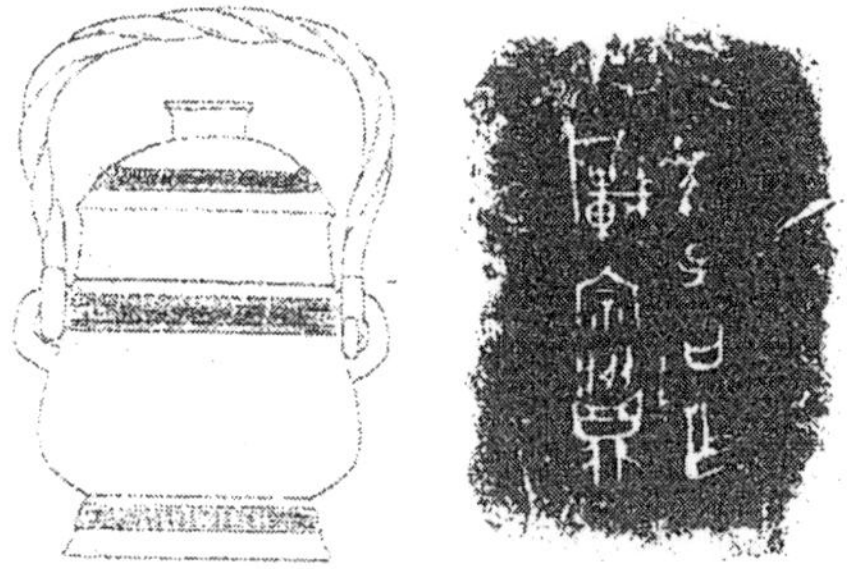

圖２　堤梁卣と銘文（『考古』2000 年第９期）

（完）徴	長	
		前13—11世紀 殷・甲骨文
		前11—8世紀 西周・金文
		前5—3世紀 戦国・古璽文

表1（松丸氏作）

青銅時代の證 ――西周晩期の青銅器群とその銘文――

昨年（二〇〇三年）一月に、中國陝西省寶鶏市眉縣楊家村から大量の青銅器が發見された。青銅器は全部で二七件あり、全てに銘文が入っていた。鑑定の結果、西周中期の一件の盂《ウ》を除く二六件の青銅器はすべて一人（名は逨《ライ》）の作で、西周時代の宣王（西周王朝一一代目の王。在位 前八二七〜前七八二）の時に造られたことが分かり、銘文には西周歴代の王の系譜や當時の社會狀況などが記されていた。この發見が一九九六年にスタートした國家的プロジェクト「夏商周斷代工程」（二〇〇〇年度人文科學研究所「所報」、參照）の研究成果を補強するであろうことは言を待たないが、「今世紀になってから最大の考古學上の發見」と位置づける研究者もおり、中國がこの發見に驚喜していることは、大衆向け雜誌の『人民中國』（二〇〇三年九月號、日本語版）に「三〇〇〇年の眠りから覺めた青銅器たち」と題して特集を組んだり、『文物』（二〇〇三年六月號）・『考古』や『考古學報』等の專門雜誌に紙面を割いて掲載していることからも窺える。特に驚いたのは、發見された同年内に青銅器全部のカラー寫眞と銘文の釋文や紋樣の拓本を載せた圖錄（『盛世吉金 ―― 陝西寶鶏眉縣青銅器窖藏』陝西省文物局・中華世紀壇藝術館編、北京出版社出版集團・北京出版社、二〇〇三年三月）が出版されたことである。この手の書籍は發見後數年を經てから出版されるのが普通であるが、發見後三ヶ月ほどで出版されたことから見れば、この發見がいかに重要視されているか理解できよう。そこで上記の書籍や雜誌に依りながら、出土狀況や青銅器およびその銘文について、その一班を紹介したい。

青銅器群が發見された眉縣楊家村は、周王朝の發祥地で、周人の故郷とも言われる「周原」地域（岐山縣・扶風縣）の南方に位置し、周原地區からは周代の建築遺構や墓、それに青銅器等を納めた窖洞（地下埋藏室）が發見されてきた。この度の青銅器群は、一月一九日に村はずれの丘で土の採取をしていた農民が、丘の削られた斜面の中腹の窖洞を發見し（圖1）、連絡を受けた寶鶏市文物局の考古隊員が緊急發掘したものであり、發掘された青銅器群はすぐさま專門家によって鑑定され、いずれも國寶級の價値があることが分かり、三月九日から北京の中華世紀壇の圓形ホールで一般公開された。

出土した二七件の青銅器は、鼎が一二件、鬲が九件、壺が二件、盤、盉、匜、盂が各一件である。鼎は一二件中一〇件が(1)「四十三年逨鼎」、殘り二件が「四十二年逨鼎」と名付けられた。これは一〇件の内壁にある同内容の銘文（三一六字、含七重文符）の冒頭に「四十又三年六月既生霸丁亥」、殘り二件の内壁にある同内容の銘文（二八〇字、含四重文符）の冒頭に「四十又二年五月既生霸乙卯」と記されているからである。「逨」は歴代周王を補佐した單氏一族の人物である。この年月・月相・干支のうちの月相とは月の形のことで、「初吉」「既生霸」「既望」「既死霸」の順に一ヶ月を四分したもので(2)、この鼎には二年連續してともに「既生霸」という月相が記されている。これは西周の暦における月相の謎を解き明かすのに新たな手掛かりを提供し(3)、宣王の時期における暦を復元するのに重要な條件を與えた。銘文の内容は、官吏に對する公正な法の執行や收賄などの汚職を戒めたり、西北の犬戎（西北の異民族）や南方の荊楚（南方の異民族）と交戰したとしている（「四十三年逨鼎」）。また、周の宣王が楊國（現在の山西省洪洞縣）を分封（王が土地を與え、諸侯に封ずること）したことにより、その地の犬戎と衝突が發生し、犬戎に對する征戰が引き起こされた、と記されている（「四十二年逨鼎」）。

鬲九件は、器の口の内壁の同内容の銘文（一一字、含二重文符）に「單叔…」とあるため「單叔鬲」と名付けられた。鼎が肉類を煮炊きするのに對して鬲は穀物を煮炊きするのに用い、西周中期以後には高級貴族の青銅器の中に鼎とセットで出土する。[4] 壺二件は、口の内壁と蓋の上にある同内容の銘文（一九字、含二重文符。蓋は一七字、無重文符）に「單五父…」とあるため「單五父壺」と名付けられた。腹部に數匹の龍が絡み合う紋様があり（圖2）、「頌壺」と同様の紋様はダイナミックである。『詩經』大雅韓奕に「清酒百壺」とあるように、壺は酒器であり、西周中期以後は二個セットで出土する。

盤は、内面にある銘文（三七二字、含一二重文符、一合文）に「逨…」とあるため「逨盤」と名付けられた。盤は注がれ水を受ける盥で、後述の盉や匜とセットで使用する。銘文の字數は、有名な「史墻盤」（二八四字）よりも八〇余字、「散盤」（三五〇）よりも二〇余字多い（圖3）。「夏商周斷代工程」の主席を務めた李學勤は、銘文の内容の重要性を、

西周王室のほぼ完全な系譜が古代文字（出土文字資料）の中に初めて出現したことである一九七六年に出土した「史墻盤」は西周の共王の時代のもので、その銘文には文王・武王・成王・康王・昭王・穆王の記載はあるが、これは西周王室の系譜のうちの前半部分だけである。…續いて（「逨盤」は）、共王・懿王・孝王・夷王・厲王について記し、さらにこの盤が鑄造された當時の王、宣王についても記している。周王朝の滅亡時の王である幽王を除いて、西周のほとんどすべての王の系譜が揃っているわけだ。これによって、司馬遷

の『史記』周本紀に記された西周王室の系譜の正確さが裏付けられた。（上記『人民中國』）

と説明する。

その他の銘文には、單氏は周王朝の貴族で、長年高位に就き、逨の一族は直系ではないのにその地位は高く、八代に亙って官職に就き、周の天子を補佐して四方に征戰し、國政に盡くしたため、車馬の恩賞を賜ったことや、逨が擔當した「虞」は、山林沼澤やその産物を管理する官職であったが、後に戰功があったために奴隷を管理する職に抜擢されたことなどを記す。

盉は、蓋の内壁にある銘文（二〇字）に「逨…」とあるため「逨盉」と名付けられた。通常は鍋のように腹が大きく三足であるが、この盉は扁平の圓鼓形をしていて、龍のような長い注ぎ口と鳳凰の蓋が付き四足である。扁平の兩腹の圓形紋様は、龍がとぐろを巻いているようにも見える（圖4）。祭祀のときに酒を入れて溫めたり水を加えて酒の濃度を調節したりする酒器として使われるのであるが、祭祀の際に水を注いで手を洗い、敬虔と清浄を表した水器という説もあり、出土時に、傍らに水を受ける盤が置かれていたことから見て、この説の可能性もある。匜は、内底の銘文（一四字）に「叔五父…」とあるため「叔五父匜」と名付けられた。『左傳』僖公二十三年に「奉匜沃盥」とあるように、盤とセットで使用する水器であり、盤の上に置かれた狀態で出土することが多い。盂は、内底にある銘文（一一字および一族徽、含二重文符、）に「…[illegible]（族徽）」とあるため「[illegible]盂」と名付けられた。やや大型の深い鉢狀の水器で、三件の鼎に次いで重い。

この青銅器群は、發見されてから一年余しか經っておらず、まだ研究の余地は十分に殘されている。考古學や古代史の研究以外、例えば、甲骨文・金文等の古文字研究にも新たな手掛かりを與えてくれるであろう。

〈注〉

1 高明は、『公羊傳』桓公二年の何休注に「天子九鼎、諸侯七、卿大夫五、元士三也」とあるのは、西周王朝の最も早い禮制で、西周晩期にはこの禮制は既に崩壊していた。「四十三年逨鼎」が九鼎ではなく一〇鼎あるのは、毎鼎三一七文字の銘文を鑄込んであるが、やや小さい二件の鼎には全文を鑄込めなかったから、二つに分けて鑄込んである。これは「天子九鼎」の數量を僭越しただけでなく、儀禮の常規を破壊したもの（「陝西眉縣出土窖藏青銅器筆談」『文物』二〇〇三年六月號）とする。

2 王國維は、「古者、蓋分一月之日爲四分。一曰初吉、謂自一日至七八日也。二曰既生霸、謂自八九日以降至十四五日也。三曰既望、謂自十五六日以後至二十二三日也。四曰既死霸、謂自二十三日以後至晦也」（「生霸死霸考」『觀堂集林』巻一）、また「古者、分一月之日爲四分。自朔至上弦爲初吉、自上弦至望爲既生霸、自望至下弦爲既望、自下弦至晦爲既死霸」（「兮甲盤跋」『觀堂集林』巻二）とする。

3 張培瑜は、『史記』に據れば宣王の四二年と四三年は紀元前七八六年と七八五年で、「四十三年逨鼎」の月相・干支は宣王四三年の暦日に合致するが、「四十二年逨鼎」の月相・干支は宣王四二年の暦日に合致しない。これは『史記』か「四十二年逨鼎」の記述に誤があるためか、あるいは「逨鼎」が宣王期の青銅器ではないのか（「陝西眉縣出土窖藏青銅器筆談」「逨鼎的月相紀日和西周年代」『文物』二〇〇三年六月號）等、いろいろな問題點を指摘している。

4 『禮記』祭統に「三牲之俎、八簋之實」とあり、「三牲」とは牛・羊・豕のことで、これを「大牢」と稱し、「大牢」は天子の象徴である「九鼎」と共に天子の祭祀に供した。また「祭統」の鄭玄注に「天子之祭八簋」とあり、「八簋」は「大牢」「九鼎」に配して天子の祭祀に使用した。すなわち、天子は〈九鼎八簋〉、諸侯は〈七鼎六簋〉、大夫は〈五鼎四簋〉、士は〈三鼎一簋〉を用いて貴族社會における等級を表すことが西周時代の慣習であり、また封建制・宗法制における嚴格なる規範でもあった。從って〈九鼎八簋〉は本來天子の禮制である。ところが戰國時代初期の諸侯である曾侯乙の墓（湖北省隨縣擂鼓墩一號墓）から〈九鼎八簋〉が出土したことにより、列鼎制度の崩壞がかなり進んでいたことが證明された。更に遡る西周後期（宣王期）の楊家村出土の「四十三年逨鼎」一〇件及び「單叔鬲」九件は、〈九鼎八簋〉の代わりに「鼎」に「鬲」を配して〈十鼎九鬲〉とした可能性があり、春秋時代の諸侯である鄭の遺跡（新鄭鄭韓故城東城偏西南部）から〈九鼎八簋八鬲〉が出土したことにより、その可能性は高まった。ただ、楊家村出土の銅器群は周王（宣王）に仕えた單氏が使用したものであり、單氏の身分は大夫（あるいは諸侯）であろうから、〈十鼎九鬲〉は、高明氏の言うように、數量の上でも天子を「僭越」しており、列鼎制度の「常規を破壞したもの」であり、「西周晩期にはこの禮制は既に崩壞していた」と言う指摘は、妥當と言えよう。

圖１　窖藏青銅器の出土情況（『楊家村西周遺址』より）

圖２　單五父壺（『盛世吉金 ―陝西寶鷄眉縣青銅器窖藏』より）

圖３　逨盤の銘文（『楊家村西周遺址』より）

圖４　逨盉（『盛世吉金 ―陝西寶鷄眉縣青銅器窖藏』より）

西周時代の晉侯 ——『覞公簋』銘文の「唐伯」は誰か——

「在北京博物館藏青銅器の調査報告」（二〇〇六年度人文科學研究所「所報」）の中で、山西省曲沃縣天馬—曲村遺址の北趙晉侯墓出土の青銅器銘文には墓主が晉侯であることを表すものが多く、『文物』（一九九三年第三期・一九九四年第八期・一九九五年第七期）の報告に據る各墓の墓主と『史記』晉世家の晉侯名・在位期間や周王の時代等に對應させた表を載せた。そこで九號墓の墓主は、『史記』晉世家に、

(成王)於是逐封叔虞於唐。…唐叔子燮、是爲晉侯。晉侯子寧族、是爲武侯。武侯之子服人、是爲成侯。成侯子福、是爲厲侯。厲侯之子宜臼、是爲靖侯。…靖侯卒、子釐侯司徒立。…釐侯卒、子獻侯籍立。獻侯十一年卒、子穆侯費王立。…穆侯卒、弟殤叔自立、太子仇出奔。…穆侯太子仇率其徒襲殤叔而立、是爲文公…

とある「武侯（寧族）」を比定した。武侯の一代前は叔虞の子燮（晉侯）であり、任偉（『西周封國考疑』社會科學文獻出版社、二〇〇四年八月）は、この晉侯燮を一一四號墓の墓主に、また晉叔家父か邦父の子を九三號墓の墓主に比定している。これに據り再び各墓の墓主名や『史記』晉世家の晉侯名等を對應させて表にすると以下のようになる。

一一四號墓	「？」	（晉侯　燮）	？　〜　？		成・康・昭王期
九號墓	「？」	（武侯　寧族）	？　〜　？		昭末・穆王期
七號墓	「？」	（成侯　服人）	？　〜　？		恭・懿王期
三三號墓	「𣓏馬」	（厲侯　福）	？　〜　前八五八		孝・夷・厲王期
九一號墓	「喜父」	（靖侯　宜臼）	前八五八　〜　前八四一		厲王期
一號墓	「對」	（釐侯　司徒）	前八四一　〜　前八二三		共和・宣王期
八號墓	「蘇」	（獻侯　籍）	前八二三　〜　前八一二		宣王期
六四號墓	「邦父」	（穆侯　費王）	前八一二　〜　前七八五		宣王期
九三號墓	「晉叔家父か邦父の子」	（文侯　仇）	前七八一　〜　前七四六		幽・平王期

近年香港で發見された『覒公簋』（圖1）に「晉侯（燮）」に比定できる銘文（圖2）が簋腹内底部に四行二二字で記載されていた。朱鳳瀚「覒公簋與唐伯侯于晉」（『考古』二〇〇七年第三期）に據って銘文の釋文を載せると、

覒公作妻姚
簋。遘于王命
唐伯侯于晉。
唯王廿又八祀。⋈

となり、その意味は「覞公は妻姚のために（この）簋を作った。ちょうどその時、周王は唐伯に命じて晉の侯とした。時は周王の廿八年。⊠」であり、文末の「⊠」は覞公の族徽號である。すなわち、この銘文は册命（周王の臣下に對する命令）が記されたもので、この銘文の「唐伯」が唐叔虞の子の「燮」に比定され、「晉侯」と稱する前は「唐伯」と稱していたことが分かる。周王は成王か康王のいずれかに當たるが、はっきりしない。また初代唐叔虞の墓が未發掘（不明）であり、この解明が待たれる。

圖１『覞公簋』（『考古』2007－３より）

圖２『覞公簋』銘文（『考古』2007－３より）

西周青銅器銘文に見る戰爭の記錄

西周王朝は殷王朝を倒して成立した王朝であり、換言すれば、西方から來た遊牧民族の周人が農耕民族の殷人に代わって天下を治めることになった、ということである。それは紀元前千數十年（夏殷周年代確定プロジェクトの發表は、紀元前一〇四六年）のことである。[1] その後、周は殷の文化に同化し、民族的にも殷人と混血して漢民族の基礎を築いていったと思われる。このことから、西周王朝は漢民族の王朝國家と言うことができ、西周時代の戰爭とは、漢民族に對する異民族（少數民族）との抗爭と言うことができよう。

殷代の甲骨文には西方の異民族の羌（姜）との戰いを記すことが多いが、周代には四方の異民族が勢力を擴大し、盛んに周の領土を侵すようになる。『左傳』僖公四年（前六五六）に次のような事例がある。

齊の桓公は諸侯の軍を率いて蔡に侵入し、蔡が潰れると、ついでに楚を伐った。楚子（成王）は使者を（桓公の）軍に派遣して言わせた、「貴君（桓公）は北海に住まわれ、わたし（成王）は南海に住んで、慕い合う牛馬の雌雄が會うこともできない（ほど遠く隔たっている）。はからずも貴君が我が地へお越しになられたのは、いかなる理由か」と。（桓公の宰相）管仲は（桓公に代わって）答えた、「昔、召康公（＝召公奭。周建國の功臣）は先君大公（＝太公望呂尚）に仰せられた、「五侯九伯、汝はこれを征伐して、周室を補佐せよ」と。

我が先君に賜った領域は、東は海に至り、西は黄河に至り、南は穆陵に至り、北は無棣に至る。汝の貢ぐべき茅の束が納められぬと、王室の祭祀に供することができず、（茅によって）酒を仕込む（滓を漉す）ことができぬ。わたし（桓公）はこれを咎め（求め）に來た。（また周の）昭王は南征したまま戻ってこられない。わたしはこれについても責問しに來た」と。（楚の使者は）答えた、「貢ぎ物が納められぬのは、我が君の罪です。きっと納めさせましょう。（しかし）昭王が戻られぬのは、どうか川邊でお尋ねください」と。〔齊侯以諸侯之師侵蔡、蔡潰、遂伐楚。楚子使與師言曰、君處北海、寡人處南海。唯是風馬牛不相及也。不虞君之涉吾地也、何故。管仲對曰、昔召康公命我先君大公曰、五侯九伯、女實征之、以夾輔周室。賜我先君履、東至于海、西至于河、南至于穆陵、北至于無棣。爾貢包茅不入、王祭不共、無以縮酒。寡人是徵。昭王南征而不復。寡人是問。對曰、貢之不入、寡君之罪也。敢不共給。昭王之不復、君其問諸水濱。〕

これは當時、周王室が地方の異民族に對し産物を貢納する義務を課していたことがわかり、楚は異民族の中の一族であった。(2) ここでは楚が周に對して貢納する義務を怠り、周王室を輕んじていたことがわかる。「昭王は南征したまま戻ってこられない」とは、西周第四代昭王は楚征伐のために南巡したが、逆に南方で消息を絶ってしまい、周王室にとって一大事が起きたことを言う。春秋時代に入って、春秋の覇者たる桓公が周王に代わって楚征伐を興したときに、昭王遭難のことを問い質したのであるが、楚王は惚けて桓公（管仲）の詰問を躱してしまう。西周時代には、南方の淮夷や北方の玁狁が臺頭していたことを青銅器の銘文から窺うことができる。

『史記』周本紀に據れば、西周第一〇代厲王は賢臣の周公・召公等を遠ざけ、佞臣の榮夷公を重用して暴政を行ったために、政治は腐敗を極め、民衆の怒りが爆發して厲王は彘（現在の山西省霍州市）に逃れ（前八四二）、周公・召公による共和制が始まった（『竹書紀年』に據れば、共伯和が諸侯に推されて政治を行った）、とする。このように、歴史上、厲王は暴君として傳えられているが、厲王期の青銅器の銘文には、厲王の重臣およびその臣下が懸命に外敵と戰ったことが記録されている。

『禹鼎』（一九四二年陝西省岐山縣〔現在は扶風縣に屬す〕任家村出土、國家博物館藏、二〇八字）に、

> 鄂侯馭方が南淮夷・東夷を率きいて、大いに南國・東國を伐ち、歴内（地名）にまで至った。厲王はやむなく宿衞軍（西六師＝近衞兵・殷八師＝夷狄討伐軍）に命じて言った、「鄂侯馭方を伐ち、老弱を問わず殲滅せよ」と。しかし宿衞軍は士氣上がらず恐れ怯えて鄂を伐つことができなかった。そこで武公（厲王の重臣）は禹（武公の臣下）に命じて兵車百臺を率い、兵車の士卒二百人・徒卒千人に言った、「吾が果敢なる戰略を以て、（失敗した）宿衞軍を憐れみ、鄂侯馭方を伐ち、老弱を問わず殲滅せよ」と。禹は武公の士卒・徒卒を率いて鄂に至り、徹底的に鄂を伐ち、幸にその君馭方を獲えた。ここに禹は戰果を擧げ、武公の輝かしい徳に報い（その偉大さを稱揚し）、大寶鼎を作った。〔唯鄂侯馭方率南淮夷・東夷、廣伐南國・東國、至于歷內。王迺命西六師・殷八師曰、撲伐鄂侯馭方、勿遺壽幼。肆師彌怵匌恇、弗克伐鄂。肆武公迺遣禹率公戎車百乘、厮馭二百・徒千、曰、于將朕肅謨、惠西六師・殷八師、伐鄂侯馭方、勿遺壽幼。雩禹以武公徒馭至于鄂、敦伐鄂、休獲厥君馭方。肆禹有成、敢對揚武公丕顯耿光、用作大寶鼎。〕

とあり、鄂侯馭方[3]が南淮夷・東夷を率きいて叛乱に及んだので[4]、厲王は配下の宿衞軍に鎭圧を命じたが失敗、厲王の重臣武公[5]は臣下の禹[6]に命じて鄂侯を伐たせた、という内容である。厲王の宿衞軍の失敗に對して憐れむ[7]氣持ちと厲王を奉じて失敗に報いる氣持ちとが、武公の戰士に對する再命から窺うことができ、「老弱を問わず殲滅せよ」と言う厲王の命辭を再命にも用いていることから、鄂侯馭方討伐の竝々ならぬ決意が感じられる。

また厲王期の青銅器の銘文で戰爭を記録した『多友鼎』（一九八〇年陝西省長安縣斗門鄉下泉村出土、陝西歴史博物館藏、二七七字）に、

十月に玁狁が竝び興り、大いに京師（陝西省豳縣・旬邑縣の間）を伐ったので、（京師から）厲王に（玁狁を）追撃してほしい旨を告げてきた。（厲王は）武公に命じて言った、「汝の士卒（元士＝上級武官）を派遣して、京師に進撃せよ」と。武公は多友（武公の臣下）に命じて兵車を率いて京師に進撃させた。癸未の日に、戎（玁狁）は旬（陝西省旬邑縣）を伐ち、ついに（旬の人を）虜にした。多友は西に追撃し、甲申の日の早朝、漆（地名）を伐ち、敵の首（折首）と捕虜（執訊）を得た。兵車に積まれた敵の首二百數十五人、捕虜二十三人、戰利品の兵車百十七臺。ついに虜にされた旬の人を解放し、また共（甘肅省涇川縣付近）を伐ち、敵の首三十六人、捕虜二人、戰利品の兵車十臺を得た。多友はさらに追跡して、世（地名）を伐ち、敵の首と捕虜を得た。ここに於いて突進して楊冢に至り、兵車に積まれた敵の首百十五人、捕虜三人を得た。戰利品の兵車は運ぶに堪えず、ついに焚き払い、傷んだ馬は解き放った。そして京師の虜になった人を奪回した。多友は直ちに捕虜の左耳と捕虜を武公に獻じ、武公はそれを厲王に獻じた（獻俘の禮）。（厲王は）そこで武公に告げた、「汝

は既に京師を安定させた。汝に賞賜し、汝に領地を賜う」と。丁酉の日に、武公は獻宮に居り、向父（叔向父＝禹）に多友を召さしめ、（多友は）直ちに獻宮に參上した。武公は自ら多友に言った、「余は初めて汝を任命し、（汝は）幸に任をこなして事を成し遂げ、多くの捕虜を得た。また汝は京師を安定させた。よって汝に圭瓚一箇・錫鐘（懸鐘）一揃い・青銅鐈黒銅（鋚）三千斤（百鈞）を賜う」と。多友は武公の美德を稱揚して、鼎を作った。〔唯十月用玁狁方興、廣伐京師、告追于王。命武公、遣乃元士、羞追于京師。武公命多友率公車羞追于京師。癸未、戎伐旬、卒俘。多友西追、甲申之晨、搏于漆、多友有折首執訊。凡以公車折首二百又□又五人。執訊廿又三人、俘戎車百乘一十又七乘。卒復旬人俘、又搏于共、折首卅又六人、執訊二人、俘車十乘。從至、追搏于世、多友又有折首執訊。乃趨追至于楊冢、公車折首百又十又五人、執訊三人。唯俘車不克以、卒焚、唯馬驅盡。復奪京師之俘。多友迺獻俘馘訊于公、武公迺獻于王。迺曰武公曰、汝既靖京師。贅汝、賜汝土田。丁酉、武公在獻宮、迺命向父召多友、迺延于獻宮。公親曰多友曰、余肇使汝、休不逆、有成事、多擒。汝靖京師、賜汝圭瓚一・錫鐘一肆・鐈鋚百鈞。多友敢對揚公休、用作障鼎。〕

とあり、北方の異民族の玁狁（＝獫狁〔『史記』匈奴傳〕）が周の領邑を犯したので、[8] 厲王は重臣の武公に命じ、武公は臣下の多友に命じて玁狁を伐たせ、多友は輝かしい戰果を擧げ、武公は厲王から領地を、多友は武公から多くの褒美を賜った、という内容である。ここでも厲王の命に對する武公の任務執行は迅速であり、臣下の多友を直ぐに派遣して玁狁討伐の任に當たらせており、多友も武公の命に從たがって玁狁討伐に轉戰している。

このように厲王期の青銅器には戰爭の記錄が詳細に述べられており、西周王室の弱體化に比例して異民族による周への圧迫が日々増大しつつあったことが理解できる。

〈注〉

1 『夏商周斷代行程一九九六—二〇〇〇年階段成果報告・簡本』（夏商周斷代行程專家組編著、世界圖書出版公司北京公司、二〇〇〇年一一月）、參照。

2 楚は熊繹の時に周の成王から「子」の爵位を與えられ、西周時代晩期には、熊通（武王）が僭稱して「王」を名乗るようになったことが『史記』楚世家に見える。

3 殷の紂王の時に鄂侯は三公の一として重視されていたことが『史記』殷本紀に見え、また『噩侯馭方鼎』に、鄂侯馭方が厲王の宴席にて共に飲酒し賞賜されたことが記録され、厲王に重視されていたことが窺える。

4 厲王の時に淮夷の叛亂があったことは、『後漢書』東夷傳に「厲王無道、淮夷入寇、王命虢仲征之、不克」とあり、『虢仲盨』に「虢仲以王南征、伐南淮夷」とある。『禹鼎』に見える鄂侯の叛亂が『後漢書』や『虢仲盨』に記録される淮夷の叛亂か否かは不明であるが、厲王の暴政の隙を突いて、叛亂がたびたび起きていたことを徵する資料である。宣王期の青銅器『駒父盨蓋』（一九七四年陝西省武功縣回龍村出土、武功縣文化館藏、八二字）に「南淮夷」の語が見える。

5 武公の名は『敔簋（三）』に「唯王十又一月、王格于成周大廟、武公入右敔、告禽。馘百・訊四十」、『南宮柳鼎』に「唯王五月初吉甲寅、王在康廟、武公右南宮柳、卽立中廷、北嚮」とあり、敔や南宮柳と同時期の人物であり、厲王から獻俘の禮（告擒の禮）の介添（右）に任命されている。

6 禹の名は『叔向父禹簋』にも見える。『禹鼎』の初めに禹の先祖の「皇祖穆公」「聖祖幽大叔」「考懿叔」等の名が見え、その下文に「政于井邦」とあることから、徐仲舒は、代々畿内の井（陝西省鳳翔縣の南部）の領主であったと推定している（「禹鼎的年代及其相關問題」『考古學報』、一九五九年）。また郭沫若は、禹を『詩經』十月之交の「師氏楀」に比定している（「叔向父禹毀」『兩周金文辭大系圖錄考釋』科學出版社、一九五七年重印本）。

7 「叀」について、白川靜は「惠の初文。ただ字は惠恤の意ではなく、張宏の義に用いる。……これを固持して張皇する意で、惠恤の意は後起のものである」とし、訓讀では「いましめて」とルビを振っている（「禹鼎」『白鶴美術館誌』第二七輯、一九六九年九月）。

8 玁狁が南下して屢々周の領土に侵入してきたことは、『兮甲盤』『虢季子白盤』『不其簋』（三器とも宣王期）等の金文資料に散見し、『詩經』小雅・采薇に「靡室靡家、玁狁之故」とあり、侵入被害の甚大であったことが窺える。

西周昭王南征考

西周（前一〇四六～前七七一）の第四代昭王は、南方視察の折りに長江流域の地に歿して行方不明となった。これについて司馬遷の『史記』周本紀に次のように記されている。

昭王の時世、王者としての徳が備わっていなかったために世の中が亂れていた。そんな折り昭王は南方へ視察に出かけ、長江のほとりで歿して歸國できなかった。周王の亡くなったことを告げずに、これを禁忌(taboo)とした。〔昭王之時、王道微缺。昭王南巡狩不返、卒於江上。其卒不赴告、諱之也。〕

昭王はなぜ亡くなったのか、それをなぜ禁忌としたのか、詳細は記していないが、張守節の『史記正義』には『帝王世紀』を引いて次のように述べている。

昭王の徳が衰えて世の中が混亂した。そんな折り昭王は南方視察に出かけ、漢水を渡ろうとしていた時に、船にたずさわる者が昭王を憎んで膠でつないだ船を昭王に進めた。昭王は船に乘って川の中程まで來ると膠が溶けて船が解體し、昭王と補佐役の祭公は溺れて亡くなった。側近（衞兵）の辛游靡は腕が長く力があったので、昭王（の遺體）を引上げたが、周人（お供の者）はこれを禁忌とした（連絡をせず遺體も都の鎬京へ運ばなかった）。〔昭王德衰。南征、濟于漢、船人惡之、以膠船進王。王御船至中流、膠液船解、王及祭公倶歿于水中而崩。其右辛游靡長臂且多力、游振得王、周人諱之。〕

この『帝王世紀』の記錄からは、昭王の惡政が南方の人々にまで及んでいたことになり、その結果、昭王は南方の庶民に憎まれて弑されたことになる。ただ『帝王世紀』は後代の作であるため、そこには儒教倫理觀が反映し、周王の德の衰えをことさら強調しているようにも見受けられる。

この昭王の件については、戰國から秦漢時代にかけて作られた『春秋』および春秋傳にも見られる。『春秋』僖公四年（前六五六）に、

楚國の屈完が齊の桓公率いる軍隊（の駐留地）まで來て盟約を交わし、さらに召陵の地で盟約を交わした。〔楚屈完來盟于師、盟于召陵。〕

とあり、范甯の『穀梁傳集解』に、

屈完は陘までやって來て（齊の桓公の）軍隊と盟約を交わした。桓公は屈完が遠征の大義に屈服したものとして、軍隊を一舎〔一日に行軍する距離〕後退させて召陵に駐留し、屈完と（再び）盟約を交わした。召陵

は楚國の地。〔屈完來如陘師盟。齊桓以其服義爲退一舍次于召陵、而與之盟。召陵、楚地。〕

とある。これについて、『穀梁傳』僖公四年に、楚の屈完と齊の桓公との問答が記録されている。

……屈完が「大國が軍隊を楚國に差向けたのはどのような理由からか」と問うと、桓公は「(昔) 昭王が南方に遠征してお戻りにならなかったこと、菁茅の貢物〔菁茅は酒を濾す時に香付けする香草で、楚國の貢ぐべき産物〕が届けられないので、周室は祭りができないこと (が理由である)」と答えた。これに對し屈完は「菁茅の貢物が届かないことについては、承知しました (楚王に傳えます)。昭王が南方に遠征してお戻りにならなかったことについては、私が川邊の民に聞いてみましょう」と應えた。〔……屈完曰「大國之以兵向楚何也。」桓公曰「昭王南征不反、菁茅之貢不至、故周室不祭。」屈完曰「菁茅之貢不至、則諾。昭王南征不反、我将問諸江。」〕

これは齊の桓公が春秋の覇者として周王 (惠王) に代わって、周王 (周室) に従わない楚を征伐した際の記録であるが、當時、南方の大國として勢力を擴大していた楚は、僭越して「王」の稱號を使用し、中原の諸侯國 (周室を奉ずる國々) とは一線を畫していた。ここでも本來は楚王 (成王) が桓公に對應しなければならないのであるが、大夫の屈完が對應し、昭王の件については、楚國に非はないとして、責任回避している。當時の楚が如何に強大であったか伺うに足る記録である。

昭王の南方遠征については、遠征に隨従した啓なる人物が作ったとみられる青銅器『啓卣』（山東省博物館藏、一九六九年黄縣歸城小劉莊出土、器蓋對銘、各五行三七字、末尾に二つの圖象）がある（圖1）。そこには、

昭王は南山を巡狩〔視察〕し、山谷を渡り歩き、上矦〔地名〕の滰川のほとりに至った。啓は遠征に隨従し、眞面目に任務を果たした。（これを記念して）祖丁（父？）の寶彝〔青銅卣〕を作った。これによって幸運なる福をとどめ、早朝から深夜まで（周王に）お仕えせよ。（圖象）〔王出獸南山、叟遯山谷、至于上矦滰川上。啓從征、堇不擾。乍且丁寶旅隮彝。用匃魯福、用夙夜事。（圖象）〕（圖2）

とあり、ただ「上矦の滰川のほとりに至った」と記録するのみで、『帝王世紀』のように昭王が溺死した經緯については述べていない。この銘文が昭王の南方遠征か否かについては確たる證據はないが、『啓卣』と同時に出土した『啓尊』（三行一九字、末尾に二つの圖象）に、

啓は昭王の南征に隨従し、山谷を巡り、洀川のほとりに至った。（これを記念して）啓は祖丁の寶彝〔青銅尊〕を作った。（圖象）〔啓從王南征、遚山谷、在洀川上。啓乍且丁旅寶彝。（圖象）〕

とあり、明らかに近似しており、『啓卣』の「啓從征」と『啓尊』の「啓從王南征」は、同じ事實を記したものとみて差支えなかろう。従って、昭王の南征から間もなく作られた西周青銅器にも、昭王の死については禁忌と

して記録しなかった可能性が高い。また『史記』の「王道微缺」や『帝王世紀』の「昭王德衰」については、周王の死を儒教的要素（王道・德）に絡めて記したのではないかという疑問も生ずるが、『古本竹書紀年』に、

昭王の十六年、楚荊〔楚國〕を伐って、漢水を渉り、大兕〔大きな野獸〕に遭遇した。〔昭王十六年、伐楚荊、涉漢、遇大兕。〕（『初學記』七）

（昭王の）十九年、天が大いに曇り、キジやウサギが驚いた。漢水（の戰）で六箇大隊を失った。〔十九年、天大曀、雉兔皆震。喪六師于漢。〕（『初學記』七）

昭王の末年、夜空が清らかで、五色の光が紫微〔北極星〕を貫いた。この年に、昭王は南方征伐に出かけ戻ってこなかった。〔昭王末年、夜清、五色光貫紫微。其年、王南巡不反。〕（『太平御覽』八百七十四）

とあり、昭王の在位一六年から末年（二〇年？）の四、五年間は、楚荊を伐ち、漢水で六箇大隊を失い、南方征伐に出かけ戻ってこなかった。このように昭王の晩年は戰爭に明け暮れたために、「王道微缺」や「昭王德衰」という評價はあながち不當とも言えず、儒教的ということのみで片付けるわけにもいかない。今後の更なる資料の發見に期待したい。

圖１『啓卣』(『山東省博物館 藏珍·青銅器 巻』より)

圖２『啓卣』銘文拓本（『山東省博物館 藏珍·青銅器 巻』より）

五　學會參加報告

中國殷商文化國際討論會に參加して

一九八七年九月一〇日より一六日まで河南省安陽市で中國殷商文化國際討論會が開催された。筆者は池田末利廣島大學名譽教授（元大東文化大學教授）にお伴し、この會議に參加した。殷商文化に對して興味を持ちながら研究をしていなかった筆者にとっては、見聞するもの全てが新鮮に思えた。よって學術的報告にはならないかもしれぬが、筆者の印象の範圍内で述べることとする。間違いや思違いもあると思うが、讀者の許しを乞うとともにご教示を得たい。

今回と同樣の全國的規模の商史會議は、すでに一九八四年に全國商史學術討論會と銘打って安陽で開催しており（中國以外の國で開催された殷商文化についての國際會議はこれ以前にもある）、その時の主な討論内容は、偃師商城遺跡をめぐる商代社會の性質と國家形成についての問題等である。その時に提出された六十篇の論文中二十五篇は『全國商史學術討論會論文集』（殷都學刊編輯部、一九八五年）に收錄する。またその時に殷商文化研究會準備委員會を設立し、胡厚宣中國社會科學院歷史研究所教授が主任に就任するとともに、今後、殷商文化會議を定期的に開催することを決めた。今回の會議はこれを受けて國際的規模で實施したもので、準備・運營には胡氏を中心として、中國社會科學院歷史研究所の王宇信・楊升南兩助教授が當った。

本會議の參加者は（參加人數は會議登錄後に配布した參加者名簿による。括弧内の數字は會議開始後に配布した發表者名簿と發表順序表とによる發表者數である。ただし名簿に落ちていて氣がついたものは補った)、中國が一三一(七九)名、香港から三(三)名、日本から九(五)名、西ドイツから二(一)名、イギリスから一(一)名、フランスから一名、アメリカから一一(九)名、カナダから一(一)名の計一五九(九九)名による大規模な會議であった。日本からの參加者は九名で、發表者は池田末利教授、伊藤道治神戸大學教授(現關西外國語大學教授)、松丸道雄東京大學東洋文化研究所教授、中國社會科學院に留學中であった小南一郎京都大學人文科學研究所助教授、石田千秋日本大學高等學校教諭の五名、オブザーバーとして谷豊信東京大學東洋文化研究所助手(現東京國立博物館東洋課中國考古室)、北京大學考古學系に留學中の九州大學大學院博士課程の鈴木敦氏、伊藤教授夫人、それに筆者の四名である。聞く所によると、關野雄・樋口隆康・白川靜・林巳奈夫・佐藤武敏・尾形勇等の諸氏にも招聘が出された由であるが、都合で參加を得なかったことは殘念である。

なお本會議の公用語は中國語で、日本語。英語の通譯をつけるとのことであったが、口頭發表や質疑應答はほぼ中國語で行われた。日本語の發表には常正光四川大學歷史系教授が通譯に當られた。常氏は徐中舒氏の下で研究している有能な學者であり、來日經驗はないが、戰前に東北地方で日本語を習ったとの由である。また發表資料はほぼ中國語であったため、聽力・話力のない筆者などは、發表資料によって內容の把握ができたが、中國語による討論を目の前にして、つくづく會話力の必要性を痛感した。

初日は討論會に先だって、討論會場の殷墟において周谷城全國人民代表大會副委員長を迎えて、殷墟博物苑第一期工程竣工典禮が行われ、續いて復元した宮殿內で討論會の開會式が行われた。胡厚宣氏の開會の辭と周谷城氏の祝辭に續いて、外賓代表として張光直ハーバード大學人類學系教授(系主任)と池田・伊藤兩教授がそれぞれ祝辭を述べた。討論會は安陽賓館に場所を移して行い、分科會に先だつ全體會議で、中國社會科學院歷史研究所の張政娘・楊希枚兩教授・松丸教授の三名が發表した。

最初に發表した楊氏は「從諱名同祖名制論商王廟號問題」と題して、商王廟號の同名異名の命名現象を古今の多くの民族の同名制と異名制より説明し、極めて普通の命名現象で、どんな不合理の命名現象でもないとした。商王廟號の問題は、六〇年代初頭より各國の學者間で論爭してきた商史における重要課題である。歸國後、楊氏より「卅年來關殷墟頭骨及殷代民族種系的研究」(『中國古代史論叢』第八輯、福建人民出版社、一九八三年)をお贈り戴いた。楊氏は殷墟頭骨研究の權威でもあり、すでに「河南安陽殷墟頭骨的測量和形態觀察」(『中國東亞學術研究計畫委員會年報』第五期、一九六六年)・「河南安陽殷墟墓葬中人體骨骼的整理和研究」(『中央研究院歷史語言研究所集刊』第廿四本、一九七〇年)等の論文を發表している。次に發表した松丸氏の「再論殷墟卜辭中的田獵地問題」は、「殷墟卜辭中の田獵地について—殷代國家構造研究のために—」(『東洋文化研究所紀要』三一、一九六三年)を受けたもので、殷墟卜辭中の田獵地から考えて殷墟を殷都と推論し、商邑の位置の問題に關する中國の學界での論爭を期待した。殷墟は大型建築址を中心として多くの墓が存在することから、都に近い宗教的地區で、大型建築は祭祀の場所であるとする説もある。最後に發表した張氏は「𠧟其卣的眞僞問題」と題して、殷代銅器の𠧟其卣三器の銘文よりその眞僞を論じ、池田・松丸兩氏との質疑應答を混えて僞銘説を述べた。三器の眞僞問題については學界でも意見は分かれるが、殷・周制度論にかかわる重要な問題を含むもので、今後の檢討が期待される。なお卜辭の僞刻や金文の僞銘・僞器については、日本では松丸氏等によって精緻な研究が進んでいる。

二日目からは商史組・甲骨學組・考古組の三分科會に分かれて討論した。筆者は甲骨學組に參加したので、外の分科會の詳細は把握できなかったが、各分科會で配布した發表者名簿と發表資料によって概要を知ることができた。會議の報告はいずれ詳細な論文集を公刊すると思うので、今は主な發表者と題目とを列記するに止める。また各分科會で問題となったテーマがあれば簡單に觸れ、あとは印象に殘った方々について少し述べてみたい。

商史組（司會は田昌五・李民）は田昌五山東大學歷史研究所教授（同研究所長）「殷商文化淵源探索」・李民鄭州大學歷史學教授（殷商文化研究所長）「論商代后期的都城」・中國社會科學院歷史研究所の劉起釪教授「卜辭中的河與《禹貢》大伾」・同研究所の楊升南氏「殷墟卜辭中的河」・同研究所の常玉芝女史（助研究員）「說商代王位繼承制」・常正光氏「殷代的方術與五行思想基礎」・徐喜辰東北師範大學歷史系教授「論伊尹的出身及其在湯伐桀中的作用」・連波安陽師範專科學校教授「殷商音樂淺談」・斯維至陝西師範大學歷史系教授「從亞箕𠔿銘文推論燕殷文化」・小南氏「亳社考」・石田氏「殷墟與洹水的關係」・Keightley（吉德煒）カリフォルニア大學（バークレー校）歷史系教授（米中交流協會主席）「中國古代的吉日、廟號和登龍之心」・張光直氏「商代的巫術」・鄭麒來テキサス州立大學歷史系教授「商周食人現象之研究」等、計三一名である。

田昌五氏には『古代社會形態研究』（天津人民出版社、一九八〇年）の大著があり、最近は夏代文明についての論文二十七篇を收めた『華夏文明』一（北京大學、一九八八年）を著し、夏商史の問題に取組んでいる。李民氏は鄭州大學ということもあり、地元の利を活かして鄭州の商代文化の研究をしており、第三三回國際東方學者會議（東方學會他共催、一九八八年五月一・二日、於國立教育會館）に來日し、「夏史研究展望」と題して、また四月三〇日にも東洋文庫において「鄭州的商代文化」と題して發表した（五月六日の泉屋博古館（京都）においても同樣の主旨で發表）。李氏は層累地造成的古史觀で有名な顧頡剛の下で『尙書』の整理に携わり、『尙書與古史研究』（一九八一年）や『夏商史探索』（一九八五年）等の著作がある。なお會議後、池田氏・伊藤氏・伊藤夫人・筆者の四人で鄭州大學に李氏を訪問し、ついでに黃河の岸まで案內して戴いた。劉起釪氏は顧頡剛の弟子で、最近『顧頡剛先生學述』（中華書局、一九八六年）・『尙書源流及傳本考』（遼寧大學出版社、一九八七年）等を著した。劉氏の學問については、池田氏が「顧頡剛の史學を繼ぐもの」上中下（『東方』八二號・八三號・八四號、東方書店、一九八八年）に紹介した通り、當代尙書研究の第一人者といっても過言ではなかろう。なお劉氏には會議に先だつ北京滯在中には一方ならぬお世話を蒙った。常玉芝女史の研究を池田氏は高く評價され、會期中に面會したが、意外に若かったので驚いていた。歸國後、筆者にも『商代周祭制度』（中國社會科學出版社、一九八七年）をお贈り戴いたが、これを見ても常女史の有能さが窺える。張光直氏は『THE Archaeology of Ancient China』Third ed., YeleUniversity Press, 77（量博滿譯『考古學よりみた中國古代』雄山閣、一九八〇年）他多數の著作で有名であるが、まだ五十代後半という若さであり、現在、アメリカの中國古代史學界の權威の一人である。多忙のためか發表後、慌しく歸國した。

考古組（司會は鄒衡・李紹連）は鄒衡北京大學考古系教授『綜述夏商四都之年代與性質』・李紹連河南省社會科學院考古研究所助教授「商代農業生產者的身分初辨」・楊鴻勛中國社會科學院考古研究所教授（中國環境文化研究中心主任）「殷墟都城與宮殿初探」・安金槐河南省文物研究所名譽所長（河南省對外文化交流協會理事、中國考古學界理事）「關于鄭州商城與偃師商城的早晚關係」・郝本性河南省文物研究所所長「鄭州出土商代人頭骨飲器」・裴明相河南省文物研究所教授「略談鄭州商代二里崗期的房屋建築」・徐錫臺陝西省社會科學院考古研究所教授「陝

北李家崖古城址及清綏地區出土商周時期青銅器族屬問題的探討」・劉士莪西北大學歷史系考古專業教授「西安老牛坡商墓中的殉人問題」・劉啓益國家文物局教授「文王時期銅器初探—早周文化探索之二」・楊建芳香港中文大學中文研究所副研究員「論殷商文化所受非中原地區的影響」・ハイデルブルグ大學のM.Dewall（德麦玲）女史「殷代車馬與周時代其他社會御車的比較」等、計三六名である。討論内容は二つのテーマに分かれた。第一は商代社會の性質、第二は商文化とその他の文化との關係、第三は鄭州商城と偃師商城に關する問題で、とりわけ第三のテーマは前回の會議から引續いた問題でもあり、特に二里頭文化の分布地域が傳說の夏王朝全盛期に當る地域なので、考古學界では、偃師縣二里頭を夏文化を探る重要據點と見ている。しかし現段階ではそれらを結びつける有力な證據は發見されていない。ただ二里頭文化卽夏王朝（夏文化）とする學者もいるそうであるが、異論も多く、まだ定說とはなっていない。また二里頭遺跡は、殷王朝を建國した湯王の都の亳であるとする說もある。なお『文物』一九八三年二期に、夏商文化に關する重要な考古資料をまとめて發表している。

鄒衡氏には鄭州二里崗遺跡を對象にした「試論鄭州新發現的殷商文化遺址」（『中國考古學報』一九五六年三期）の論文があり、それらをまとめたものに『夏商周考古學論文集』（文物出版社、一九八〇年）がある。安金槐氏にも鄭州地區的古代遺存介紹」（『文物參考資料』一九五七年八期）他多數の論文がある。なお會議後、池田・伊藤教授夫妻のお伴で鄭州の河南省文物研究所を訪問し、安氏・郝所長の案内で二里崗遺跡の遺物等を見せて戴き、また商城工作站や城壁址等にも同伴いただき、熱心な說明を受けた。老齢ではあるが精力的に論文を發表している。また鄭州では河南省博物館に許順湛館長を訪問した。許氏にも鄭州商代文化を紹介した「燦爛的鄭州商代文化」（一九五七年）があり、今回の會議にも參加していた。徐錫臺氏は陝西省の出土文物を對象に研究しており、西安の陝西考古研究所を訪問した際も、池田氏・松丸氏等と周原甲骨について意見を交していた。なお二里頭遺跡の遺物を見るため、池田氏・伊藤氏・伊藤夫人等と共に、鄭州より車に乘って登封經由で六時間半かけて偃師縣文物博物館へ赴いた。洛陽から行く豫定が觀光シーズンのためホテルがとれず、かような強硬手段に出たわけである。途中嵩山麓の中嶽廟（秦代に建立された河南省最大の道教廟）や少林寺に立寄ることができたが、二里頭遺跡まで行けなかったことは殘念であった。

甲骨組（司會は胡厚宣・李學勤）は中國社會科學院歴史研究所の胡厚宣教授「甲骨文土方爲夏民族考」・同研究所の李學勤教授（副所長）「論賓組胛骨的幾種記事刻辭」・同研究所の王宇信助教授「談周原出土廟祭甲骨的族屬及其來原」・裘錫圭北京大學中文系教授「關于殷墟卜辭的命辭是否問句的研究」・高明北京大學考古系助教授「商代陶文」・王玉哲南開大學歴史系教授「甲骨金文的朝與明字及其相關問題」・銚孝遂吉林大學古籍研究所教授「《殷墟甲骨刻辭類纂》序」・徐鴻修山東大學歴史系教授「甲骨文聲符通假字淺説」・夏淥武漢大學中文系教授「殷商祭名小考」・沈之瑜上海博物館名譽館長「〈百淮〉〈正河〉解」・陳全方陝西省文物局助教授「陝西商代部分方國考」・饒宗頤香港中文大學中文研究所教授「《甲骨文通檢》前言」・池田氏「卜辭中的上帝祭祀問題」・伊藤氏「關於天理參考館所藏第三期祭祀卜辭之若干片」・ロンドン大學東方・アフリカ學院（極東分院）のS.Allen（艾蘭）女史「〈亞〉形在中國古代宇宙論中的意義」・Nivison（倪德衞）スタンフォード大學教授「《小屯殷墟文字甲編》二四一六新探」・高嶋謙一ブリティッシュ・コロンビア大學東洋學部助教授（現東京大學東洋文化研究所助教授）「甲骨文中否定詞的構詞形態」等、計三二名である。

討論内容は多岐にわたっているが、陝西省岐山縣鳳雛村で發掘された西周期の甲骨文、いわゆる周原甲骨の問題に興味がもたれる。有字甲骨全片にわたる發表は陳全方氏の「陝西岐山鳳雛村西周甲骨文概論」(『四川大學學報叢刊第十輯古文字研究論文集』四川人民出版社、一九八二年)があり、摹本と釋文は林巳奈夫編『古史春秋』第一號(朋友書店、一九八四年)に轉載されている。周原甲骨の問題については、一九八七年一月に東京の讀賣ホールにおいて、「中國古文字と殷周文化—甲骨文・金文をめぐって—」と題する公開シンポジウムを開催し、中國側から李學勤・裘錫圭兩氏を迎えて、多方面に及ぶ研究報告がなされた。その中で李氏は周原甲骨の分析を行い、「その半數は、①殷代末期に、②殷都(小屯)において、③周人によって、④殷人の文字を用いて作られ、のち周原に運ばれた、とする刺激的な假説を提出し、その上で周は殷の文字文化を繼承し、殷周間に文化的な連續性があると主張した」(松丸道雄「中國古文字と段周文化—公開シンポジウムに參加して—」出版ダイジェスト第一一九九號、一九八七年。なおこのシンポジウムの記録は東方書店から刊行する豫定である)。李氏の假説については異論もあり、また殷・周間の文化關係については、王國維の「殷周制度論」(『觀堂集林』巻一〇)以來、繼承か斷絶かをめぐって種々の議論が行われてきたが、繼承を主張する李氏の發言は、今後の論争に大きな影響を與えるであろう。なお會議後に、希望者に周原甲骨を全部見られるように按排するとのことであったが、時間の都合で岐山縣まで行けなかったことは殘念であった。

胡厚宣氏は『殷墟發掘』(一九五五年)・『甲骨學商史論叢』初集・二集(一九四四・一九四五年)等で有名であり、これまで出土した全甲骨の拓本集『甲骨文合集』全一三册(中華書局、一九八二年)の編集にも盡力し、最近は『甲骨文與殷商史』第一輯・第二輯(上海古籍出版社、一九八三・一九八六年)を主編し、名實ともに中國における甲骨研究の第一人者である。李學勤氏は上記の通り幅廣く活躍し、やはり古文字學の權威の一人で、出土簡帛の復元修復等にも従事してこられた。なお一九八五年一〇月から一二月に來日し、東方學會（東京）と木簡學會（奈良）において、中國考古學の現状について講演した。裘錫圭氏は李氏と共に現在最も注目されている學者であり、二人とも年齢は五十代後半である。裘氏の本會議の發表は、殷墟卜辭の命辭の文法的解釋について一時間一五分にも及ぶ熱のこもったもので、發表後もディスカッションに參加していた。また上記の讀賣ホールの報告では、「小篆以前の古文字研究においては、字形變遷の過程を探るために正體と俗體という概念で整理することの有効性を提言し、守舊的な正體に對して、常に日常生活の場において俗體が發生し、これが正體そのものに影響を及ぼしていく、というしいわば二元論的な字形變遷觀を開陳した」（松丸氏前掲報告）。王宇信氏は目下、周原甲骨をめぐる問題に取組み、本會議ではその一部を發表した。また王氏には『建國以來甲骨文研究』（中國社會科學出版社、一九八一年）がある。高明氏は『古文字類編』（中華書局、一九八〇年）が有名で、最近『中國古文字學通論』（文物出版社、一九八八年）を著した。姚孝遂氏には『小屯南地甲骨考釋』（中華書局、一九八五年）があり、最近『殷墟甲骨刻辭摹釋總集』全二冊（中華書局、一九八八年豫定）を主編した。饒宗頤氏は『殷代貞卜人物通考』（香港大學、一九五九年）他多數の著作があり、老齢にもかかわらず多方面の學會に參加し、多忙を極めている。伊藤氏は『ひと・もの・こころ（5）甲骨文字』（天理大學。天理教道友社、一九八七年）の別冊として、天理參考館所藏甲骨の二三六片についての考釋を出し、今回の發表もこれに關するものである。また最近『中國古代國家の支配構造 ―兩周封建制度と册命金文―』（中央公論社、一九八七年）の大作を著した。これについては『史學雜誌』第九七編第五號 ―回顧と展望― に詳しい論評が載っているので參照されたい。

池田氏の提出された發表資料は論文の體をなしており、本會議の發表資料中最も大部であった。内容は表題が示す通り卜辭中の上帝祭祀をめぐる問題で、副題に「不享祭説の再確認と商・周宗教の基本的相違點」とあり、宗教文化の相違からする商・周間の民族文化の本質的差異を論證した。すなわち、上帝祭祀説を盡く反駁し、不享祭説の正統性を述べたものである。商・周間の宗教文化の相違を決定づける重要な問題なので、以下に細目を示し、池田氏の言を借りながら論旨を要約してみる。

一　緒言―本問題に關する諸説
二　上帝祭祀説の檢討
(一)　島邦男説　①□神　②□祭　③外祭　④禘祀の祭神　⑤禘祀の目的　⑥禘祀の祭儀
(二)　赤塚忠説
(三)　其他の説　①葉玉森　②郭沫若　③楊樹達　④陳夢家　⑤胡厚宣　⑥丁山　⑦張秉權　⑧銚孝遂　⑨屯南甲骨釋文
(四)　二祀𠨘其卣銘の問題　①𠨘其卣三器銘の眞僞論爭　②既𡚬于上帝の意義
三　上帝不享祭の原因　―宗教民族學的考察―
四　結語―商・周宗教の基本的相違點とその背景

右の細目にあるように、島説に對する反駁が大部分を占めている。これは「島説は從前の通説（不享祭説）を大きく破るものである」からで、これに對する詳細なる檢討と批判である。島説（『殷墟卜辭の研究』一九五八年、一七七頁以下）の要旨は「①被祭神としての丁には祖神と同音假借の帝とがあり、②後期特有の「某神□、其牢、兹用」形式の□は禘祭に相當し、祖神を以て上帝に配祀するものである。これらの内祭に對する、③外祭としての史・示などの五例がある。また、④賓帝卜辭と⑤禘祭卜辭とは、上帝の祭祀に祖神を配祀するものであり、⑥祈雨・祈年も亦上帝に對して行われる」のである。これに對して池田氏は、「その根本的誤謬は、①假借の濫用に基づく丁と帝との同一視、②主格の帝と祭名としての禘と通用はしていても本來意義を異にする二者の混同、③辭例に見えぬ文字の間接論法に基づく臆說の配祀說、⑤安易な文獻との牽合」の四點にあるとする。

次に赤塚說（「殷王朝における上帝祭禮の復原」『中國古代の宗教と文化』（一九七七年）五二九～六一〇頁）に對して、「上帝が殷王朝の祭禮を享けるのは、戰爭に際して上帝の祐助を祈る場合と祈年の場合とである」とするが、「上帝祭祀の實證すべき辭例は示されておらず、卜辭の解讀についても獨斷と誤解に終始して根據を缺き、悉くが信頼に値いしない」とする。以下、細目に揭げる其他の說を檢討して、「卜辭發現の現段階において、確實に上帝の祭祀と目すべき辭例は認められず、冒頭に揭げた從前からの不享祭說は未だ破られていない」とし、さらに眞僞論爭のある二祀𢦏其卣にも論及し、銘文の「旣𡚱于上下帝」について、「直ちに上帝に對する祭祀と斷定することは、かなりの問題があり、二祀卣銘を眞銘としても、その解釋については後考に俟つのほかはない」とする。

また上帝不享祭の原因については、「上帝・帝における人格的要素は否定できないとしても、結局は理論的・抽象的存在であったがために、これに對する儀禮や祭祀が缺如していたのではないか」という假說を提言し、最後に商・周宗教の基本的相違點とその背景として、「殷卜辭の上帝・帝が祭祀を享けず、「天」字は見えても至上神の可能性は稀薄であるのに對して、周代になると、いうまでもなく天は至上神として上帝とともに盛大な祭祀を享け、封建禮制の整備に伴って王者の特權とされるに到った」宗教現象の相違の根本的原因は、「地域的には殷文化の東方ないし東南性に對する周文化の西ないし西北性、經濟的には殷末社會の主農業性に對する先周族の主牧畜性」とであり、「かかる前提のもとに商・周宗教の相違を考えるならば、商末の祖神崇拜と周の天神崇拜とを對照的に、民族文化の本質的差異に歸することが不可能ではあるまい」(「續釋帝・天」『中國古代宗教史研究』五五頁以下、參照)とし、さらに考古學者の説(鄒衡・徐錫臺・胡謙盈)により、上記の假説を考古學的に實證した。以上は池田氏の發表の論旨であるが、報告はいずれ公刊すると思うので、詳細はそれを參照していただきたい。

今回の會議にはエクスカーションとして、殷墟・朝歌(淇縣)羑里(湯陰縣)等を參觀することができた。殷墟の參觀は一二日に行われた。宮殿區の復元された建築物は楊鴻勛氏の設計にかかる。楊氏は最近『建築考古學論文集』(文物出版社、一九八八年)を著し、古代建築學の權威の一人でもある。その楊氏の説明を聞きながら婦好墓等を參觀した。宮殿區の北東、洹水が西曲する邊に、H1(簡稱一號灰坑)と名づけた殷墟早期の小坑があり、五月に發掘したばかりで、まだ埋め戻していなかった。次いで小屯の西の外れにある安陽工作隊を訪れ、隊長の中國社會科學院考古研究所の鄭振香女史の説明を受けた。出土品展示室には青銅器や甲骨等が整然と竝んでおり、工作隊の一角には車馬坑もあった。王陵區は武官村を訪れ、祭殉坑を參觀した。ここは屋根をかけて展示館にしてあり、坑はほぼ埋め戻してあったが、四坑だけ開示され、頭骨のない人骨が露出していた。また館外には最大の青銅器司母戊鼎(重さ八七〇キログラム)の出土した二六〇號墓があったが、勿論埋め戻してあり、大鼎の實物は上海博物館の地下室に眠っているそうである。

朝歌と羑里の參觀は一五日に行われた。朝歌は殷末四代の帝都であり、周代衞國の都でもあったため、いろいろな遺跡が殘っている。淇縣城の西北隅には紂王が比干の心臟を摘ったとする摘心臺と名づける高臺があり、そこに登ると周圍が一望できた。また淇縣城の東北九キロの古城村を訪れ、紂王が狩獵したという鷹犬城を參觀し、さらに淇河沿いに南下して紂王と妲己の墓を訪れたが、これは實物かどうか疑わしい（殷代の墓は墳墓にしない）。また戰國時代の衞の故城の城壁址が一部殘っており、興味深く參觀することができた。羑里は文王（西伯昌）が紂王に幽閉されたところで（『史記』殷本紀）、かなりの面積の版築の土臺が殘っているが、その土臺の上は小學校になっていた。

會議は一四日に各分科會の討論情況の報告が行われ、最終日の一六日に國內代表の全體會議と閉會式が行われた。閉會式には、一九八九年に甲骨出土九十周年の記念會議を開催することを確認し、續いて丁潤明安陽市副市長の祝辭、外賓代表の挨拶が行われ、最後に胡厚宣氏の閉會の辭で幕を閉じた。今回の會議の印象は、近年來の發掘成果に基づく發表と、從來からの論爭についての發表とがバランスよく行われたこと、また中國の若手研究者が多く參加していたこと等である。今後に開かれる會議には、日本の若手研究者が多く參加し、殷商文化の問題について各國の學者たちと活發に討論することを期待する。（一九八八年九月一〇日）

中國夏商文化國際學術研討會に參加して

一九九一年九月一七日から二二日まで、河南省洛陽市の洛陽友誼賓館西樓を會場として、中國社會科學院歷史研究所・河南省洛陽海外連誼會共催による中國夏商文化國際學術研討會が開催された。筆者はこれに參加する機會を得たので、見聞の範圍内で報告したい。會議の準備運營には中國社會科學院歷史研究所の王宇信・楊升南兩氏、中國河南省社會科學院考古研究所の李紹連氏、洛陽市海外連誼會の杜海廷・徐黎明兩氏が當った。なお、中國文化搖籃の地である洛陽において、この種の國際會議が初めて開催されたため、會議名に〈首屆河洛文化節〉を冠して行われた。

本會議の參加者は中國一一二、臺灣二、香港一、日本一六、アメリカ三、イギリス一、イタリア一、カナダ一の計一三七名（參加者名簿に據る。ただし、賓館の宿泊名簿を兼ねるため、不宿泊者を除いた人數である）の大規模な會議であった。日本からは池田末利廣島大學名譽教授（元大東文化大學教授）、伊藤道治關西外國語大學教授と夫人、下見隆雄廣島大學教授、野間文史廣島大學助教授と夫人、飯島武次駒澤大學教授、荒木日呂子東京國立博物館客員研究員、末房由美子東海大學講師、齊木哲郎鳴門教育大學助教授、宮本一夫愛媛大學助教授、華東師範大學史學研究所に留學中の井上聰氏、北京大學に留學中の早稲田大學大學院の小澤正人氏、廣島大學大學院の財木美樹氏、それに筆者（大東文化大學講師）と妻の一六名が參加した。なお、發表資料を提出していた松丸道雄東京大學東洋文化研究所教授は、都合で參加しなかった。

初日の午前中は討論會に先だって開幕式が行われ、胡厚宣中國殷商文化學會會長（中國社會科學院歴史研究所教授）の開幕の辭に始まり、張世軍洛陽市市長の歡迎の辭、の王徳華河南省海外連誼會副會長、畢天倫中國社會科學院科研局副局長等の祝辭が續き、外賓代表として、日本から池田・伊藤兩氏、アメリカから周鴻翔ロサンジェルス大學教授、臺灣から杜正勝臺灣歴史語言研究所教授等が祝辭を述べ、さらに中國の學者を代表して高明北京大學教授・の陳全方陝西省文物局教授、朱紹侯河南省歴史學會會長等の祝辭が續き、最後に張書田洛陽市海外連誼會會長の講話で開幕式を終了(以上は開幕式次第に據る。外にも尙克氏や安金槐氏等著名な學者の祝辭があったと記憶している。

なお、祝辭の中で池田・伊藤兩氏は、殷王朝に先だつ遺跡を夏王朝に比定するのは時期尙早として、中國の學界における現時點での夏王朝實在說を戒めている。池田氏の言を借りれば、「伊・洛・潁・汝河谷平原の嵩山地區を中心に八十余箇所に及ぶ二里頭類型遺址、汾水・涑水流域四十七箇所に亙る東下馮類型遺址を通じて、陶文の記號・符號らしいもの以外に、夏代の文字が今日までに一字も出現していない」ということで、夏王朝の存在を實證する文字資料の出土を待たずに即斷するのは危險であるというのである。

それはともかくとして、今回の會議は「夏商文化」と銘打っていることからもわかるように、從來の殷文化に加えて夏文化にもスポットを當て、活發な討論が展開された。夏文化についての會議は、すでに一九七七年一一月に河南省登封縣告成鎭の王城崗遺跡の發掘により、當地における會議を開催している。この會議で夏鼐氏は考古學上の夏文化を探討し、「夏王朝時期の夏民族の文化を指すべきである」という意見を提出し、學會の贊同を得た。その後中國先秦史學會の年會において、この問題が熱烈な討論を引起こした。一九八三年五月に鄭州で開催した中國考古學會第四次年會においても、その中心議題の一つは「殷文化の研究と夏文化の探索」であり、八十篇に近い論文が寄せられた。一九八七年九月に中國殷商文化學會の發起により、安陽において殷商文化國際學術討論會を開催し、夏文化の問題も會議の重要なテーマであった（この會議には筆者も參加し、『大倉山論集』第二四輯〔一九八八年一二月〕に參加報告を掲載。『殷都學刊』一九八九年第二期に中譯轉載）。一九九〇年五月にアメリカのカリフォルニア大學ロサンジェルス校において夏文化國際研討會を開催し、夏史と夏文化の五つのテーマについて討論した（楊升南「縦談夏文化研究」〔『中國文物報』第二五期、一九九一年九月〕に據る）。

討論會は一七日の午後から二二日の午前中まで、二里頭遺址・偃師商城遺址・漢魏故城遺址・偃師商城博物館・中國社會科學院考古研究所洛陽工作站などへのエクスカーションを挾んで行われた。先ず三、四人が發表してから質疑應答という形式で進められた。以下、筆者が興味を覺えたものを簡單に述べてみたい。前述の安陽での討論會のテーマの一つでもあった鄭州商城と偃師商城（屍鄕溝城址）とに關する問題は、偃師商城の發見（一九八三年春）以來論爭が絶えない。すなわち殷の湯王の都の亳は鄭州と偃師といずれであったかという問題である。この結論を出すことによって、殷王朝草創期の歷史が決定されることになり、夏王朝に比定される二里頭・王城崗などの遺跡に關する諸問題をも推定させる。從って、簡單には結論がでないわけである。今回の討論會でもこの問題に關する發表がいくつか行われた。

西北大學の劉士莪教授は「二里頭文化是夏文化說」と題して發表し、二里頭一・二・三・四期の全てを夏文化とみなし、その根據を〈鄭亳說〉に置く。この說は北京大學の鄒衡教授が「鄭州商城卽湯都亳說」（『文物』

一九七八年第二期）で論じたもので、鄭州商城は湯王の都の亳であり、これより早い二里頭文化は夏文化に屬すべきであるというのである（鄒氏は『夏商周考古學論文集』〔文物出版社、一九八〇年〕においても、このことを力說している）。劉氏はさらに偃師商城の時代と性質とを鄭州商城と比較して、偃師商城と鄭州商城とは同時併存した大型の都邑とみなし、鄭州商城に對して偃師商城を太甲が追放された桐宮に比定し、湯以來の殷代早期の別邑・離宮とする鄒氏の〈桐宮說〉（「偃師商城卽太甲桐宮說」『北京大學學報』一九八四年第四期、「夏文化研討的回顧與展望」『中原文物』一九九〇年第二期、「西亳與桐宮考辨」『紀念北京大學考古專業三十周年論文集』一九九〇年）を歷史事實に符合するものとしている。鄭杰祥河南省社會科學院考古研究所所長もこの〈鄭亳說〉を支持する一人で、その「釋亳」（今討論會のレジュメ。『中原文物』一九九一年第一期に既に掲載）に據れば、湯都亳の故墟は一つで、考古資料から分析すれば鄭州商城とすべきで、今までに發見された最大規模の殷代早期城址で、その時代も文獻記載の湯都亳の時代と符合するとしている（ただし鄭氏は、偃師商城については〈桐宮說〉を取らずに〈重鎭〔要衝〕說〉を主張している）。

これに對して、韓忠厚洛陽市歷史研究所副所長は「偃師商城年代和性質初探」と題して發表し、偃師商城の始建年代を二里崗期下層とし、また〈桐宮說〉〈重鎭說〉〈別都說〉を〈鄭亳說〉に基づく誤認說として、〈鄭亳說〉の文獻證據を反駁し、さらに考古學資料や地理的觀點からこの說を否定し、偃師商城を文獻史料や發掘資料、また城址の立地條件や遺構の性質などから、湯都西亳城とすべきであるとしている。この外にも〈鄭亳說〉を否定する意見が出たが、反論に立った鄒氏は、これらの見解は未だ〈鄭亳說〉を否定する根據にはならないとして、一時間以上にも及ぶ反論を展開した。〈鄭亳說〉を否定する著名な學者に安金槐河南省文物研究所名譽所長がおり、「試論鄭州商代城址――隞都」(『文物』一九六一年第四・五期)、「豫西夏文化初探」(『中國歷史博物館館刊』一九七九年第一期)、「試論商代〈湯都亳〉與〈仲丁都隞〉」(『中原文物特刊・河南省考古學會論文選集』一九八一年)、「試論河南〈龍山文化〉與夏商文化的關係」(『中國考古學會第二次年會論文集』一九八一年)等において、鄭州商城を仲丁の都の隞、二里頭遺跡(三・四期)を湯王の都の西亳とし、二里頭一・二期(王城崗六・七期)とそれ以前の河南龍山文化の中・後期(王城崗二・三・四・五期)を夏王朝に比定し、王城崗遺跡を夏の禹王の都の陽城としている。

二里頭文化を一・二期と三・四期とに二分する說に對して、飯島武次氏は「關于二里頭文化―二里頭類型第一期不屬二里頭文化」と題して發表し、河南龍山文化王灣類型一・二・三期と二里頭類型二・三期(二里頭一期は王灣三期と年代が重なるので、王灣三期に含む)との土器を中心に比較檢討し、王灣一・二・三期は新石器時代そのもので、二里頭三期は青銅の利器が普遍化し、土器のうえでも大きな變化があり、二里頭四期とともに二里崗期との連續性がうかがわれ、殷文化に屬することを如實に物語るとし、また二里頭二期の土器にも殷文化的器形が見られ、青銅器の副葬品が出土していることからも、二里頭二期は三期により近い文化内容を持つとし、王灣三期(二里頭一期)と二里頭二・三期との間は一線を畫すべきで、從來の二里頭二・三・四期に限って〈二里頭文化〉と呼ぶのが適切であり、二里頭二期を二里頭前期文化、三期を中期文化、四期を後期文化と呼ぶことを提言したいとしている。飯島氏のこの說は、氏の『夏殷文化の考古學研究』(山川出版社、一九八五年)に論じた二里頭文化を一・二期と三・四期とに二分する說を修正したものと思われる。

二里頭遺址を遺構の方面から考察したものもある。洛陽市文物工作隊の葉萬松・李德方兩氏は「偃師二里頭二號宮殿夏都宗廟論」と題して發表し、二里頭遺址の一・二・三期は夏の時代に當たり、四期は殷が夏を滅ぼした歴史的變動期に當たるとして、二里頭遺址は夏代晩期の一都邑故址とする趙芝荃氏の說（「論二里頭遺址爲夏代晩期都邑」『華夏考古』一九八七年第二期）に基づき、二號宮殿の形狀と構造とを考察し、さらに宮殿は二里頭三期に建てられ、宮殿内の大墓も三期に埋葬されたものとする趙氏の說（「二里頭文化與二里崗期文化」『慶祝蘇秉琦考古五十五周年論文集』文物出版社、一九八九年）を引用し、宮殿内の大墓は二里頭文化中で最大というだけでなく、今までに發見された最も早い大墓で、殷墟の婦好墓にも相當し、この大墓の死者の身分は夏王室の重要人物であろうと推定している（趙氏は當時の最高統治者の陵墓の可能性ありとする）。

では二里頭遺址を夏王朝の都邑に比定した場合、誰の都邑であったのか。これについて洛陽歴史文物考古研究所の王新年・高泰山兩氏は「斟鄩與二里頭遺址」と題する發表資料を寄せられ、目前の考古資料からは、二里頭遺址を文獻（『史記』夏本紀正義引汲冢古文）記載の夏の太康から桀王までの都の〈斟鄩〉とは確定できないとしながら、二里頭遺址内の一・二號宮殿が二里頭三期に建てられ、二里頭遺址が三期の後に衰廢してからも、二號宮殿は繼續して使用され、偃師商城と一時期を共存したとする趙芝荃氏の說（「二里頭遺址與偃師商城」『考古與文物』一九八九年第二期）に基づき、二里頭遺址を桀王の都の斟鄩と推定し、太康から少康までの斟鄩は、洛河北岸の「自洛汭延于伊汭」（『史記』周本紀）の範圍内であろうから、今後の考古工作者の努力に期待するとしている。

二里頭遺址が桀王の都の可能性があることを指摘している者に鄒衡氏がおり、前述の『夏商周考古學論文集』の中で、偃師二里頭遺址と鞏縣稍柴遺址は一般の遺址に比べて大きく、その年代も夏文化に屬するものが多いとしている。これに對して、湯王の西亳と見るのは前述の安金槐氏の説であるが、二里頭遺址と偃師商城とともに湯王の西亳とする見解もある。それは杜金鵬氏が「鄭州南關外下層文化淵源及其相關問題」(『考古』一九九〇年第二期)に發表したもので、二里頭遺址の三期以降は湯都西亳で、偃師商城はその後に建てられたもので、ともに湯王の新舊の城址とするものである。いずれにせよ、二里頭三・四期を夏と殷とのどちらに屬するかによって、二里頭遺址の西亳説の是非が決せられるのである。

偃師商城を西亳とする説は前述のとおりであるが、洛陽工學院の孟令俊副館長は「論商都西亳」と題する發表資料を寄せられ、西亳説と文獻(『史記』殷本紀など)とに基づき、湯王が桀王を滅ばした時に都を洛陽に定めたのであるが、ただ夏の都の斟鄩に居り難いので、斟鄩城付近に別に都を建てたとし、その始建年代を夏を滅ぼしてから二年前後と推定し、仲丁が囂(河南省滎陽縣)に遷都するまで一〇帝二三〇年間續き、盤庚の代に安陽殷墟から再びここに都を移し、武乙が殷墟に戻るまで九帝一七〇年間續いたとし、盤庚から武乙までの間に偃師西亳と安陽殷墟との二つの都城を有することが可能で、ある時には南都(西亳)に、またある時には北都(殷墟)にというように、李民鄭州大學殷商文化研究所所長の唱えた一朝兩都あるいは多都制(「南亳・北亳與西亳的糾葛」『安陽古都研究』)が、夏殷周三代において常に有ったものとしている。

この外、活発な討論が行われ、多數の發表資料が寄せられた。夏文化に關するものは、方酉生武漢大學教授の「田野考古學與夏代史研究」、李紹連氏の「夏是中國歴史上第一箇統一的奴隷制大國」、安陽市博物館の殷振美氏の「夏代有扈氏與豫北龍山文化」、聶玉海安陽師範專科學校助教授の「夏期初期啓與有扈氏的戰爭」、王宇信氏の「夏代軍制論綱」、洛陽市第二文物工作隊の蔡運章氏の「義・和兩國史迹考略」、洛陽歴史文物考古研究所の張純儉氏の「論大禹開鑿伊闕的眞僞」、同研究所の繆韵・楊柳兩氏の「論大禹的歷史作用」、常正光四川大學教授の「〈行夏之時〉在形成中國傳統文化中的作用」、張聞玉貴州大學助教授の「『夏小正』之天文觀」、王仲孚臺灣師範大學教授の「試論文獻史料對於夏史研究的重要性 —兼釋夏」、イギリスのロンドン大學のS.Allen（艾蘭）女史の「關于夏的神話」等である。

殷文化に關するものは、中國社會科學院歷史研究所の王貴民氏の「商周貴族子弟群體的研究」、同研究所の常玉芝女史の「論商代王位繼承制」、北京故宮博物院の張克忠氏の「殷商名號及成湯・盤庚・武丁都邑考」、鄭州大學の陳旭女史の「鄭州商代鑄銅基址的年代及其相關問題」、洛陽歷史文物考古研究所の王化昆氏の「伊尹論」、安陽市文物工作隊の孟憲武氏の「殷商青銅禮器組合的演化趨勢」、中國人民解放軍洛陽部隊の徐葆醫師の「釋商―也談商族族稱的由來」、航空航天工業部第六一三研究所の王崇貴氏の「殷人對科學的貢獻及上商里」、紫金山天文臺の徐振韜氏の「甲骨文日月食和現代天文計算」、末房女史の「關于二里崗上層時期的青銅大方鼎—通過裝飾和鑄造工藝方面」、井上氏の「殷墓腰坑與狗巫術」等である。

甲骨文に關するものは、中國社會科學院歷史研究所の胡厚宣氏の「甲骨文〈家譜刻辭〉僞刻的新證據」、同研究所の李學勤氏の「論甲骨文中的同版異組現象」、同研究所の楊升南氏の「殷墟甲骨文中的邑和族」、同研究所の張永山氏の「卜辭諸亳小議」、同研究所の齊文心女史の「歷組胛骨記事刻辭試釋」、同研究所の肖良琼女史の「『小屯南地甲骨』同文同套卜辭例」、黑龍江博物館の劉桓氏の「說卜辭的〈六大示〉與〈鼠示〉」、中國文物研究所の劉啓益氏の「〈古王事〉與〈古于彝〉小議」、銚孝遂吉林大學教授の「〈明〉字的啓示」、劉釗吉林大學助教授の「談甲骨文中的〈倒書〉」、王蘊智吉林大學講師の「釋享」、陳煒湛中山大學教授の「論殷墟卜辭命辭的性質」、彭裕商四川大學助教授の「殷代卜法初探」、方述鑫四川大學講師の「論殷墟卜辭中的示」、鄭慧生河南大學助教授の「甲骨綴合八法小議—『甲骨文合集』綴合手記」、杜正勝氏の「卜辭所見的城邦形態」、伊藤氏の「戠字考—以祖甲時代的戠祭爲中心」、荒木女史の「關于新發現的中島玉振舊藏的甲骨片」、高嶋謙一ブリティッシュ・コロンビア大學教授（カナダ）の「從形態論的觀點考察單字構造」等である。

河南省以外の諸文化との關係を論じたものは、山東大學の田昌五教授・方輝講師の「嶽石文化與夏商文化」、商志譚中山大學教授の「江南古文化與中原夏商文化的關係」、彭明瀚氏の「試論銅對商文化南傳贛鄱流域的影響」、安陽市博物館の朱愛芹女史の「江西新干青銅器的發見所揭示的几箇問題」、江西樟樹市博物館の黄水根氏の「江西呉城商文化淵源及發展」、陝西省考古研究所の尙志儒氏の「鬼方文化淺論」等である。

開催地の關係から洛陽地區に關するものが多かった。洛陽市文物工作隊の張劍氏の「洛邑成周殷遺民史迹考察」、洛陽市漢魏故城保管所の徐金星氏の「偃師與中國古文明」、洛陽歷史文物考古研究所の黄衞東氏の「河洛地區與初夏文化」、同研究所の楊彩霞女史の「華夏民族的興起與河洛地區」、同研究所の胡豫勇氏の「夏商時期的洛陽」、同研究所の周景巧氏の「河洛先民天神崇拜臆見」、同研究所の程羽中氏の「河洛在夏代政治彊域中的地位」、趙啓漢洛陽師範專科學校助教授の「淺論大禹與河洛文化」、洛陽市人民政府發展研究中心の戴林發氏の「夏商河洛文明及其成因和當今河洛文化的發展」、李民氏の「何尊銘文與洛邑的興建」、鄭高益浙江省三門縣高益橡胶廠廠長の「浙東文化根在河洛」等である。

その外に、孫淼北京大學教授の「中國城市的起源」、洛陽市地方史志編纂委員會の薛瑞澤・來學齋兩氏の「夏商上帝崇拜與神權政治」、中國社會科學院歷史研究所の楊希枚氏の「中國古代太陽崇拜研究」、同研究所の王震中氏の「祭祀・戰爭與國家」、中國社會科學院地理研究所の黃盛璋氏の「宗・示・主・祏・宔・祖的來源與中國文明的關係」、D.W.Pankenier（班大爲）リハイ大學助教授（アメリカ）の「上古天文學與夏商周的正統」等があった。

また發表資料の外に、胡厚宣主編『甲骨文與殷商史』第二輯（上海古籍出版社、一九八六年）、王宇信主編同第二輯（一九九一年）、洛陽市歷史學會・洛陽市海外連誼會共編『河洛文化論叢』（河南大學出版社、一九九〇年）、同第二輯（一九九一年）、中國社會科學院歷史研究所の劉起釪氏の『古史續辨』（中國社會科學出版社、一九九一年）、同研究所の宋新潮氏の『殷商文化區域研究』（陝西人民出版社、一九九一年）、鄭杰祥氏の『夏史初探』（中州古籍出版社、一九八八年）、A.Antony（安東尼奧）氏（イタリア）の『中國古代文明 ―從商朝甲骨刻辭看中國史前史』（社會科學文獻出版社、一九九〇年）等の書籍を參加者に配布した。

エクスカーションとしては前述の遺跡などの外、洛陽古墓博物館・洛陽博物館・白馬寺・龍門・白園・關林・千唐志齋等を參觀。二二日の午後は閉幕式が行われ、中國內外の多數の學者が感想を述べて閉幕した。なお會期中に、一九八九年に江西省新幹大洋洲で發見した殷代の大墓の發掘調査のビデオと文物のスライドを見せてくれた（後に、江西省文物考古研究所等編『新干商代大墓』（文物出版社、一九九七年）を出版）。省都の南昌は、次回の會議の開催豫定地の候補に上がっているとのことである。中國では近年來新たな遺跡の發見が相次いでおり、發掘報告も陸續と出版され、夏殷文化に關するものも多數見られる。その意味でも、今回の討論會が夏殷文化の遺跡の多い洛陽で開催したことは、有意義なことであり、また、この討論會が中國文化の解明に貢獻したことを確信している。

甲骨文發見一〇〇周年記念國際學術研討會へ參加して

中國社會科學院歷史研究所の招請により一九九九年八月一八日から三一日の二週間、安陽・武漢・荊州・荊門・長沙の各地を研究調査する機會に惠まれた。中國社會科學院は日本學術振興會と交流協定を結んでいるため、日本學術振興會からの派遣研究者の身分で各地を回ることになった。訪問先の受入れ研究者は中國社會科學院歷史研究所の常玉芝女史に受けていただいた。常女史は、恩師池田末利先生（廣島大學名譽教授・元大東文化大學教授）と舊知の間柄であり、前年（一九九八年二月～三月）に日本にある甲骨文等の資料を調査するために來日した折り、私が受入れ研究者になった關係もあり、快く引き受けてくださった。また中國社會科學院歷史研究所科研處處長の齊克琛女史には、渡航手續き等の準備や、その他いろいろと便宜を圖っていただいた。

この調査旅行の研究課題が「中國出土資料研究」であり、主に戰國・秦・漢時代の竹簡・帛書等の調査が目的であったが、八月二〇日から二三日の四日間、河南省安陽市で〈紀念甲骨文發現一〇〇周年國際學術研討會〉が開催され、甲骨文が發見されてからちょうど一〇〇年の記念學會で、一〇〇年來の甲骨文研究の成果をふり返り、また新たな資料による研究發表もあったので、甲骨文に關する知見を深めるために參加することにした。そこで以下に簡單な參加報告を記す。

開幕式前日の一九日に安陽入りし、會場になった安陽賓館が宿舍を兼ねた。ただ配布された參加者名簿によると一八四名の參加者にのぼり、中國からの參加者の多くは徒歩一五分ほどの中原賓館を宿舍とした。參加者の内譯は名簿によると、中國一三二名、香港五名、臺灣一二名、日本一九名、韓國九名、フランス一名、アメリカ三名、カナダ一名である。なお主催した機關は中國社會科學院歴史研究所・中國社會科學院考古研究所・中國殷商文化學會・香港中文大學中國文化研究所・安陽市政府・安陽師範專科學校である。

二〇日の開幕式は、午前八時三〇分から一一時三〇分まで中原賓館大禮堂で擧行された。にぎやかな鼓笛隊の歡迎のなか、安陽市の市長以下お歴々を迎えての開幕式は、安陽市擧げてのイベントであることが感じられ、市内の至る所に「紀年甲骨文發見一〇〇周年」の垂れ幕を掲げていることからも窺える。大禮堂前での記念撮影の後、主催者代表や來賓が祝辭を述べ、安陽市文化局の企畫した演劇「甲骨神韵」を観覧し、午後は安陽賓館に戻り、大食堂二階の會議庁で報告會を行った。最終日の午後を除いて、報告會は安陽賓館で行ったため、中原賓館に宿泊の參加者はバスで移動した。

會議は小組に分けずに、一日を一～二節に分けて、各節にそれぞれ二人ずつ司會・進行役を立てて進められた。各節の持ち時間は約九〇分で、その時間内に七～九名の發表者が報告を行ったので、一名約一〇分ほどの持ち時間であった。四日間の豫定發表者は配布された日程表の發表者名簿に據ると合計八〇名であるが、實際には參加しなかったり、發表しなかった者もおり、發表者名簿に載っていても發表資料（論文提要）がなく、發表題目が分からなかった者もいる。

各節の司會・發表者・發表題目等は發表者名簿の順によると以下のとおりである。なお發表者名簿に載ってなくて論文提要だけある者や、開幕後に分かった發表者とその配布資料（論文及び論文提要）は、最後にまとめて掲げた。

八月二〇日（金）

第一節　午後三時～四時三〇分　司會　李學勤・松丸道雄

發表者・發表題目

王宇信「新世紀甲骨學研究的展望」

鄭振香「甲骨文的發現與殷墟發掘世紀回眸」

陳煒湛「近二十年來的甲骨文研究」

郭旭東「羅振玉确知甲骨眞正出土地時間考」

董玉京「董作賓（彥堂）與第一次殷墟發掘」

成家徹郎「日本人研究甲骨的先驅―林泰輔」

劉一曼・曹定雲「花園莊東地甲骨卜辭選釋與初步研究」

宮長爲「東北師大所藏甲骨選釋」

第二節　午後四時四〇分～六時　司會　裘錫圭・艾蘭（兩名とも不參加）

發表者・發表題目

蔡哲茂「『卜辭同文例研究擧例補說』兩則」

焦智勤「殷墟甲骨拾遺（續）」

林澐「關于前辭有〈貞〉的无名組卜辭」
李先登「考古地層學與歷組卜辭斷代」
張玉金「殷墟卜辭命辭語言本質及其語氣研究述評」
常耀華「屯南H24卜骨補綴暨釋讀」
喩遂生「甲骨文動詞介詞的爲動用法和祭祀對象的認定」
「從納西東巴文看甲骨文研究」（開幕後に配布）

八月二一日（土）

第一節　午後三時~四時三〇分　司會　呉璵・王宇信

發表者・發表題目

沈寶春「？」
松丸道雄「介紹一片四方風名刻辭骨 —兼論習字骨與〈典型法刻〉的關係」
黃競新「從甲骨文看殷代安陽付近地區之水龍捲」
陳昭容「？」
范毓周「？」
邵邦華「？」
許輝「商周文化與中美洲文明—淺談史前泛太平洋文化傳播」
彭邦炯・馬季凡「關于『甲骨文合集』與『合集補編』的編纂」

第二節　午後四時四〇分～六時　司會　伊藤道治・鄭振香
發表者・發表題目
譚步雲「回眸與展望―殷墟甲骨文和商代銅器銘文比較研究」
李朝遠「試論殷墟一期的青銅器」
高大倫「三星堆兩箇器物坑與蜀王世系」
彭適凡「新幹青銅器研究中的幾箇問題」
難波純子「商代銅盤内底上的世界」
方輝「明義士藏品中的商周青銅器選介」
彭裕商「周初的殷代移民」
黃錫全「商父庚罍銘文試解」

第三節　午後八時～九時三〇分　司會　鍾柏生・王魏
發表者・發表題目
田昌五「重新審視湯居亳的若干問題」
楊錫璋・徐廣德「盤庚遷殷地點蠡測」
李民「盤庚遷都新議―從紀念甲骨文發現一〇〇周年談起」
李紹連・高英民「試從二都剖析商代社會」
孫敬明「甲骨金文所見山東古國與商王朝關係―從濰淄流域的考古發現談起」

朱彥民「甲骨卜辭〈亳〉地與文獻〈景亳〉新考」
李瑾「殷代〈剋方〉地理考」
鄭杰祥「〈〉族考」
王蘊智「甲骨文中所見商代葉族及其有關史迹」

八月二三日（日）

第一節　午前八時三〇分～一〇時　司會　饒宗頤・宋鎭豪（兩名とも不參加）

發表者・發表題目：
裘錫圭「釋〈厄〉」
齊文心「〈婦〉字本義試探」
沈建華「『殷墟甲骨刻辭類纂』字形總表的校訂與整理」
朱岐祥「論甲骨文造字方法」
吳振武「〈〉字的形音義」
王人聰「甲骨文收、㩁釋讀辨析」
劉桓「說卜辭囚字的幾箇詞語及失賓兩字」
馬如森「酒、彭辨」

第二節　午前一〇時一〇分～一一時四〇分　司會　雷煥章・朱鳳瀚

發表者・發表題目：

王恩田「釋冉、再、冓、爯、偁」
高智「釋甲骨文字中的〈乍〉及相關文字」
麦里筱「比〈方〉」
蔡運章「論中國古代的卦象文字」
王學勤「〈從天上下凡的老祖宗們〉再探―由天體形象及其命名來探討中國古文字」
鄧和「甲骨文與納西東巴文」
曲英杰「卜辭諸宗考」
馬越靖史「說〈使人〉」

八月二三日（月）

第一節　午前八時三〇分～一〇時　司會　高明・李民

發表者・發表題目
饒宗頤「卜辭〈殻門不往奄〉解―殷禮提綱之一」
楊升南「殷墟卜辭〈男〉爲爵稱說」
宋鎭豪「甲骨文中反映的農業禮俗」
末次信行「殷代支配階級的主食」
王貴民「甲骨文中的商朝貢納及其所反映的相關社會制度」
雷煥章「說〈土〉與〈方〉―商代對土地與祖先的一些概念」

葛英會・李永徊「卜辭祼祭與卜祭用日」

曹錦炎「説〈大甲師師珏〉」

第二節　午前一〇時一〇分～一一時四〇分　司會　黃競新・楊育彬

發表者・發表題目

常玉芝「百年來的殷商曆法研究」

楊育彬「〈夏商周斷代工程〉中有關商年代學考古研究的幾箇問題」

彭隠鈞「商代甲骨文中日月食記錄的天文學方法研究和統計學分析」

羅琨「甲骨文五次月食研究的歷史回顧」

村上幸造「關于若干紀時名詞的考察」

肖良琼「劉朝陽與殷周天文曆法研究」

河永三「甲骨文所見時間表現法之特徵」

曹定雲「殷墟卜辭〈㞢〉乃〈敦〉之初文考」

黃天樹「殷代的日界」

第三節　午後二時三〇分～四時　司會　陳煒湛・陳方正

發表者・發表題目

謝濟「上帝崇拜在商代宗教信仰中的地位内容」

鄭慧生「商代的御祭」

荒木日呂子「卜骨的象徵意義」
張國碩「論商代甲骨卜用後的處置」
井上聰「再論腰坑葬俗的文化意義」
朱啓新「商代學校教育」
趙廣暉「從商代考古看先秦音樂文化」

發表者名簿になくて論文提要のある者

韓江蘇「甲骨刻辭〈多〉釋義」
徐義華「商代諸婦的宗教地位」
黃孕祺「殷墟甲骨文寫刻與解讀之省察」

開幕後に分かった發表者・發表題目

末房由美子「關于新幹大洋洲出土的臥虎大方鼎」
涂白奎「殷墟卜辭〈貞〉字爲龜腹甲形說」
楊善淸「殷代〈烛龍〉銅燈考 —兼談甲骨文中所見之照明器具」
陳凱東「恆水名源考辨」
趙平安「續釋甲骨文中的〈乜〉〈𠤎〉〈䛐〉—兼及舌（昏）的結構、流變以及其他古文字資料中從舌諸字」
孫亞冰「卜辭中所見〈亞〉字釋義」

以上の發表報告は、配布された論文提要目錄に〈甲骨學研究〉〈文字考釋〉〈商史與商文化〉〈殷墟考古與商代地理〉〈天文年歷研究〉〈青銅器研究〉等に分類されている。記念會議ということで發表者が多いためか、一名の持ち時間は短く、質疑應答の時間もなく、通常の會議とは趣を異にしていた。なお會議の合間に石璋如の錄音された聲が披露された。

また會議の期間中に遺跡を參觀した。二一日の午前中は殷墟博物苑・中國社會科學院考古研究所安陽工作站・袁墳を、二二日の午後からは羑里・嶽廟（嶽飛の廟）を回った。殷墟博物苑は一九八七年に一度訪れたが、博物苑として開苑したのがちょうどその時であった。苑内の宮殿區にある復元された建築物は『建築考古學論文集』（文物出版社、一九八八年）の著者である楊鴻勛氏の設計にかかり、一二年前は楊氏の説明を聞きながら苑内を參觀した記憶がある。建築物の中には内外の著明な甲骨學研究者の著作が展示されていた。宮殿區の東北、洹水が西曲する邊りにあるH1（一號灰坑）と名づけられた小坑は、一二年前に發掘したもので、當時はまだ埋め戻されておらず、坑の上にテントが張られていた。また婦好墓は地下に複製の墓が復元され、地上には白い婦好の塑像が立っていた。

小屯の西の外れにある安陽工作站は、以前、發掘物は正門を入って正面奥の建物に展示されていたが、この度は正門を入ってすぐ左の新しい建物に展示されていた。一九九〇年以降の發掘物もかなり展示されており、寫眞を自由に撮らせてくれた。特に花園莊からの發掘物は目新しく、今會議でも若干の發表があり、注目を集めている地點である。なお一二年前には工作站の隊長であった鄭振香女史から説明を受けたことを思い出した。女史は今會議に參加し發表もされており、まだまだお元氣であった。また袁墳は袁世凱の墳墓のことで、現在は公園になっており、甲骨文發見一〇〇周年を記念して、園内の建物の一隅に寄贈された甲骨片を展示していた。

安陽市から車で三〇分ほどの湯陰縣の畑の中にある羑里は、『史記』殷本紀によると、周の文王が殷の紂王に幽閉されたところで、かなりの面積の版築の基壇が殘っており、以前は小學校があった。現在は基壇の周りを石で固めてしまい、基壇の上にはいろいろな建物が建ち、文王が六十四卦を考案したことにちなんで演易臺が建てられ、中には文王の座像が置かれ、基壇の前の廣場には文王の塑像が立っていた。また羑里から程近い嶽廟は、南宋の武将嶽飛を祀った廟で、湯陰縣は彼の出身地であり、町の中心には立派な嶽飛の立像が建ち、廟の前の通りには觀光客相手の店がずらりと竝んでいた。

會議最終日の二三日は、都合で午前中から湖北省の武漢へ移動しなければならず、この日の會議と閉幕式は參加できなかったので、日程表の記載どおり以下に記す。

最終日の午後、安陽賓館から徒歩で四〇分ほど離れた安陽高等師範專門學校の多功能庁で會議と閉幕式を擧行。發表は午後四時に終了し、すぐに閉幕式に移行。式次第は以下のとおり。

(一) 主持人宣布閉幕式開始

(二) 學者代表發言

1、日本關西外國語大學伊藤道治教授

2、臺灣師範大學呉璵教授

3、日本東京大學松丸道雄教授
4、臺灣彰化師範大學梁文偉教授
5、歐盟魏根深駐華大使
6、カナダコロンビア大學高嶋謙一教授（不參加）
7、吉林大學林澐教授
㈢ 安陽市人民政府致歡送辭
㈣ 中國社會科學院考古所劉慶柱所長致閉幕辭
㈤ 主持人宣布此次紀念大會閉幕

日本人は、荒木日呂子・井上聰・伊藤道治・石田千秋・大川俊隆・近藤愛・末次信行・末房由美子・鈴木敦・高久由美・名和敏光・成家徹郎・難波純子・哈瑪宛・馬越靖史・松丸道雄・村上幸造・吉冨透・吉田篤志（五十音順、略敬稱）の一九名が參加した。

六　遺跡を廻って

——考古と文物の旅——

周原 ——周人の故郷を訪ねて——

近年來、中國の考古學の成果は目覺ましい進歩があり、その代表的なものには、中國最初の王朝の遺跡である殷墟や秦の始皇帝の兵馬俑、また貴婦人のミイラが發掘された馬王堆漢墓などがあるが、ここで紹介する周原もこれらの遺跡に劣らぬ重要な發掘成果といえよう。

周原は陝西省の岐山縣・扶風縣に點在する多數の遺跡群の總稱であり、昔から西周の青銅器が出土していた場所でもある。『詩經』や『孟子』などの古典によれば、周の文王の祖父である古公亶父（大王）は、異民族の狄に追われて豳（邠とも書く。陝西省栒邑）から岐山の麓に移住しており、また『史記』には、古公亶父の後、子の季歷（公季）と孫の文王とがここを都とし、文王の晩年になって、今の西安西郊の豐邑（陝西省戶縣）に遷都したことが記錄されている。

この周原遺跡からはいくつかの宮室の遺構や墓が發掘され、多數の青銅器が出土し、特に注目されたのが甲骨文（卜辭）を刻んだ三〇〇片ほどの卜骨が出土したことである。甲骨文はすでに解讀されており、その内容は祭祀・狩獵・征伐などを占ったもので、殷墟から出土した甲骨文の内容と同樣なものであることから、周初の宗教活動も殷代と同樣に卜占によっていたことが立證された。

一九九一年九月、池田末利廣島大學名譽教授（元大東文化大學教授）を中心とする數人のグループとともにこの地を訪れる機會に惠まれた。周原入りに際して陝西省文物局の宋振興・陳全方兩氏にお會いし、遺跡見學の許可を得るとともに現在の情況説明を受け、さらにいろいろと便宜をはかっていただいた。陳全方氏は『周原與周文化』（上海人民出版社、一九八八年）の著者でもある。周原までは同文物局の陳安利氏に同行していただき、車で三時間ほどかかった。

私たちが見學したのは召陳村（扶風縣）と鳳雛村（岐山縣）の遺跡であり、兩方とも遺構はすでに覆土されていたが、その大きさや位置關係を實感することができた。出土文物の一部は召陳村の周原博物館に展示されており、「商尊」や「史牆盤」などの青銅器や、數點の甲骨を見ることができ、特に甲骨文（卜辭）は殷墟出土のものに比べて小さく、その彫り方はかなり纖細な感じがした。博物館を訪れた際、館長の羅西章氏は不在で會えなかったが、副館長の李景茂氏がおり、李氏にいろいろと説明していただいた。遺跡は博物館の側にあり、煉瓦塀に復原圖が畫かれていた。また陳列室の入り口には漢字の横に平假名で「しゅうげんれきしぶんぶつちんれつしつ」と書かれていたので、日本人の觀光客を當て込んだものと思われたが、ここまで來る觀光客はそういないのではないか。陳列室には青銅器の拓本が賣られており、展示品の眞物から拓したもので、青銅器の銘文の所が墨で黒光りしていた。

周原甲骨は鳳雛村の遺跡から出土したもので、岐山文物管理所の所員らによって發掘作業が進められたものと思われ、私たちが管理所を訪れた時にも、まだ發掘當時の寫眞や宮室の復原圖等を掲げていた。遺跡は管理所からわずかの所にあり、所員の一人が案内してくれたが、この地方の人らしくかなりの訛りがあり、同行の陳氏も聞きづらいとこぼしていた。この所員は甲骨發掘時に立會っていたらしく、發掘地點や發掘時の情況を詳しく説明してくれ、また遺構の跡がわかるように薄く覆土されていたので、説明の助けとなった。覆土の中には陶器の破片や牛骨なども混じっていた。所員の説明では、この遺跡から岐山がよく見えるとのことであったが、黄塵のために山並がかすかに望める程度であった。黄塵は慣れないとかなり息苦しいものである。

遺跡見學の後、近くの法門寺のホテルに一泊した。唐の元和十四年（八一九）に憲宗皇帝がこの法門寺の佛塔に藏められたシャカの指骨一節を長安の宮中に迎え入れて供養したのに對し、儒者の韓愈は「論佛骨表」を上奏して諫めたのであるが、かえって皇帝の逆鱗に觸れて死罪になりかけた話は有名である。翌日見學した法門寺博物館に、なんとシャカの指骨一節が純金の入れ物とともに展示されていたのには驚いた。これは崩れた佛塔（明代に再建されたもの）の改修作業の際、偶然發見された地下宮殿から唐代の皇室の珍寶とともに發見されたものであり、その時の地下宮殿の様子や珍寶について解説したビデオを見せてもらった。私たちの見たビデオの解説は日本語に吹き替えてあったが、あまりうまい吹き替えとはいえなかった。歸り際、係員の女性から日本に歸ったら法門寺を宣傳してほしいと言われた。寺院の回りには小規模なホテルが立ち竝んでいるところを見ると、ここを觀光地として誘致したいらしく、中國人の商魂たくましい一面を見ると同時に、將來、日本人觀光客がドッと押し寄せた時のことを考えると、何か複雑な思いがしてならなかった。

戰國・秦・漢・三國時代の簡牘・帛書等を見聞して ——中國出土資料調査報告——

一九九九年八月一八日から三一日までの二週間、中國社會科學院歴史研究所の招請を受け、安陽（河南省）・武漢（湖北省）・荊州（湖北省）・荊門（湖北省）・長沙（湖南省）の各地で、出土資料等を調査見聞する機會に惠まれた。中國社會科學院は日本學術振興會と交流協定を結んでいるため、日本學術振興會からの派遣研究者の身分で各地を回ることになった。歴史研究所の陳祖武所長にはこの招請に對する感謝の意を表したい。なお歸國前日には宴席まで設けていただき、會議の合間をぬって同席してくださった。受入研究者になっていただいた歴史研究所の常玉芝女史にはいろいろと便宜を圖ってもらい、北京では建國五〇周年特別展示中の中國歴史博物館を案内していただき、更には書籍購入にも同伴していただいた。また歴史研究所科研處處長の齊克琛女史には渡航の數ヶ月前からスケジュールの打合わせや現地の博物館・研究所等との連絡をとっていただき、調査研究が滯り無く實施できた。

なお調査旅行には、出土資料に興味を持って楚文化研究に取組んでいる吉富透亞細亞大學講師と、やはり出土資料に興味を持ち、北京に留學中の大東文化大學の近藤愛氏とが同行した。二人とも中國語に堪能で、旅行中いろいろと世話になった。特に吉富氏には調査中の記録を取ってもらい、この調査報告もその記録に負うところが大きい。

この度の派遣の研究課題は「中國出土資料研究」ということもあり、二週間の派遣期間中、二〇日から二三日まで安陽で開催された〈紀念甲骨文發現一〇〇周年國際學術研討會〉に參加した。一〇〇年來の甲骨學の總括や、近年來新たに發掘された甲骨文による成果の發表等、いろいろ裨益するところがあることを期待しての參加であったが、質疑應答無しの一人一〇分程の發表で、通常の學會とは趣を異にし、何かもの足りなさを感じた。ただ殷墟の中國社會科學院考古研究所安陽工作站には九〇年代に入って發掘された新出の甲骨文や青銅器が展示されていて、なかなか見應えがあった。この學會の參加報告については、『大倉山論集』第四五輯（財團法人大倉精神文化研究所、二〇〇〇年三月）に掲載豫定である。

一　湖北省博物館

安陽での學會の最終日二三日は、午前中から武漢へ移動しなければならず、參加できなかった。午前一〇時頃に安陽驛發の列車（新空調硬座特快臥）に乘って武漢へ。途中淮水を境にして農作物がコーリャン（高粱）から稻に變わり、午後六時頃武漢（武昌）驛に到着。湖北省博物館の唐剛卯副館長等が出迎えてくれ、宿泊ホテルの泰華大厦に荷物を置いた後、市街地にある武漢三五酒店にて唐氏らと晩餐。湖北料理は辛いのを覺悟していたが、辛さを抑えた料理にしてくれたらしく、以外に食べやすかった。

二四日午前中は湖北省博物館に出向き、舊館の保管庫の側の部屋で曾侯乙墓竹簡・望山楚簡・包山楚簡・雲夢睡虎地秦簡等を拜見。唐副館長の他に同館研究員で『荊門郭店竹簡老子解詁』（藝文印書館、一九九九年一月）

の著者の劉信芳氏や王紅星湖北省文物考古研究所副所長らが同席した。王氏は包山楚墓を發掘した荊沙鐵路考古隊に關係しており、荊沙鐵路考古隊は湖北省博物館・湖北省文物考古研究所・荊州博物館の研究員で構成された發掘隊である。竹簡の出し入れは主に保管部の蔡露武研究員が擔當した。なお九店楚簡・龍崗秦簡等は文物考古研究所で脱水處理中のため拜見できなかった。保存狀態は包山楚簡と雲夢睡虎地秦簡とがよく、曾侯乙墓竹簡と望山楚簡とはあまりよくなく、全ての簡をガラス板に挾んでケースに收めていた。簡の長さは曾侯乙墓竹簡・望山楚簡・包山楚簡が六〇~七〇センチ程で、雲夢睡虎地秦簡が二〇~三〇センチ程であり、幅は一センチ弱のものがほとんどである。

曾侯乙墓竹簡の發掘報告（『曾侯乙墓』文物出版社、一九八〇年）に載った圖版は文字が不鮮明であるため、赤外線寫眞撮影による新たな出版計畫があるとのこと。拜見した竹簡中、吉冨氏が同一の出土番號の付された二本に氣づいたので、發掘報告の圖版と照合するも不明。恐らく整理中における誤りであろう。なお出土番號と釋文番號との照合には不便を強いられた。望山一・二號墓楚簡は出土時には脱水等の保存技術が確立されていなかったために、簡自體が黒ずんでしまい、文字も不鮮明なままで整理作業を終えてしまったという。從って、出版された圖版（『望山楚簡』中華書局、一九九五年六月）の寫眞は黒ずんで讀めない字もあるため、寫眞の脇に摹本を竝列している。包山二號墓楚簡は文字が鮮明で泥跡もわからないほどであったが、出土時にはのびた麵のようであったというから、その復原技術には驚かされた。出版された圖版（『包山楚簡』文物出版社、一九九一年一〇月）は鮮明ではあるが、やはり實物は墨跡が浮出て綺麗に見える。雲夢睡虎地一一號墓秦簡については「秦律」と「効律」とを拜見。線の細い文字が鮮明であった。なお「効律」の一部は北京の中國歴史博物館で開催中の特別展に出品中のため、ケースの中で番號が跳んでいる箇所があった。

竹簡を拜見した後、舊館で開催中の「中國陶器陳列展」を參觀し、その後館内の食堂で會食した。會食中に『本草綱目』を著した明の醫學者李時珍の名前を冠した藥用酒を賣りにきたが、この地方の出身であったとのこと。王氏が發掘時の體驗として語ってくれた中で、この地方の土質が惡くて泥水に悩まされ、發掘作業中に土砂崩れで殉職者を出してしまい、彼らの命がけの作業の結果、すばらしい出土物を發掘することができ、そのお陰で現在の新館（曾侯乙墓陳列館）ができた、という話が印象的であった。午後から劉氏の案内で新館を參觀し、巨大な編鐘を目の當たりにすることができ、その他の副葬品も整然と展示されていて、その莊嚴さは一見の價値がある。參觀後、新館別館にて複製の編鐘を用いた演奏會が行われたたが、日本でも東京國立博物館で一九九二年三月～五月に開催された「曾侯乙墓展」や、やはり東京國立博物館で一九九八年七月～九月に開催された「漆で描かれた神秘の世界─中國古代漆器展」において、複製の編鐘を用いた演奏會が行われている。曲目は來館した人の國籍によって決めるそうで、當日は日本人が多かったせいか「さくら」の演奏があった。演奏終了後、唐氏らの案内で黃鶴樓に登り、再び晩餐を共にした。晩餐會場は湖北三五酒店で、前日の武漢三五酒店と同系列のレストランらしく、人氣があるようだ。

二　荊州博物館・望山楚墓

二五日午前八時半にホテルを出發、湖北省博物館にワゴン車を出してもらい、昨日竹簡見學の際の蔡氏と黃鶴樓に同行した運轉手の周詩遠氏とが同行した。武漢から荊州まで高速道路で三時間程の距離である。昔、雲夢澤と言われた地域は道路の兩側に溜池が多く、池には蓮の花がちょうど見頃であった。後で食事の時に氣づいたことだが、湖北料理は蓮根料理が多く、池の蓮は栽培であることが分かった。また楚墓見學の豫定なので天候が氣になったが、曇り空で何とか持ちこたえた。實は二二日に香港空港で臺灣の中華航空機が悪天候で着陸に失敗、二〇〇人以上が死傷しており、このニュースを安陽のホテルで見ていたので、臺風の動きが氣になっていたが、幸いに臺風は北上しなかった。一一時半に明・清時代に造られた荊州市の城門をくぐって荊州博物館に到着、彭浩副館長に挨拶し、宿泊ホテルの荊州賓館に荷物を置いて彭浩氏らと會食。なお彭氏は六月五日に東京で開催された東方學會主催の國際東方學者會議のシンポジウム「楚簡より見た先秦文化の諸相」で「望山、包山・郭店楚墓の發掘と楚文化」と題して講演された。

會食後、荊州博物館にて陳列館を參觀。中央に池を配した宮殿造りの館内には鳳凰山（前漢初期）や馬山（戰國）の展示物がほとんどで、特に絹織物の展示は特色があり、また中國最古の馬山墓主の男性のミイラ（濕屍）が展示され、その墓室を再現してあった。館内には日本人の參觀者の姿も見られた。ちょうど「古代漆木器精品展」を開催中で、舌を出し頭に鹿の角を戴いた鎭墓獸や座屏等の漆器類を多數展示していた。參觀の後、保管庫側の建物で鳳凰山九號・一六八號墓漢簡・張家山四七號墓漢簡・天星觀一號墓楚簡等を拜見。天星觀楚簡は七〇センチと長く、彭氏によればテキストとして使用するには長すぎて不便なため、墓主が讀むためのものではないかとのことであり、包山・望山等の長い竹簡は全てこの推測が當てはまるものと思われる。なお整理番號が記されていないのは、全ての竹簡の脱水處理が終了した時點で付けるためで、一簡の脱水處理に半年程かかるため、全部で三年程かかるそうである。竹簡は全てガラス板に挾み、天星觀楚簡は更に液體入りの試驗管に入っている。なお包山楚簡を發掘した若手の方北松研究員も同席していた。

竹簡拜見後、鐵格子の張られた保管棟に移動し、スリッパに履き替えて別室に入ると、ナフタリンのような化學薬品の臭いが充滿し、そこには縦横二メートル程の木郭の中に、馬山一號墓より出土した實物の絹衣「鳳龍虎紋綉羅禪衣」が收められていた。時の經過を疑ってしまうほど光沢が殘っていて綻びもなく、中に詰められた綿の厚みも確認できた。他に拜見した四點の絹織物にも光澤があり、その内の一つの織り方は日本の西陣織に似て横織りであり、一般的な中國の縦織りと異なるため、非常に珍しい織物であるという。因みに前回これを見たのが李鵬首相で、それ以來誰にも見せていないという貴重なものを拜見できた。

午後四時、荊川公路を西北に望山楚墓へと向い、道路工事中で惡路のため五〇分程かかる。墓は荊州から一二、三キロ程（紀南城の西北七キロ程）の八嶺山古墓區にある戰國早期から中期の中型楚墓である。一號墓は公路から農道を一〇メートルほど入った邊りで、畦道を作る作業中に發見されたという。ここから西北約一〇〇メートルに二號墓があるという。一號墓はすでに發掘の形跡はなく、水田となっているが、封土の一部と思われるものが畦に殘されている。一號墓から出土した卜筮祭禱簡は現在最古のものであり、やはり北京の中國歴史博物館に出品中（湖北省博物館藏）の越王勾踐の銅劍がこの一號墓から出土している。ここから北に一〇〇メートル程の田畑の中に圓墳が見えたので、彭氏に近くで見たい旨を傳えたら、ここへ來る日本人學者が必ず要求してくるので、すでに分かっていたそうである。封土の上に登るとそこにも農作物が植えられ、邊りは水田が廣がっていた。

荊州に戻って清朝の庭園（盆景園）が殘されているという景園春酒樓にて晩餐。湖北の名物料理を味わいながら談笑した。その席で吉冨氏が彭氏に質問していたことであるが、インターネットの「楚風遺韻」のホームページは、荊州師範學院が中心となって荊州博物館が資料提供し、中國電信が公開しているものであるが、その中の「楚竹簡文字資料」がなかなかオープンしないという。これについて彭氏は、楚文字を造ることが難しくて時間がかかっていること、また出版社から版權が下りないことが何よりも最大のネックであるという。

三　紀南城・郭店楚墓・包山楚墓・荊門市博物館

二六日の午前中は荊門市博物館へ行く途中、紀南城跡・郭店楚墓・包山楚墓に立ち寄っていくことにした。紀南城は春秋・戰國時代の楚の都の郢があった場所で、紀元前二七八年に秦の將軍白起が攻め入って滅ぼしたところであり、『楚辭』を詠んだ憂國の詩人屈原（前三四三～前二七七）もここに住んでいたことがある。荊州から襄沙公路（二〇七國道）を北へ五キロ程のところに位置する。城壁南端付近で下車し、そこから土壘の上を歩いて四、五分で南端に着く。ここの土壘は自然の利を活かして元々小高いところに積み重ねたもので、周圍より一〇メートルほど高くて見渡す限りの田園風景が望める。土壘は延々と續き、城内はかなりの廣さがあり、北に一一キロほど離れたところに紀山が見えることから紀南城と名づけられている。城内東南には鳳凰山漢墓がある。東側の城壁沿いに公路を北上して北側の城壁東端で下車し、北側の土壘沿いに四、五分歩いてみる。土壘上には木が植えられていて見晴らしはあまりよくないが、ここの土壘の保存狀態が一番よいとのこと。土壘の外側には堀（護城河）が一部殘されていた。土壘の版築について、殷代（商代）前期の都の置かれていた鄭州の城壁の版築は現在もはっきりとその跡が遺っているが、春秋・戰國期に築かれた紀南城の版築跡が遺ってない理由について彭氏に尋ねる、この邊りは雨が多くて土壘の版築は表面が溶けているため、表面をかなり削り取らないと見られないとのことであった。

紀南城から北へ九キロほど襄沙公路を北上すると郭店村に至る。公路から西へ農道を約一キロ入ったところが郭店一號楚墓の發掘地點である。彭氏が指した地點は農道から一〇メートル程入った水田の中にあり、一、二本の木が立っていて既に發掘の形跡はなく、教えられなければどこが發掘地點かわからない。農道脇の圓墳に上がって寫眞を撮ることにした。この一號墓は一九九三年の八月と一〇月の二度の盗掘を受け、犯人を逮捕した後の冬に正式に發掘したのだという。盗掘されていたとはいえ八〇〇餘枚の竹簡が出土し、その中に現在では最古の『老子』や『禮記』の緇衣篇等が含まれており、發掘から四年半の一九九八年五月に『郭店楚簡』（文物出版社）として竹簡の釋文・注釋が出版された。郭店楚墓は郭家崗墓群に屬し、戰國晩期の中型楚墓である。圓墳の上から見渡すと北方に五基の墳墓が確認でき、その中の一番大きな墓は高貴な身分のものであるという。一〇分ほど泥の畦道を歩いて一基の墳墓に上がってみると、西方に郭灘水庫が廣がって見えた。

郭店村から北へ七キロ（紀南城から北に一六キロ）ほど襄沙公路を北上すると王場村に至る。公路から東へ泥の農道を一キロほど入って、荊沙鐵路を越えたところの南側が包山二號楚墓の發掘地點で、鐵路を越えるときにちょうどＳＬが通過するところであった。鐵道敷設工事中に偶然發見されたとのこと。發掘場所はすでに覆土して松を植林していたが、脇の一號墓の封土の一部が殘っていた。彭氏によれば近くの農家に二、三箇月泊まり込みで發掘作業に當たったそうである。戰國中晩期の大型貴族(身分は大夫級)墓で、四〇〇餘枚出土した竹簡の中、二八〇餘枚の有字簡があり、内容は司法文書・遣策(副葬品リスト)・卜筮祭禱等である。その他の出土物としては、折畳式ベッド(折畳床)や現在最古の毛筆(竹筒製の筆入と共に)が珍しい。農道は一キロ程ではあるが、小雨が降ったとみえ道がぬかるみ粘土質の泥が靴底にこびり付いて非常に歩きづらかったが、彭氏はさすがに慣れていて泥が付きにくい歩き方を知っている。

一一時半、荊門市着。彭氏等とゆっくり昼食をとり、午後三時、荊門市博物館を訪問。王必勝館長や劉祖信館長(副研究員)等に挨拶し、まずは館内の展示物を參觀。さすがに包山楚墓出土のものが多く、前述の折畳式ベッドや最古の毛筆等も展示されており、なかなか見應えがあった。また現在では中國最古の女性のミイラ(濕屍)も展示されていた。參觀後、辦公室にて待望の郭店楚簡を拜見。「老子」「五行」「性自命出」「語叢」等八支程ではあったが、鮮明な墨跡が美しく、「五行」の一支は簡頭に〈五行〉と題され、これだけがタイトルを付されている。既刊の圖版も鮮明ではあるが、實物は更に美しく、包山楚簡よりも鮮明であった。竹簡はガラス板に挾まれ、液體入りの試驗管に入っていた。劉氏の説明によると、郭店楚簡は他の竹簡よりも薄く、普通は割った竹の内側を利用するのに對して、竹の表面に近い外側を使用しているため、竹そのものが保存に適していたという。また書體も藝術的に價値が高く、現在の書家には眞似ができないほどであると絶贊された。また同墓より出土した一對の「鳩杖」を拜見したが、彭氏も實物は初めて見ると言っていた。なお再販したい意向があるそうで、特に「語叢」の竹簡の順序に不滿があることと、當館研究員の崔仁義氏の『荊門郭店楚簡老子研究』(科學出版社、一九九八年一〇月)のように「太一生水」を獨立した一篇とせずに、「老子」の佚文とすべきことを再考中だそうである。また「緇衣」等と上海博物館の竹簡との關係を伺ったところ、まだはっきり言えないとのことである。彭氏は上海博物館で實際に「緇衣」「孔子閑居」「大戴禮記」「易」等八〇篇を見てきたとのことで、郭店楚墓の周邊から盜掘されたものと推測していた。

四時半、荊門市博物館を後にして襄沙公路を一路荊州へ。五時半、荊州市の堀に架かる九龍橋を渡り東門の河畔公園にてしばし休息し、仿古一條街にて荊州の地圖を購入。その後、彭氏らと晩餐。

四　湖南省博物館・馬王堆漢墓

二七日午前九時半、荊州市を出發。ホテルの荊州賓館に彭氏が見送りに來られた。二日間付きっきりで案内していただき、感謝の念に堪えない。高速道路を一路武漢へ。途中、蔡・周兩氏と昼食を取る。兩氏が三日間同行してくれたので、調査旅行が滞りなくできた。午後二時半、湖北省博物館に到着。唐副館長に再會し、次の訪問先である長沙への出發時間に間があることから、再び曾侯乙墓陳列館を參觀。前館長の舒之梅氏にお會いし、歷史研究所の齊文心女史（舒氏とは北京大學での同學）からの傳言を渡すと同時に、湖南省博物館の陳松長副館長への傳言を豫かった。午後四時五五分武漢（武昌）發の特別快速に乘車。ホームまで重い荷物運びを手傳ってくれた蔡氏には、最後までお世話になった。午後九時五〇分長沙着。湖南省博物館辦公室主任の游振群女史が出迎えてくれ、ホテルの湘江賓館にて明日の豫定の確認。

慈利竹簡と走馬樓三國呉簡を見たいとの希望を出したが、慈利竹簡は保存狀態が惡く見る價値がないので、他の竹簡を用意するという。走馬樓三國呉簡は長沙市博物館にあるので參觀可能とのこと。また荊州のTVニュースで見た沅陵虎溪山一號漢墓の發掘現場を參觀希望したが、博物館が發掘に關與していないので殘念ながら實現には至らなかった。沅陵虎溪山一號漢墓については、二七、二八日の『長沙晩報』や『三湘都市報』に記事が出ていたので簡單に紹介すると、規模は馬王堆漢墓と同等で、椁室の構造も馬王堆漢墓と基本的に一致し、時代もほぼ同時期で、墓主は第一代沅陵侯の呉陽か第二代の呉福と推定する。副葬品は五〇〇餘件出土し、七個の陶鼎（諸侯七鼎）・數百片の竹簡・一枚の木牌（冥界への通行手形）等が注意を引く。

二八日午前八時半、游女史が迎えに來て朝食（早茶）をとり、九時半、湖南省博物館にて陳松長副館長に挨拶し、舒之梅氏の傳言を渡した。また中國社會科學院歴史研究所と連絡をとってもらった李建毛館長助理（副研究員）に挨拶し、著書をいただく。ちょうど臺灣の臺北故宮博物院で漢代文物展を開催するため、翌二九日から出品物の搬送準備が始まるとのことで慌ただしく、また陳副館長は成都の會議から戻ったばかりでお疲れの様子であった。臺北での文物展は九月二一日から開催の豫定で、當日未明に臺灣中部においてマグニチュード七、六の大地震があったにもかかわらず、豫定どおりに開催したとのこと。後に吉冨氏はこの文物展を參觀したそうである。博物館の出版物を購入してから、游女史の案内で馬王堆漢墓陳列館を參觀し、沅侯婦人のミイラ（濕屍）・帛畫・漆器類等を見學した。なお博物館は現在新館建設中で雜然としていた。陳副館長等と昼食を共にし、午後からは游女史が同行して馬王堆漢墓の保存現場を訪れ、三號墓の内部を撮影することができた。一號墓は埋戻されているとのことである。漢墓を參觀の後、湘江を渡って嶽麓書院を散策。朱子らも講學したという古くからの書院で、毛澤東をはじめ有名人の多くがここで學んだという。

午後四時に博物館に戻り、陳氏立會いのもとで待望の帛書等を拜見。拜見できたものは、臨澧縣九里墓竹簡・楊家灣六號墓竹簡・馬王堆一號墓竹簡・馬王堆帛書等である。臨澧縣九里墓竹簡は戰國晩期のもので、保存狀態が惡いため文字の判讀に苦勞する。陳氏はその內容から遣策であるという。楊家灣六號墓竹簡は戰國晩期のものか漢代初期のものか定說を見ない。一二センチ程の短い竹簡の上端に一字か二字記されているだけであり、おそらく遣策であろう。圖版はすでに商承祚編『戰國楚竹簡彙編』（齊魯書社、一九九五年一一月）に收錄している。馬王堆一號墓竹簡は遣策である。三號墓の遣策は未發表であるが、一號墓と內容が大差ないため今後も發表の豫定はないとのことである。馬王堆帛書は老子甲・乙篇すべて見せてもらった。北京の故宮で軸に表裝されたという。太い軸心に巻かれていたが、甲・乙篇ともに貼り付けミスがあるという。乙篇には書寫當時の書き間違いの箇所に赤い紙を貼って訂正した痕跡を見ることができた。午後六時、游女史らと晩餐、金太陽大酒店にて蛇料理を味わった。午後七時半、繁華街の平和堂という日本資本の百貨店で土產を買う。この百貨店を建設中に古井戸（二二號井戶）から發見されたのが走馬樓三國呉簡である。同行してくれた游女史がその場所を指し示してくれた。

二九日午前八時、游女史が迎えに來て朝食（早茶）をとり、九時に長沙市博物館へ。正門を入った廣場には毛澤東の銅像が立ち、博物館の建物正面には青年時代の肖像畫が掲げられ、一時暮らしたという舊家が記念館として置かれていた。博物館の楊女史の案內で館內を參觀。館內の一室は發掘現場を復原してあり、參觀者が理解しやすい工夫を凝らしている。三國時代の文字資料がこれほど大量に發見されたのは初めてのことで、その文字數は『三國志』の三倍以上に當たるという。內容は租稅に關する巻書・司法文書・人名簿・名刺・官刺・帳簿類等の經濟關係資料が中心である。この呉簡が出土したのは上記の百貨店建設現場の古井戸からであるが、この付近には古井戸が多く、當時の生活の中心地であることから多くの文物が出土しているという。これら木牘は長沙市文物工作隊で整理作業が行われている。また上記の沅陵虎溪山一號漢墓の發掘にも關與しているという。

午前一〇時半、長沙市博物館そばの文物商店を覗き、游女史の見送りで空港に向かい、慌ただしい湖北・湖南の日程を終え、空路北京へと向かった。

青銅器の鄕を尋ねて ――陝西寶鷄調査報告――

一　青銅器の寶庫

陝西省寶鷄市は青銅器の寶庫と言われるように、昔から多くの青銅器が出土している。有名なものでは清代乾隆中葉（一七七〇年前後）に寶鷄市郊渭河南岸から出土した散氏盤（西周厲王時、銘文三五七字、臺北故宮博物院藏）・清代道光初年に寶鷄市岐山縣禮村（または眉縣李村）から出土した大盂鼎（西周康王時、銘文二九一字、現在最大の西周銅鼎、中國國家博物館藏）・清代道光二十三年（一八四三年）に寶鷄市岐山縣禮村から出土した毛公鼎（西周宣王時、銘文四九七字、現在銘文最多の銅器、臺北故宮博物院藏）・清代道光年間に郿縣虢川司（現在の寶鷄市陳倉區）から出土した虢季子白盤（西周宣王時、銘文一一一字、中國國家博物館藏）・一八九〇年に寶鷄市扶風縣法門鎭任家村から出土した大克鼎（西周孝王時、銘文二九〇字、上海博物館藏）等があり、國外にもかなりの數が流失しており、京都の藤井有隣館藏の小克鼎もこの區域から出土した青銅器である。その他にも何尊・史墻盤・秦公鐘等の國寶級の青銅器が寶鷄地區から出土している。

二〇〇五年四月から一年間の海外研究の機會を得た私は、研究期間中に是非この寶鷄市へ調査に訪れたいと思っていた。ちょうど大東文化大學人文科學研究所の金文研究班で進藤英幸元明治大學教授（財團法人無窮會東洋文化研究所所長）を中心に郭沫若著『兩周金文辭大系圖錄攷釋』を讀解中であったため、研究班のメンバーのうち進藤教授・小林茂流通經濟大學助教授と私（大東文化大學助教授）の三名が寶鶏・西安地區の調査旅行をすることにした。

二　寶鶏青銅器博物館

二〇〇五年八月二九日朝、研究班の三名は北京から陝西省の咸陽國際空港へ飛んだ。約一時間半のフライトである。空港からタクシーをチャーターして約二時間半で寶鶏到着。寶鶏驛（火車站）對面の寶鶏國貿大酒店を宿泊先に選び、午後から寶鶏青銅器博物館を參觀。この博物館は一九九八年九月八日に落成開館した中國でも初めての青銅器專門の博物館で（圖1）、寶鶏地區出土の青銅器が所狹しと竝び、かなりの迫力である。一九七五年二月に岐山縣董家村の窖藏から出土した青銅器（三七件、銘文あるもの三〇件）や、一九七六年一二月に扶風縣莊白村の窖藏から出土した青銅器（一〇三件、銘文あるもの七四件）、近年日本でも東京國立博物館等で展覽されて話題となった二〇〇四年一月に郿縣楊家村の窖藏から出土した青銅器（二七件、全てに銘文があり、總文字數が四〇〇〇字に達し、發掘史上銘文文字數最多の青銅器群である）等が陳列されており、量の多さと質の高さでは中國國家博物館・陝西歷史博物館・上海博物館等にも引けを取らないと言っても過言ではない。

博物館の圖錄（『聚寶藏珍』）に據れば、寶鶏地區出土の西周青銅器は一五〇〇〇餘件あり、全國で出土した西周青銅器の半數以上で、種類も全て揃っており、一九九六年の國家文物局の鑑定では珍貴文物三一八四件、そのうち一級文物が三二二件にも達した。また出土の時間と地點がはっきりしているので、大部分が青銅器研究の標準器になり、また史料的價値が高く、一九六三年に寶鷄賈村から出土した何尊（西周成王時、銘文一二二字、寶鷄青銅器博物館藏）は（圖2）、洛陽（洛邑）建城の時期が確認でき、また「中國（中域）」の熟語が初めて出現したことでも有名になった（圖3）。またこれらの青銅器は鑄造技術や藝術面に於いても高度の水準に達していたことが分かる。

博物館陳列品のうち、岐山縣董家村の窖藏から出土した倗匜（西周晩期、岐山縣博物館藏）は、器蓋に銘文が連なって共に一五七字あり、一篇の法律判決書になっており、最も早い〈青銅法典〉と言われている。また扶風縣莊白村の窖藏から出土した史墻盤（西周中期、銘文二八四字、周原博物館藏）は、文・武・成・康・昭・穆ら六人の周王の史跡と微氏家族史（史墻は微氏族人）が記録されており、〈青銅史書〉と稱されている。また郿縣楊家村の窖藏から出土した逨盤（西周晩期、銘文三七二字、現在寶鷄青銅器博物館に陳列）は、作器者逨（單氏家族）の先祖八代が周室の重臣で、文・武・成・康・昭・穆・恭・懿・孝・夷・厲・宣ら十二人の周王を輔佐した史跡等が記録され、史墻盤に記録された穆王までの西周史を補う形になっている。以上の青銅器のうち倗匜と史墻盤は他の博物館に展示され、寫眞だけが掲げられていた。

一九八一年に寶鷄市郊紙坊頭一號墓から出土した四耳簋（西周早期、大きな四つの取っ手〔耳〕が特徴。寶鷄青銅器博物館藏。アメリカのフーリア〔弗利爾〕美術館藏寶鷄戴家灣出土の四耳簋と寶鷄石鼓山西周墓地四號墓出土の四耳簋は、紙坊頭一號墓出土の四耳簋と器形・紋飾が極めて似ている）・一九七五年に董家村の窖藏から出土した九祀衞鼎（西周中期、銘文一九五字、同出の九祀衞鼎は陝西歴史博物館藏。岐山縣博物館藏）・やはり董家村の窖藏から出土した衞盉（西周中期、蓋内銘文一三二字、岐山縣博物館藏）・一九七六年に寶鷄市郊竹園溝𢐗國墓地七號墓から出土した伯格卣（大小兩件、西周早期、器蓋同銘文各六字、腹部に立體的な羊首紋あり。寶鷄青銅器博物館藏）・二〇〇三年一月に郿縣楊家村の窖藏から出土した四十二年逨鼎（大小兩件、西周晩期、銘文二八〇字、年・月・日〔干支〕・月相が具わり、暦法研究に新材料を提供。現在寶鷄青銅器博物館に陳列）（圖4）・四十三年逨鼎（大から小まで順次一〇件、西周晩期、銘文は九篇に分鑄、銘文三一六字〔甲〕、現在寶鷄青銅器博物館に陳列）・單五父壺（甲乙兩件、西周晩期、銘文は壺口内壁に一九字〔二箇の重文を含む〕、器蓋同銘各一七字、現在寶鷄青銅器博物館に陳列）・逨盉（西周晩期、蓋内に銘文二〇字、扁平圓形、鳳鳥形の蓋、腹兩側に蜷局を巻く夔龍紋。現在寶鷄青銅器博物館に陳列）・一九七八年に寶鷄縣太公廟村の銅器窖藏から出土した秦公鎛（大中小三件、春秋期、三件銘文同樣、鼓部に銘文一三五字、寶鷄青銅器博物館藏）等は全て展示されていた。一九九二年に寶鷄市郊益門堡の秦人墓から出土した金柄鐵劍（春秋晩期、柄は金質鏤空で綠松石が象嵌されている。寶鷄青銅器博物館藏）は秦始皇兵馬俑の陳列館に展示されている。

また動物を意匠した青銅器で、一九五五年三月に郿縣李村から出土した駒尊（胸の前に九四字の銘文が鑄込まれ、蓋の内に銘文一一字。國家博物館藏）は國家博物館に、一九七五年に寶鷄市郊茹家莊の𢐗國墓地二號墓から出土した貘尊（西周中期、銘文八字、背の蓋の鈕が虎の形をしている。寶鷄青銅器博物館藏）・𢐗國墓地一號墓から出土した象尊（西周中期、背の蓋は錆付いて開かないため銘文の有無を確認できない。鼻を高く跳ね上げているのが特徴。寶鷄青銅器博物館藏）・一九八八年一一月に茹家莊西周遺跡から出土した魚尊（西周晩期、鯉の形をし、背びれが蓋の鈕になっており、全面に鱗の模様がある。寶鶏青銅器博物館藏）・一九八八年に茹家莊から出土した母子虎（西周中期、母虎が子虎を銜み、體が後ろに傾斜した形になっている。寶鶏青銅器博物館藏）・一九六七年三月に岐山縣賀家村から出土した牛尊（西周中期、背の蓋の鈕が虎の形をしている。陝西歷史博物館藏）・一九七六年一二月に扶風縣莊白村の窖藏から出土した折觥（西周早期、銘文四〇字、周原博物館藏）等は陝西歷史博物館やその他の博物館に展示され、㢸國墓地一號墓から出土した三足鳥尊（西周中期、四件同出、一件のみ大型。寶鶏青銅器博物館藏）だけが當館に展示されていた。

三　秦公一號大墓と雍城遺跡

八月三〇日朝九時、再び寶鶏青銅器博物館を訪問。これは昨日閉館間際に日本語が少し分かる館員に日本人向けの説明書の日本語譯を尋ねられ、小林氏が説明書の原稿をホテルに持歸り飜譯を手傳ってやったためである。ついでに圖録等を購入し、一階の文物店で青銅器の拓本を吟味。日本の書家が多く訪れるようで、拓本の値段もかなり高價である。逨盤の拓本などは六〇〇〇元（約七八〇〇〇圓）とのことであった。その後、鳳翔縣の秦公一號大墓遺址博物館を參觀。この博物館は二〇〇〇年に開館した全國初の農民創設の博物館だそうである（圖5）。正門を入って左側に廣大な一號大墓の陪葬車馬坑があり、秦公の權力の強大さを感じさせる。約四十車輛（一車輛四馬）出土したが、保護資金の制限により車馬自體は覆土されている（圖6）。さらに進むと陳列館があり、陳列館前には一號大墓から出土した石磬の擴大レプリカを置き（圖7）、磬の背面に彫られた銘文（大篆）二七字が見やすく配慮されており、現在最も早い石磬銘文で、現物は西安の陝西省考古研究所に展示し、また別の一件は陝西歴史博物館に展示している。この大墓からは三四件の石磬および殘缺が出土しているという。陳列館内は一號大墓の墓室を模して作り、棺椁や陪葬品や小動物（犬？）の尸骨を置いた腰坑（葬俗）のレプリカを置いていた。全て農民が報告書等に基づいて製作したものである。

陳列館の右側に車馬坑よりも深く巨大な一號大墓が顔をのぞかせる。一九七五年に陝西省考古研究所雍城考古隊と鳳翔縣文化館が秦公墓葬の探索を開始し、翌一九七六年の發見から一九八六年まで一〇年の發掘期間を費やしたほどの最大規模の墓葬である。墓道の全長三〇〇メートル、深さ二四メートル、總面積五三三四平方メートルで、殷墟の王墓の一〇倍、馬王堆一號漢墓の二〇倍の大きさである。ただ歴代の盗洞跡が二四七箇所もあり、そのうち墓室まで届いた洞が二〇餘り（四〇との報告もある）あるため、墓室内の銅器や飾りは持去られ、棺具も酷く破壊されていたという。それでも發掘調査の結果、金・鐵・陶・玉・漆器・紡績品および石磬等三五〇〇余件の文物を發見した。またこの大墓からは一八六人（一八四人との報告もある）の殉葬者を發見し、春秋の五霸の一人である穆公（繆公）でさえも殉葬者一七七人であるから（『史記』秦本紀、繆公三十九年）、墓主はかなりの權力者である。椁室は發掘終了時の一九八六年に保護のために覆蓋され、その周圍には農民が製作復原したという一六四箇の殉葬箱匣を置いている（圖8）。

中國網（二〇〇五年六月二〇日）の「一九位秦國君王的陵墓到底在何處」（文章來原：『DEEP-中國科學探險』〔中國科學探險雜誌社〕）に據れば、一號大墓から出土した石磬の銘文にある「天子匽喜、龔桓是嗣、高陽有靈、四方升平」の一六字の大意は、「天子 饗宴を擧行す、磬を作りし者は共公・桓公の嗣子。高陽氏〔五帝中の顓頊、秦人の祖先」天に在して靈あるに因り、國内はもとより四方も升平」であり、ここから墓主は共公・桓公の繼承人である景公（前五七七年～前五三七）と推測する。また景公は統治四〇年の久しきに及び、雍城時期の在位最長の國君で、穆公・桓公の政略を繼承して中原への東進を怠らず、晉國との多次に亙る交戰にもたびたび勝利して秦國の勢力を増強した、秦國史上においても顯著な地位にある國君であるから、このような巨大な大墓が造營されたとする。

秦公一號大墓の北方、鳳翔縣城の南邊に位置する雍城遺跡は時間の都合で參觀できなかったが、農村の中に部分的に城墻が殘存しているとのことである。遺跡はほぼ正方形で、東西三三〇〇メートル、南北三二〇〇メートルで、城内には東西・南北各四條の幹道が井字形に排列され、路面上には車轍の痕跡が發見されたという。『史記』秦本紀には、德公の元年（前六七七年）に雍城に遷都して「大鄭宮」に居したと言い、『括地志』には、大鄭宮は岐州雍縣の南七里の古雍城にあると言う。雍城遺跡内の姚家崗宮殿建築區で宮殿の遺構を發見し、梁と柱等を連接する蟠螭紋の入った青銅製の構件六四件が出土したので、この宮殿遺構を大鄭宮と推測している。他にも朝寢（國君が政務を執るところ）・宗廟・凌陰（藏氷庫）等の遺跡がある（圖9）。『史記』秦本紀には、獻公二年（前三八三年）に櫟陽に築城、その後、孝公一二年（前三五〇年）に咸陽に築城遷都したとあるから、雍城を都城とした期間は二九四年間にも亙り、德公・宣公・成公・穆公・康公・共公・桓公・景公・哀公・惠公・悼公・厲共公・躁公・懷公・靈公・簡公・惠公・出公・獻公ら一九人の秦公がここを都城と定めた。従って雍城周邊には秦公一號大墓以外の陵墓が點在しており、鳳翔縣南指揮鎭南指揮村から郭店鎭三岔村に至る一帶、東西約一二キロ、南北約三キロの雍城秦公陵園（鳳翔縣城の南西）内では陪葬車馬坑を伴う多くの大墓が發見された。また穆公の墓は鳳翔縣博物館に隣接した西院にあり、その西門には清の畢阮（陝西巡撫）が題冩した「秦穆公墓」の石碑が建ち、ほど近い城南の翟家寺村の畑の中に、殉葬された三人の子車氏の「三良冢」があり、やはり畢阮が篆文で書いた「秦三良冢」の石碑が建っているという。

四　周公廟遺跡と周公廟および鳳翔縣博物館

昼前に鳳翔縣博物館に立寄ったが、既に昼休みで午後二時から開館すると言うので、周公廟遺跡參觀の後に再度訪問することにした。岐山縣で昼食を取り、午後から周公廟遺跡を訪ねた。遺跡は岐山縣城西北郊七、五キロの鳳凰山南麓に位置し、周公廟の裏山に當たる。この遺跡は二〇〇三年一二月に周公廟考古隊副隊長の徐天進北京大學考古文博學院教授が學生等と共に發掘調査中、兩片の甲骨（刻辭數五五字）を發見して注目を浴びた。その後、陝西省考古研究所と北京大學考古文博學院が聯合で周公廟考古隊（隊長は王占奎陝西省考古研究所副所長）を組織し、廣範圍の調査を行った結果、大型の西周貴族墓葬群二二座を發見。そのうち四條の墓道を具えるものが一〇座もあり、また墓地を圍む東・北・西三面に計一五〇〇メートルの墻壁が殘存し、さらには兩座の灰坑を發見し、まとまった刻辭卜甲が出土した。この遺跡を仔細に觀察した鄒衡北京大學考古文博學院教授は、「新中國最大の考古發見」と言い、また甲骨文の出土狀況から見て「西周の殷墟となる可能性がある」と言っている。發掘當初は〈西周王陵〉ではないかと喧傳されたが、盗掘がかなり酷くて陪葬品がほとんど殘っていないため、現在は「西周貴族墓葬群」と言って、愼重な對應を取っている。ただ『詩經』（大雅）や『史記』等の記述に據れば、古公亶父（太王）の時に豳（彬縣・長武・旬邑一帶）の周人等は古公に率きいられて岐（岐山脚下）に遷っているから、岐山の南邊にある周公廟遺跡や周原遺跡の範圍内に周王の陵墓が存在する可能性を否定できない。

遺跡はちょうど二次發掘が始まったばかりで、徐天進考古隊副隊長が周公廟脇の招待所に學生を連れて來ていた。中國社會科學院歴史研究所の王震中氏の紹介状を持って徐氏に面會し、午後の休息中に發掘現場を案内してもらった。遺跡は周公廟裏山の斜面に位置するので、現場までは徐氏の運轉する四輪驅動車に乗り、村道から悪路を五分くらい登った。徐氏の説明に據れば、墓葬群は山麓に點在し、西側山麓には未發掘（未發表）の中型小型の貴族墓がかなり殘っているという。トタン屋根に覆われた一八號大墓は秦公一號大墓を見た後だけに、思ったほど大きく感じなかった（圖10）。この大墓は墓葬群の中部に位置し、四條の墓道を具えており、主墓道は南墓道で、幅四、五メートル、その他の墓道は幅約〇、九メートル。南北の墓道の長さは一七、六メートル前後、東墓道は長さ一二、四メートル、西墓道は長さ七、五メートル。墓室は正方形に近く、縦六、八メートル、横六、四メートル。盗洞が九箇所あり、西墓道の脇に沿うように大きな盗洞が掘られ（圖11）、周圍の墓壁には盗掘者が足をかけるために開けた穴が多數あった（圖12）。從って陪葬品はほとんど持去られ、わずかに盗洞から大小各一箇の殘缺した石磬が發見され、大石磬は殘長が六〇センチ餘りで、もし完全なものであれば一メートルを超え、出土した西周時代の石磬としては最大のものということであった。次に拜見した三二號墓は山麓南端の一條の溝の下部に位置し、墓の上層部は溝の流水に削り取られていた（圖13）。やはり周圍の墓壁には數箇所の盗洞が掘られ、一件の原始瓷器片が發見されただけで、瓷器の底部の外面には「自宮」の兩字を含む五文字が確認されている。

周公廟を眼下に見おろす發掘現場には休息のためのプレハブ小屋が建てられ、そこからは南方渭河の方向を眺望でき、延々と續く畑には耕牛を操る農民の姿があった。その畑は試掘によって建築遺構のあることが確認されており、來年にも發掘作業が始まるという。周公廟の東南約　キロからは製陶作坊遺跡が、大墓區の東邊からは鑄銅作坊遺跡が發見され、また上述のように、山麓南端下の兩座の灰坑（2004QZH1・2004QZH2）からは卜甲がまとまって出土し、特にH1灰坑と兩座の灰坑の土を取って塡いだ近くの廢棄灌漑水渠から多數出土した。H1灰坑の形成年代はおよそ西周中期偏晩、H2灰坑は西周早期ということであるから、卜甲の年代は灰坑の形成年代を下らないことになる。出土卜甲七六〇片は綴合して五〇〇片となり、刻辭のあるものは九九片、認識された文字數は四九五字にも達する。そのうち重要な人名は「王」「周公」「太保（召公）」が、重要な地名は「周」「新邑（洛邑）」が確認され、「周公」は七回、「王」と「太保」は各三回、「周」は六回、「新邑」は五回出現している。遺跡から一、五キロ程離れた畑の中にある工作站へ移動して周公廟遺跡の出土品を拜見（圖14）。擴大鏡附きの箱に入り綴合された二片の卜甲は、「周公」の文字が確認できる（圖15）。青銅製の出土品は、蓋の無い器だけの簋一件（器底に數字の銘文あり）、器の無い蓋だけの簋一件（蓋の裏に二行一二字の銘文あり）、蓋の無い香爐のようなもの一件、夔鳳紋を象った飾り一對、車軸か何かの先に附ける飾り一件（人面模樣あり）等があった。他に殘缺した原始瓷器二片、黃白色の璜一件（夔鳳紋入り）、棕色の殘缺した璜あるいは璧一件（夔鳳紋入り）、一八號大墓の盜洞から發見された大小の殘缺した石磬、大小の石磬とも焼けた痕なのか表面が黑く、四〇センチ足らずの小石磬は吊すための穴が開けられていた。

遺跡見學後に周公廟を參觀。正門から續く參道は木々に覆われて靜寂に包まれ、參道を拔けたところには易卦を持った周公の像が立ち（圖16）、その奧に周公の廟があり、周公を眞中に、向かって右に召公の、左に太公（呂尚）

の廟があり、更に奥には姜嫄の廟があった。參觀後、徐氏に別れを告げて午前中に參觀できなかった鳳翔縣博物館へ移動（圖17）。博物館では〈秦人尋根 ―― 雍城史跡展〉と題して、遺址・窖藏・墓葬の三部に分けた展示を行っていた。展示品は雍城時期のもので、建築材料・禮器・車馬器・生產工具・陪葬品等であり、展示點數は少なかったが、特に建築材料の構件（春秋期）や生活工具の鋸（戰國期）等が印象に殘った（圖18）。ただ殘念ながら、時間の都合で隣接する穆公の墓を見ることができなかった。

五　周原遺跡と周原博物館および文物複製廠

八月三一日午前、扶風縣法門鎭の周原博物館文物複製廠を訪ね（圖19）、徐氏が紹介してくれた張恩賢館長に面會し、周原遺跡參觀の案配をしていただいた。文物修復係の楊水田氏の案内で先ず賀家村の岐山縣周原博物館を參觀（圖20）。一九九一年に一度訪れたことがあるが、その時には「博物館」ではなく「工作站」の看板が掲げられていた。管理人の趙雙科氏から展示室（周原遺址西周文物展覧廳）に保管された展示品の説明を受けたが、肝心の周原甲骨は展示室内の金庫に保管されていて、鍵は文物局にあり、前もって許可を得てないと見ることができないということであった。最近は一級文物に對する管理が嚴しくなっているようである。代わりに趙氏が撮った甲骨文の寫眞や青銅器の紋樣などの拓本を見せてもらい、拓本を分けてもらうことができた。

チャーターしたタクシーが故障のため別の車で賀家村の北に位置する鳳雛村（岐山縣）の宗廟遺跡（甲骨發見場所）へ移動。遺跡は薄く覆土されているが、遺構の柱の跡に目印のために石を置き、遺構の位置を分かりやすくしている（圖21）。以前にはこの様な配慮はまだなかった。この遺跡からは北方に岐山の山並みを眺望することができる。次に召陳村（扶風縣）の宮殿遺跡に併設されている周原博物館を見學。博物館前には以前と同様に周公の像が立っていたが、展示館入口の上に平假名で「しゅうげんはくぶつかん」と書かれていた額は取払われ、展示館前に青銅器の文様を圖案化したオブジェが建てられていた（圖22）。展示館内の展示品は、以前は青銅器類が主で、史墻盤や一九七八年に扶風縣齊村から出土した㝬簋（西周厲王時、銘文一二四字、最大の銅簋であるので〈簋王〉と、また厲王が先王を祭祀して作ったものであるから〈王簋〉とも稱される。扶風縣博物館藏）等を展示し、その拓本が賣られており、細字の周原甲骨は擴大鏡付きで展示していた。現在は一九九九年以降に齊家村の東と北・賀家村の北・王家嘴村の北・莊李村の西等を發掘し、發見された先周と西周時代の墓葬二〇五座・車馬坑二座から出土した陶器類を主に展示しており、殘念ながら青銅器は少數であった。しかも展示された青銅器は全て複製であった。一九四一年に扶風縣任家村の窖藏から出土した梁其壺一對（實物の一件はアメリカに流失、西周期、蓋に牛の形の鈕あり）・一九九四年に扶風縣劉家村から出土した王盂（成王・康王時、破壞殘缺して底部〔圏足〕や取っ手〔耳〕等が殘っているのみ。底部に銘文八字、周王の所作を記しているから〈王盂〉と命名された）、その他に圓罍一對（西周晩期）や簋一件が展示されていた。

次に博物館の脇にある宮殿遺跡を參觀。宗廟遺跡と同様に薄く覆土され、遺構の柱の跡に目印のための石が置かれていた。參觀後、法門寺へ戻り、寺院の側のレストランで鄉土料理（何種類もの麺）を賞味し、午後から寺院および博物館を參觀。以前とはだいぶ様子が變わっており、博物館（寶物館）は立派になり、唐の憲宗皇帝が宮中に迎え入れたという佛骨（釋迦の指骨）や入れ物（金銀製の函）も見やすく展示されており、塔（眞身寶塔）

の地下には唐代の地下室の扉などが見られるように工夫されていた。また塔の周邊には唐代の境内を復原するかのように新たな寺院が建てられており、他にも佛教研修所などを建てる豫定で、管理・建築費用等いっさい國からの援助を受けていないという。

法門寺參觀後、徒歩十五分程の所にある周原博物館文物複製廠に戻り、青銅器の複製工程を見學。ここでは青銅器の型（範）を實物から取っているということで、銘文もかなり精巧に作られ、史墻盤や最近發見された逨盤等の銘文も型が取られており(圖23)、銘文の拓本制作もやっているというので、見學後に拓本を分けてもらった。拓本の種類は多く、史墻盤や㝬簋の他にも、一九九七年に扶風縣段家鎮大同村から出土した宰獸簋（西周中期、銘文一二九字、懿王の册命を記錄。陝西歷史博物館藏）・一九七六年に扶風縣莊白村の窖藏から出土した三年𤼈壺（大小兩件、西周中期、蓋榫外側に銘文六〇字、周原博物館藏）・一九七五年三月に扶風縣莊白村から出土した伯㦰簋（西周穆王時作、銘文は器蓋に各一三四字、玁狁（淮戎）を征伐したことを記す。扶風縣博物館藏）等の拓本があった。また張館長と共に周原博物館首任館長の羅西章氏の令嬢（姉）が同席し、羅氏編著の『扶風縣文物志』（羅西章編著、陝西人民教育出版社、一九九三年）・『周原尋寶記』（羅西章・羅紅俠〔羅氏の令嬢（妹）〕著、三秦出版社、二〇〇五年）等を分けてもらった。故障したタクシーも修理完了し、法門鎭に別れを告げて寶鷄に戻る。法門鎭から南下した邊りの、渭河北岸に位置する郿縣馬家鎭楊家村の青銅器窖藏跡を參觀したかったが、時間もなく、現場を知っている者でないと分からないということで、またの機會を期した。

圖１　寶鶏青銅器博物館

圖２　何尊

圖３　何尊の銘文拓本

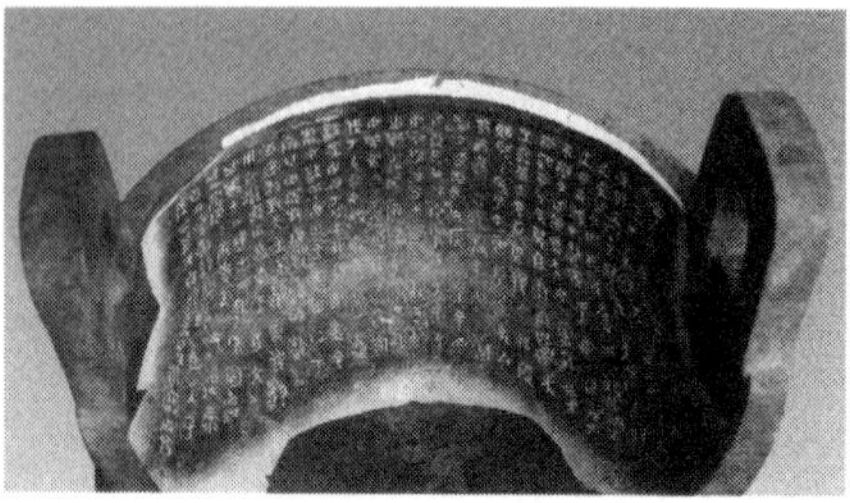

圖４　四十二年逨鼎の銘文に貼った拓本

圖7　陳列館前に置かれた石磬の擴大レプリカ

圖5　秦公一號大墓遺址博物館の正門

圖8　秦公一號大墓と殉葬箱匣のレプリカ

圖6　秦公一號大墓車馬坑

圖 11　18 號大墓の西墓道と盜洞

圖 9　雍城宗廟遺跡の寫眞

圖 12　盜掘者が足をかける穴

圖 10　周公廟遺跡の 18 號大墓

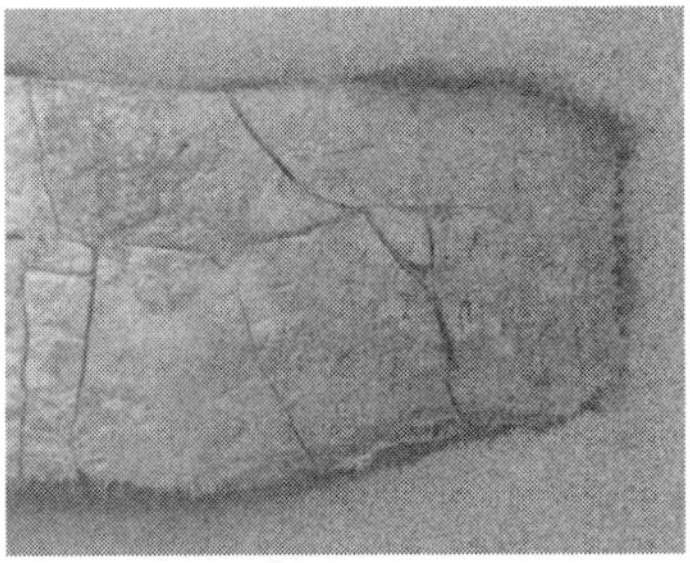

圖 15　「周公」の文字が刻された甲骨

圖 13　周公廟遺跡の 32 號墓

圖 16　周公廟の前に立つ周公像

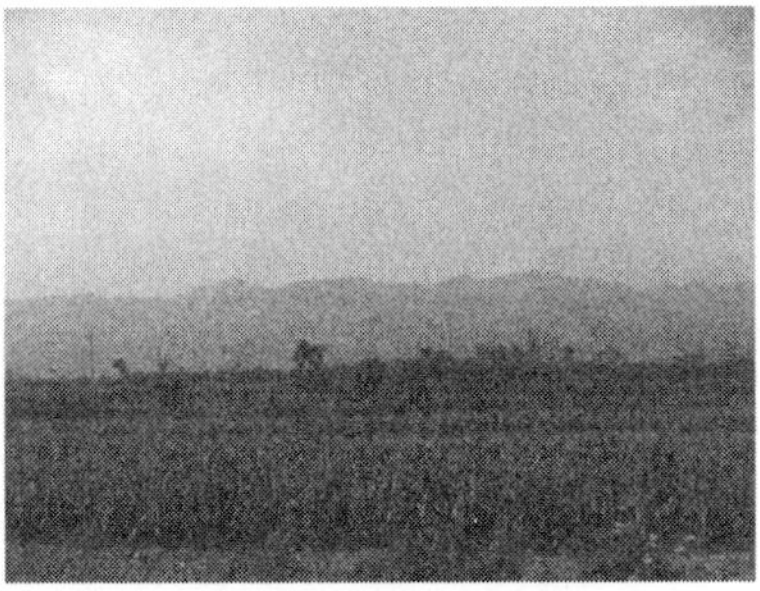

圖 14　工作站から鳳凰山を眺む

圖 19　周原博物館文物複製廠

圖 17　鳳翔縣博物館

圖 20　岐山縣周原博物館

圖 18　銅鋸

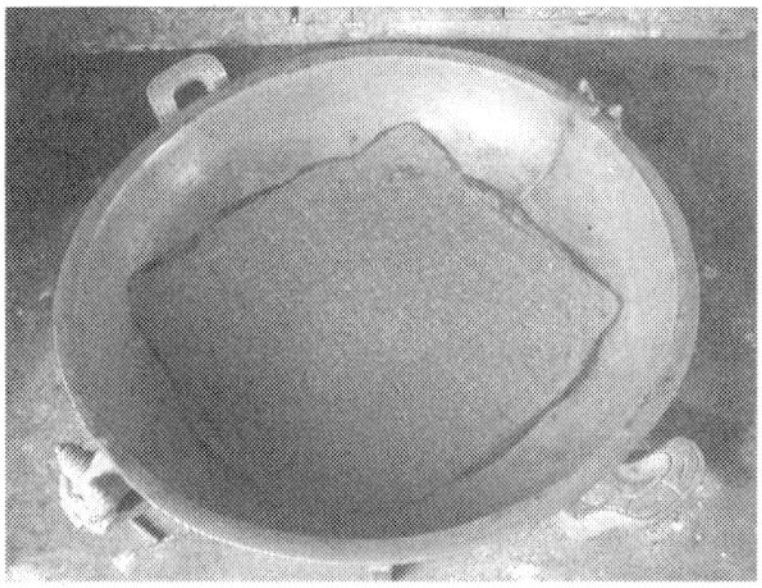

圖 23　蠟で作った逨盤の型

圖 21　宗廟遺跡遺構の目印の石

圖 22　周原博物館の展示館とオブジェ

在北京博物館藏青銅器の調査報告

大東文化大學人文科學研究所（文學部附置）の金文研究班のメンバー進藤英幸元明治大學教授（財團法人無窮會東洋文化研究所所長）・小林茂流通經濟大學助教授の二名は、在外研究（平成一七年度）で北京に滯在中の私（吉田篤志大東文化大學助教授）と合流し、二〇〇六年三月四日から八日までの五日間（四日夜北京着、八日午前研究圖書の購入、午後歸國、從って五日・六日・七日の三日間を見學調査日に當てた）、北京市内及び近郊にある博物館藏の青銅器（主に西周期）について見學調査を行った。見學調査に當たっては、王震中中國社會科學院歷史研究所教授に、博物館の學藝員（研究員）との連絡、また自ら案内の勞を執っていただいた。見學調査した博物館は西周燕都遺址博物館・中國國家博物館（舊中國歷史博物館）・北京大學サックラー〔Sackler・賽克勒〕考古藝術博物館・首都博物館・保利藝術博物館等である。

一　西周燕都遺址博物館

三月五日は北京南郊房山區の琉璃河付近にある西周燕都遺址博物館（圖1）を見學調査。王震中氏に同行していただき、王氏の車で京石高速公路を利用して竇店出口より二キロ、北京市内から約一時間で到着。博物館は董家林村東に位置するが、王氏は發掘中に訪れて以來ということであり、私も一九九五年に訪れてはいるが、記憶が定かではなく、博物館案内の標識を見落として村道で少し迷ってしまった。按配していただいた邱群隊長（館長）は不在で、劉兆業・老袁の兩氏に館内を案内してもらった。この博物館は一九六二年に發掘された城墻・墓地・車馬坑のうちの墓地と車馬坑に屋根をかけたものである。一九七四年には董家林村二五三號墓からこの遺跡最重量の銅器「堇鼎」（銘文二六字、成王期）が出土し、その銘文には、燕侯が臣下の堇を宗周（鎬京）に派遣して太保（召公奭）に珍品を奉獻し、召公から褒美を賜った堇が記念に鼎を鑄造したことを記す（圖2）。

また一九九五年に當地で〈紀念北京建城三〇四〇年國際學術研討會〉が開催された時に、會議に合わせて博物館を開館し、一九八六年に黃土坡村一一九三號墓から出土して直ぐに國寶に指定された「克罍」「克盉」（銘文四二字〔二器同銘〕、成王期）等を記念に展示した。これらの青銅器は記念展示後、東城區國士監街の首都博物館（孔子廟）に保管し、現在は二〇〇五年一二月西城區に移轉オープンした首都博物館に展示している。「克罍」「克盉」の銘文の内容は、周王（成王）が太保（召公奭）を褒めて、太保の子の克に燕侯の爵位と六族の管轄權とを與え、第一代燕侯となった克が記念に罍・盉を鑄造したことを記す。從って、この遺跡は召公奭が封建されたことにより建城された燕國の都城の可能性が高く、〈北京建城〉とは、この燕都建城のことを指すのである。

博物館は保管設備が萬全でないためか、館内に展示された青銅器は全てレプリカであり、上述の「堇鼎」「克罍」「克盉」等の實物は西城區の首都博物館に展示されている。車馬坑から出土した車馬は四頭だてで橫一列に竝び、左右外側の二頭は添え馬であり、實物大の模型を展示している。館内を見學後、博物館脇のコーリャン（玉蜀黍）畑の中に延々と續く城墻を見學。城墻の外側には一定の間隔で目印のセメントで作った杭が打込まれ、城墻の崩れかかった箇所は板築の痕跡が微かに見て取れる。一九九五年には發掘した石組みの排水溝を見ることができたが、現在は埋め戻されていて場所がはっきり分からなかった。東西南北に延びる城墻は長くて城址は大規模のものであり、城墻の外側には墓地が點在し、以前に訪れた時は青銅器の出土した地點（墓地であり、既に埋め戻されていた）に案内してもらった。その時の案内人が、この邊の農民は不作の時に畑を深く掘れば金になる、と冗談ともつかぬ話をしていたことを思い出す。

二　中國國家博物館と江西新幹商墓出土青銅器

三月六日午前は中國國家博物館を見學。この日も王氏に同行してもらう。博物館前で待合わせ、學藝員の李維明氏の案内で館内を回る。李氏の研究室を拜見した時に博物館の屋上を通るため、黄色の屋根瓦などを間近に見ることができ、北側に故宮の屋根を眺望できた。また研究室は博物館の正面最上階にあって天安門廣場に面しているので、ここからの見晴らしはとても良い。ただ博物館はかなり老朽化しているため、大々的な改築工事を行っており、また二〇〇三年二月に續き隣の中國革命博物館と合併し、それまでの中國歴史博物館を中國國家博物館に改稱した。これによりかなりの文物を保管庫にしまい込んだため、展示物の數は以前より少なくなっている。ただ有名な青銅器は常設展示しており、寫眞撮影も許可され、平日にはゆっくりと鑑賞できる。

全國から重要なものを集めて收藏展示しており、西周期のものでは、清道光初年陝西省郿縣禮村溝岸出土（呉大澂説に據る）の「大盂鼎」（銘文二九一字、『兩周金文辭大系攷釋』は康王期に配する）や清道光年間（一八二一

〜一八五〇年）陝西省郿縣の縣令（知縣／長官）が寶鷄市虢川司より得たという最大の青銅盤「虢季子白盤」（銘文一一一字、宣王期、『兩周金文辭大系攷釋』は夷王期に配する）が大きな銅器で、殷王朝期の「方鼎」（一九七四年河南省鄭州出土）や「偶方彝」（一九七六年河南省安陽市殷墟婦好墓出土）と共に銅器展示室のメインステージにまとめて展示している（圖3）。展示していないが、西周期では殷周革命（牧野の戰）の史實を記載する「利簋」（一九七六年陝西省臨潼縣零口鄉西段村銅器窖藏出土、銘文三二字、武王期または成王期）や「天亡簋（大豐簋）」（清道光末年〔一八五〇年〕陝西省岐山縣禮村出土、銘文七七字、『兩周金文辭大系攷釋』は武王期に配する）等を収藏している。

この他の展示青銅器で目を引いたものは、夏代では一九八四年に河南省偃師縣二里頭から出土した「爵」、殷代では一九七六年河南省安陽市殷墟婦好墓出土の特大の取っ手（耳）を持つ「鴞尊」や四川省廣漢三星堆出土の眉と眼球に墨を、口に朱を塗った痕跡を殘す「縱目假面」（一九九八年世田谷美術館開催「三星堆―驚異の假面王國展」に展示）等、西周期では一九五五年陝西省郿縣車站鄉李家村西周銅器窖藏出土の銘文が駒體胸前に鑄込まれ朱を施している「駒尊（馬尊）」（銘文九四字〔器〕・一一字〔蓋〕、穆王期）を、春秋期のものでは、秦の景公が祖先の功德を繼承したことを記す「秦公簋」（一九二三年甘肅省天水縣西南鄉出土、當時の隴督張廣建が得たという。銘文蓋器連接、蓋五三字・器五一字、秦景公在位前五七六〜前五三七）や呉王闔廬の「呉王光鑑」（一九五五年安徽省壽縣蔡侯墓出土、銘文五三字、闔廬〔光〕在位前五一四〜前四九六）等を、戰國期のものでは、複雑な鑄造法による「鑑缶（及び銅勺）」（一九七八年湖北省隨縣擂鼓墩一號墓〔曾侯乙墓〕出土）や金象眼の銘文がある割符「鄂君啓節」（一九五七年安徽省壽縣城東丘家花園出土、銘文一六五字〔右〕・一五〇字〔左〕）等を展示していた。

なお特別展として中國國家博物館・徐州博物館共催の「大漢楚王―徐州西漢楚王陵墓文物精品展」（二〇〇六年一月二〇日～四月二〇日）と中國國家博物館・江西省文化廳共催の「商代江南―江西新幹大洋洲出土文物精品展」（二〇〇六年二月二八日～八月二八日）を開催しており、特に後者の展示品はほぼ青銅器で、江南地方の特色あるものが多い。取手（耳）に動物（羊）の飾が付いた中國最大の「甗」や取手に動物（虎）の飾が付いた扁平の三足「鼎」（扁平三足鼎は一四件出土）、燕尾紋を施した中國最早の「鎛」や兩面が顔になっている「神人頭像」（圖4）、虎の意匠を施した銅器が多く、虎崇拜を思わせる背に鳥の飾が付いた「雙尾臥虎」等、見ていて樂しくなるものが多い。この特別展の圖録は『商代江南―江西新幹大洋洲出土文物輯萃』（中國社會科學出版社）として刊行されている。一九九一年洛陽の會議のアトラクションとして、この新幹商代墓の發掘ビデオ映像を見せてもらったことがあり、その後、一九九七年に發掘報告『新幹商代大墓』（江西省文物考古研究所・江西省博物館・新幹縣博物館編、文物出版社）が出版された。

三　北京大學サックラー考古與藝術博物館と山西曲村出土青銅器

三月六日午後は北京大學サックラー〔Sackler・賽克勒〕考古與藝術博物館（圖5）を見學。サックラーはアメリカの醫學者で、著名な中國美術のコレクターでもある。北京大學はそのコレクションの寄贈と博物館建設の費用とを援助され、一九九三年に落成して一般に公開しており、日本でも一九九五年一〇月に出光美術館で「北京大學サックラー考古與藝術博物館所藏　中國の考古學─北京大學考古學系發掘成果─展」が開催された（展覧會の報告は『出光美術館館報』九四號〔一九九六年二月〕に掲載）。その後、サックラーコレクション以外の北京大學考古學系の發掘による出土文物も展示しており、私は一九九六年に見學したことがあり、中國式建築の建物や展示品の玉器・青銅器の數量の多さ質の高さなどが印象に殘っている。午前に續き王氏に同行してもらい、北京大學西門（正門）を入って徒歩五分で到着。館長の李伯謙北京大學考古學系教授に挨拶し、早速館内の青銅器を拜見。

山西省曲沃縣曲村の晉侯墓地出土の青銅器を集中して見る。晉侯墓地は山西省考古研究所と北京大學が共同で一九九二年から一九九四年にかけて、第一次發掘は一・二・五號墓（I12M1・M2・M5）を、第二次發掘は六～九・一三號墓（I11M6～M8・I12M9・M13）を、第三次發掘は三一・三二・三八～四〇號墓（I11M31・M32・M38～M40）を、第四次發掘は六二～六四號墓（I11M62～M64）を、第五次發掘は三三・九一～九三・一〇二號墓（M33・M91～M93・M102）を發掘調査し、「一九九二年春天馬─曲村遺址墓葬發掘報告」（『文物』一九九三年第三期）・「天馬─曲村遺址北趙晉侯墓地第二次發掘」（『文物』一九九四年第一期）・「天馬─曲村遺址北趙晉侯墓地第三次發掘」（『文物』一九九四年第八期）・「天馬─曲村遺址北趙晉侯墓地第四次發掘」（『文物』一九九四年第八期）・「天馬─曲村遺址北趙晉侯墓地第五次發掘」（『文物』一九九五年第七期）等の報告を出した。報告によれば、八組一七座の晉侯および夫人の墓を發掘し、そのうち七座は盗掘されていた（發掘した座數は二一座になるが、第三次發掘の三二・三八～四〇號墓は盗掘でほとんど文物が殘っていない。そこで、この四座を省いて「一七座」と言ったのであろう）。

出土銅器の銘文には墓主が晉侯であることを表すものが多く、「晉侯僰馬」（方壺一件／銘文四一字含重文二字〔器蓋同銘〕／三三號墓・方壺一件／銘文四一字含重文二字〔蓋〕／九一號墓・圓壺二件／銘文一二字〔蓋〕二件同銘／九二號墓、他に鼎一件盃一件／共に三三號墓が出土しているが、破損している）、「晉侯喜父」（銅器破片一件／銘文二七字含重文二字／九一號墓・盤一件／銘文二七字含重文二字／九二號墓）、「晉侯對」（鼎一件／銘文二二字／九二號墓）、「晉侯蘇」（鼎一件／銘文一三字／八號墓）、「晉侯邦父」（鼎二件／二件同銘一六字含重文一字／六四號墓）等の名前が見え、『史記』晉世家の晉侯の系譜に合わせると厲侯・靖侯・釐〔僖〕侯・獻侯・穆侯等五代の晉侯に比定され、周の孝王・夷王・厲王・共和・宣王等の時代（前八九七～前七八二）に相當する。また「僰馬」（厲侯）は三三號墓の墓主に、「喜父」（靖侯）は九一號墓の墓主に、「對」（釐侯）は一號墓の墓主に、「蘇」（獻侯）は八號墓の墓主に、「邦父」（穆侯）は六四號墓の墓主にそれぞれ推定しており、厲侯の一代前の成侯を七號墓の墓主に、成侯の一代前の武侯を九號墓の墓主に、また穆侯の一代後の文侯を九三號墓の墓主に類推している。これにより各墓の墓主と『史記』晉世家の晉侯名・在位期間や周王の時代等に對應させると以下のようになる。

九號墓	「？」	（武侯　寧族）	？	～	？	昭末・穆王期
七號墓	「？」	（成侯　服人）	？	～	？	恭・懿王期
三三號墓	「僰馬」	（厲侯　福）	？	～	前八五八	孝・夷・厲王期
九一號墓	「喜父」	（靖侯　宜臼）	前八五八	～	前八四一	厲王期

一號墓　「對」（釐侯　司徒）　前八四一　〜　前八二三　共和・宣王期
八號墓　「蘇」（獻侯　籍）　前八二三　〜　前八一二　宣王期
六四號墓　「邦父」（穆侯　費王）　前八一二　〜　前七八五　宣王期
九三號墓　「？」（文侯　仇）　前七八一　〜　前七四六　幽・平王期

他に「晉侯斷」（簋一件／器蓋對銘二六字／八號墓）、「晉侯臣」（簋一件／銘文二五字（蓋）／八號墓）、「晉侯家父」（方壺二件／二件同銘一八字含重文二字（蓋）／九三號墓）等の晉侯が見えるが、史書記載の晉侯に比定するに至っていない。

上述の「晉侯喜父」（靖侯）の銘文（銅器破片一件／九一號墓・盤一件／九二號墓）には、父の「剌馬」（厲侯）を「剌侯」と記し、八號墓出土の爵一件（銘文五字）は器表の磨滅がひどいが「疇侯」の銘文が讀取れる。また六四號墓出土の編鍾八件（八件同銘各六八字）は「楚公逆」の銘文が記され（三カ所）、「逆」については、郭沫若は孫詒讓の說を引いて、「逆」は「咢」で、史書記載の楚公「熊咢（または鄂）」のことで、熊咢の元年は周宣王の二九年（前七九九）に當たり、宗周（西周）末年のこととする（『兩周金文辭大系攷釋』「楚公逆鎛」）。楚公熊鄂の在位前七九九〜前七九一の九年間は晉の穆侯の在位一三年〜二一年に當たり、この「楚公逆」（熊鄂）の編鍾が墓主「晉侯邦父」（穆侯）の六四號墓から出土したということは、西周晩期には晉と楚の何らかの往來があったことになり、史書に未記載の史實を補足することになる。

六三號墓出土の方壺（二件）の銘文（二件同銘、器蓋各九字）に「楊姞」とあり、報告によれば、姞姓の「楊國」から嫁いだ六四號墓の墓主「邦父」（穆侯）の第二夫人と推定しており、六二號墓の墓主を「邦父」の正夫人とするから、六二～六四號墓は一夫二妻の墓葬ということになる。ただ最近の研究によれば、六二號墓の墓主は穆侯の元配夫人で、傳世銅器「寅簋」（『考古圖』巻三所載）の銘文に見える「叔姑」、六三號墓の墓主は叔姑が薨じたことにより穆侯四年に齊國から再娶した姜姓の夫人で（『史記』晉世家に「穆侯四年、取齊女姜氏爲夫人」とある）、傳世銅器「晉姜鼎」（『考古圖』所載、器は已に佚す）の銘文に見える「晉姜」とし、「楊姑方壺」（二件）は晉姜の送葬に近隣の楊國から贈られた賻賵（弔慰の物品）で、埋葬時に副葬したものと見る（孫慶偉「晉侯墓地M六三墓主再探」『中原文物』二〇〇六年第三期）。また六四號墓からは五鼎四簋の銅器が、六二號墓からは三鼎四簋が、六三號墓からは三鼎二簋が出土していることからも、その身分の差等が確認できる。ただ西周の禮制（葬制）を記した古文獻には、天子は九鼎、諸侯は七鼎、卿大夫は五鼎を陪葬することを述べており、六四號墓は諸侯の墓であるのに古文獻の記載と一致しない。墓主が「蘇」（獻侯）の八號墓からは七件の列鼎が出土しているので、六四號墓も本來七鼎あったものが、破損したり盗掘にあった可能性も否定できない。

四　首都博物館と琉璃河遺跡出土青銅器

三月七日午前は二〇〇五年一二月に落成オープンしたての新首都博物館を見學。舊首都博物館は東城區國士監街の孔子廟内に設けられ、廟前には元明清三代の科擧進士の名を刻んだ碑林や奥には十三經の碑林等があり、また隣の首都圖書館は國士監の跡で、周りに水をめぐらす古色蒼然とした辟雍（昔の大學。實際は天子が禮樂を行い、進講を受ける式典の場）が立ち、趣があり良かったのではあるが、やはり國寶級の文物が増えてくれば展示保管等で萬全を期することになる。新首都博物館は西城區の復興門外大街と白雲路との交差點に位置し、南に少し歩けば白雲觀（道教寺院）があり、地下鐵一號線の木樨地驛で下車して直ぐに巨大な青銅器の意匠を施した建物が目に入る。博物館入口には觀光バスで乘付けた入場待ちの人が列をなしており、毎日二〇〇〇人限定で豫約が必要とのこと。按配してくれた學藝員の馮好氏と連絡を取り出口の方から入れてもらった。館内は吹拔けの贅澤な造りとなっており、外觀の巨大な青銅器の意匠は館内にまで續いており、その場所が青銅器の展示室に當てられている。

青銅器以外の展示室も見學。上述の國寶の克器や「堇鼎」は西周燕都の歴史展示室に飾られ、一一年ぶりの對面となった。その他の元明清時代の文物や北京の文化を紹介する展示室は驅足で回り、お目當ての青銅器展示室へ移動。青銅製の外壁に覆われた圓筒形の展示館の最上層階に琉璃河遺跡出土の西周東周時代の青銅器が陳列されており、展示室の中央付近に西周の、その周りに東周の青銅器を配置している。中央のガラスケースには立體的な牛面牛頭の装飾を施した「伯矩鬲」（一九七四年黃土坡村二五一號墓出土、銘文一五字、成王期）や數奇な運命をたどった「班簋」（北宋年間出土、蓋は喪失、銘文一九七字、穆王期、『兩周金文辭大系攷釋』には成王期に配する）等が鎮座し、その周りに蓋を逆さに置くと盤になる「圉方鼎」（一九七四年董家林村二五三號墓出土、蓋器同銘一四字、成王期）以下同出の「圉甗」（銘文一四字、成王期）・「圉簋」（銘文一四字〔蓋〕六字〔器〕、成王期）・「圉卣」（蓋器同銘一四字、成王期）等の圉器や、蓋が屋根をかたどった大型の「子方罍」（一一四九號墓出土、銘文一字〔器〕、成王期）・四本の象の鼻が足になっている「伯簋」（二〇九號墓出土、蓋器同銘六字、成王期)・「伯矩鬲」と同出の「伯矩盤」(銘文七字、成王期)等が陳列されている。

克器や「堇鼎」と同様に成王期(前一〇四二~前一〇二一)に作られた圉所作器(五件中琉璃河遺跡出土二件)や伯矩所作器(一三件または一七件中琉璃河遺跡出土二件)の銘文の内容は、王(成王)や燕侯に臣下の「圉」や「伯矩」が褒美(貝幣)を賜わり、その記念に寶障彝(銅器)を作ったというもので、ここに記す「燕侯」は克器の「克侯」と同一人物で、召公の子で第一代燕侯と推定される。また「圉」や「伯矩」等の臣下の實名が確認でき(他に「揚」(揚鼎)・「攸」(攸簋)・「庶」(庶觶)・「肇」(肇尊/肇卣)等)、西周初期の封建制度や禮制の仕組み、あるいは君臣關係の樣相を知る貴重な資料でもある。

「班簋」は燕國の銅器ではないが、北宋年間に出土以來、歷代皇家に珍藏され、清代宮廷の收藏目錄『西清古鑒』に著錄されて摹本でしか見ることができなかった。その後清末戰亂中に紛失し、一九七二年に北京有色金屬供應站の炉で溶かされそうになっていた「班簋」の殘片が發見され、修復の後、再び世に出ることになった。ただ王輝によれば、銘文の字數は紛失前と同數ではあるが、清宮の舊器(『西清古鑒』著錄の舊器)ではなく、同時製作の別の一件であろうと言う(『商周金文』一〇〇頁、二〇〇六年一月、文物出版社。なお李學勤の「班簋的再發現」(『文物』一九七二年第九期)・「班簋續考」(『古文字研究』第一三輯、一九八六年)等、參照)。彭裕商によれば、銘文の内容は、「毛公(毛父)」の族人である作器者の「班」が「毛公」の東征に追隨した史實を記しており、銘文中の「趞(遣)」は「班」の名で、自稱するときは字《あざな》の「班」を使用し、『穆天子傳』卷四に見える「毛班」はその人であるとする(『西周青銅器年代綜合硏究』三一一・三一二頁、二〇〇三年一月、巴蜀書社)。

五　保利藝術博物館と㸚公盨

三月七日午後は保利藝術博物館を見學。博物館は東城區の東二環路（朝陽門北大街）と工人體育場北路との交差點に位置し、地下鐵二號線の東四十條驛で下車して地上に出たところの保利ビルディング（大廈）の二階にある（現在、博物館は交差點對面の新保利ビルの九階にある）。入口を入ったロビー正面の壁に「秦公簋」の巨大な銘文が目を引く。保利ビルディングはホテルにもなっており、また劇場も備えており、保利集團はかなりの財閥で、創設者は香港財閥の關係者、或いは軍關係者とも言われている。一九九八年一二月に北京市文物局の批准を經て成立した中國で最初の半官半民の博物館であり、「中華民族の優秀なる傳統文化と藝術を弘揚し、海外に流失した中國の珍貴な文物を救出保護し、企業の文化建設を推進することを以て旨と爲す」という壯大なモットーを掲げている。從って、文物は現在も購入し續けており、しかも竝の物ではなく、とびきり上等な物ばかりを蒐集している。蒐集品は青銅器と佛像を中心に、國寶級の物を收藏しており、青銅器に限ってみても、博物館から出された圖錄『保利藏金』（正・續）を見れば一目瞭然であり、現在は一五〇余件（組）の各種青銅器を所藏している。

西周青銅器の主な物は「神面卣」（蓋器同銘五字、康王～穆王期）・「王作左守鼎」（銘文六字、夷王期）（圖6）・「獸面紋甗」（銘文六字、西周早期）・「王作姜氏簋」（蓋器同銘六字、夷王～宣王期）・「白敢畀盨」（一對、一六字（蓋）、一二字（器）、穆王期）・「應侯見工簋」（蓋器同銘五三字、西周中期）・「戎生編鐘」（一套八件、銘文連接一五四字、

西周中期〜春秋早期）等があり、二〇〇二年に香港の骨董市場で發見購入された「燹公盨《ヒンコウシュ》」（西周中期偏晩）は、本來、蓋付きでるが、器のみ發見された。禹の治水に關する銘文が記され、この内容を記す文字資料としては現在最古のものとして注目された（圖7）。博物館は圖録『燹公盨—大禹治水與爲政以德』（二〇〇二年一〇月、線装書局）を刊行し、銘文に對する著名な學者の解釋を收載している。平日でもあり入館料が五〇元（約七五〇圓）と庶民には高額のためか、我々三名の他は警備員が數名いるだけで、ゆっくり余裕を持って見ることができ、寫眞も自由に撮らしてもらった。

「王作左守鼎」と「王作姜氏簋」は共に周王室の器であり、「應侯見工簋」の他に應侯關係の「應侯爯簋」・「應侯壺」（一對、蓋器同銘一一字、西周晩期）・「應侯盤」（銘文六字、西周晩期）等を所藏しており、圖録の朱鳳瀚の説明によれば、「應侯爯簋」には「文考釐公」の銘があり、爯が父の釐公のために作った器で、爯は河南省平頂山應國墓地八四號墓出土の「應侯爯簋」の「應侯爯」のことで、應侯見工の父の武侯の可能性があり、釐公・武侯（爯）・見工（謚は不明）の三代の應侯ということになり、西周早期偏晩から西周中期に當たる。また「戎生編鐘」の銘文にある「隹（唯）十又一月乙亥」は、推算すると春秋初期の晉の昭侯六年（前七四〇）に當たると言う。『燹公盨』は、上記圖録に收載された李學勤の「論燹公盨及其重要意義」の釋文によれば、「天命禹敷土、隨山濬川、…」となり、そこに記す禹の治水は、『書經』禹貢の「禹敷土、隨山刊木、…」や「書序」の「禹別九州、隨山濬川…」、『詩經』長發の「洪水芒芒、禹敷下土方」等と密接な關係にある。また最近收藏した「𪔅方鼎」（銘文三七字、器底に一「魚」字あり、殷末期）と「榮仲方鼎」（銘文四八字、含合文二字・重文一字、西周初期）は殷末の周祭制度や殷周暦法とその關係の禮制を研究するに重要な銅器である。

西周時代の封建制度や早期都邑を研究する上で重要な發見となった遺跡には、河南省浚縣辛村の衞國貴族墓・北京市房山區琉璃河の燕國早期都邑遺跡・山東省曲阜の魯國故城遺跡（臨淄故城）・山西省曲沃縣曲村の晉國早期都邑遺跡等があるが、そのうちの燕國と晉國の遺跡から出土した青銅器を北京で調査できるわけであり、この北京での見學調査では、琉璃河出土の燕侯關係の銅器を所藏している首都博物館と曲村出土の晉侯關係の銅器を所藏している北京大學サックラー考古與藝術博物館が重要な調査場所となった。作夏調査した陝西省岐山・扶風兩縣内に分布する周原遺跡は周王朝の創設に關わる重要な遺跡であり、調査經緯は「青銅器の鄕を尋ねて—陝西寶鷄調査報告」（大東文化大學『漢學會誌』第四五號、二〇〇六年三月）に報告した。將來的には、上述の衞國貴族墓・魯國故城遺跡や河南省陝縣三門峽の虢國墓地等を見學調査し、西周時代の歴史や文化をより一層把握できるように努めたい。

圖１　西周燕都遺址博物館

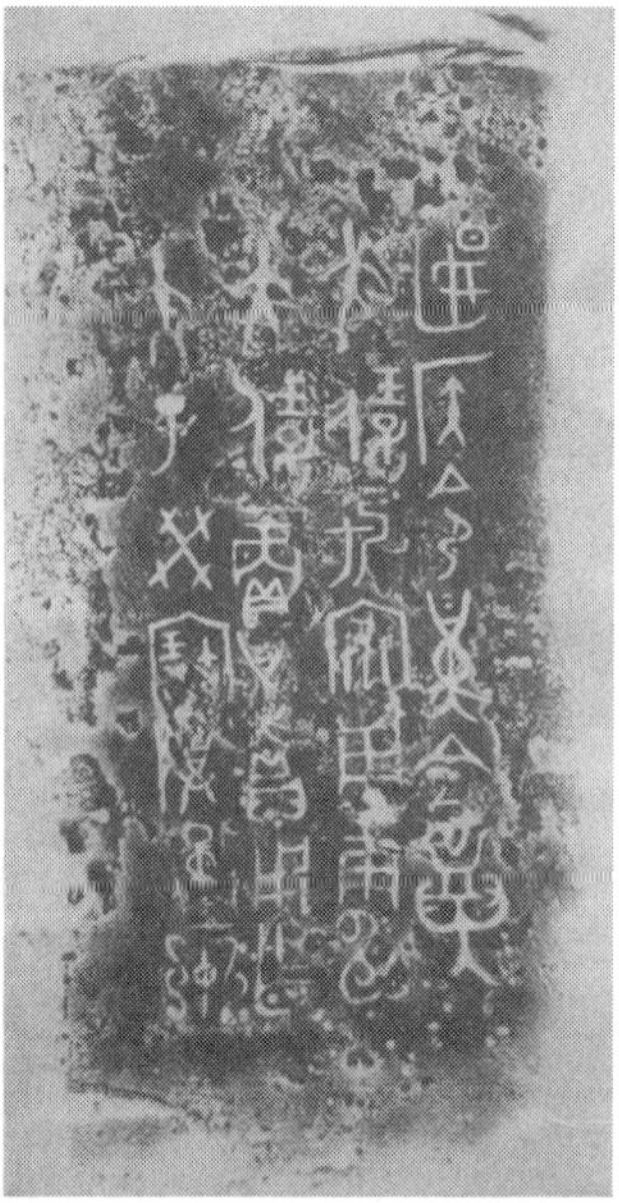

圖２　堇鼎の銘文拓本

圖５　サックラー考古藝術博物館の展示室

圖３　中國國家博物館の青銅器展示室

圖６　神面卣

圖４　神人頭像

圖 7　𤔲公盨の拓本と銘文の拓本

おわりに

掲載論文・ノート等の初出の雜誌・報告會資料等を以下に掲げる。

一　神話と歴史のはざま

五帝時代は史實か　―神話の歴史化に對する疑問―　〔大東文化大學『漢學會誌』四六（二〇〇七年三月）〕

附　五帝時代は史實か　〔大東文化大學人文科學研究所『所報』一二（二〇〇六年三月）〕

禹の九州傳說の成立過程　〔大東文化大學『漢學會誌』四七（二〇〇八年三月）〕

二　『詩經』と『尚書』の考察

周人の人間的自覺　―詩・書を中心として―　〔大東文化大學『漢學會誌』四九（二〇一〇年三月）〕

古公亶父の周原への移住と造營　―古典文獻と出土文獻に見る―　〔大東文化大學人文科學研究所研究報告會資料（二〇一三年九月）〕

清華簡「傳說之命」上篇釋讀　中國社會科學院歴史研究所學術報告會資料（二〇一六年一一月一日）

附　清華簡「傳說之命」下篇の天と德について　〔明道大學國學研究所・同中文系・中國經學研究會・中央

研究院文哲研究所『第九届中國經學國際學術研討會豫稿集』（二〇一五年四月）〕

三　親親と尊尊　―孝と忠―

郭店楚簡の成立年代試論　―親親と尊尊を通して見た―　〔大東文化大學郭店楚簡研究班編『郭店楚簡の研究』三（二〇〇一年三月）〕

孝の原義　―篆文・金文に見る文字學的考察―　〔中國社會科學院歷史研究所學術報告會資料（二〇一八年一二月）〕

先秦時代の忠臣　〔大東文化大學『漢學會誌』五一（二〇一二年三月）〕

四　西周銅器銘文考

微子啓と長子口　〔大東文化大學人文科學研究所『所報』九（二〇〇三年三月）〕

青銅時代の證　―西周晩期の青銅器群とその銘文―　〔大東文化大學人文科學研究所『所報』一〇（二〇〇四年三月）〕

西周時代の晉侯　―『覭公簋』銘文の「唐伯」は誰か―　〔大東文化大學人文科學研究所『所報』一六（二〇一〇年三月）〕

西周青銅器銘文に見る戰爭の記錄　〔大東文化大學人文科學研究所『所報』一八（二〇一二年三月）〕

西周昭王南征考　〔大東文化大學人文科學研究所『所報』一九（二〇一三年三月）〕

五　學會參加報告

中國殷商文化國際討論會に參加して　〔大倉精神文化研究所『大倉山論集』第二四輯（一九八八年一二月）〕

中國夏商文化國際學術研討會に參加して　〔大倉精神文化研究所『大倉山論集』第三一輯（一九九二年三月）〕

甲骨文發見一〇〇周年記念國際學術研討會へ參加して　〔大倉精神文化研究所『大倉山論集』第四五輯（二〇〇〇年三月）〕

六　遺跡を廻って――考古と文物の旅――

周原――周人の故郷を訪ねて――　〔大東文化大學『大東文化』第四六二號（一九九二年三月）〕

戰國・秦・漢・三國時代の簡牘・帛書等を見聞して――中國出土資料調査報告――　〔大東文化大學人文科學研究所『人文科學』五（二〇〇〇年三月）〕

青銅器の郷を尋ねて――陝西寶鷄調査報告――　〔大東文化大學『漢學會誌』四五（二〇〇六年三月）〕

在北京博物館藏青銅器の調査報告　〔大東文化大學人文科學研究所『所報』一三（二〇〇七年三月）〕

おわりに

この著作で、中國が推し進める夏殷周三代の年代探究プロジェクト（夏商周斷代工程）について、私なりの意見を述べた。以前、二〇〇〇年度の大東文化大學人文科學研究所の所報（二〇〇一年三月發行）に「夏商周斷代工程の成果について」と題し、少しく意見を述べていたので、當時、中國の古代史學界や考古學界において夏殷周三代の年代探究がどのように理解され、またどのような研究がなされていたのか、當時の學界の雰圍氣や研究動向を把握するために、以下にその時の意見（文章）を掲げる。

昨年（二〇〇〇年）一一月一〇日付けの朝日新聞（朝刊）に「中國最古の王朝　紀元前二〇七〇年成立」という見出しで、夏王朝の成立年代を確定した記事が掲載されていた。それによると、「夏商周斷代工程」と名付けられた研究計畫が國家的プロジェクトとして一九九六年にスタートし、歴史學・考古學・天文學・科學測定などの専門家約二〇〇人が四年がかりで取り組み、各王朝の出土品の放射性炭素年代測定を進める一方で、甲骨文や青銅器の銘文（金文）、さらには厖大な古文獻に記述された天文現象等を調査したということである。

専門家チームのリーダーは中國社會科學院歴史研究所の前所長の李學勤氏で、現在は中國社會科學院甲骨文殷商史研究センター主任・清華大學教授・國際漢學研究所所長・中國科學技術大學科技史與科技考古系學術委員會主任・中國先秦史學會理事長を兼務しており、著書に『殷代地理簡論』『東周與秦代文明』『新出青銅器研究』『比較考古學隨筆』『周易經傳溯源』『簡帛佚籍與學術史』『走出疑古時代』『古文獻叢論』等多數あり、いずれも中國古代文化に關する著作で、今回のプロジェクトに關する著書に『夏商周年代學札記』（遼寧大學出版社、一九九九年一〇月）があり、今回のプロジェクトの専門家チームのリーダーとして相應しい人物であろう。

また新聞によれば、中國古代王朝の年代確定作業を進めてきた専門家チームは、紀元前二〇七〇年に最古の王朝「夏」が成立、同一六〇〇年に「商」（殷）に滅ぼされ、商は同一〇四六年に「周」に取って代わられたとの結論に達し、商の後期以降（第一九代王の盤庚が殷墟に遷都後）は歴代王の在位期間も確定され、これまで確認された最古の年代は司馬遷の『史記』に記された紀元前八四一年（西周時代の共和元年）であったものが、今回の研究で「一二〇〇年にわたる古代年代記の空白が埋められた」とされる。また周の武王が商の紂王を討った「牧野の戰」が、研究全體のカギを握る年代として重視され、最終的に絞り込んだ三説のうちの「紀元前一〇四六年」説が史書の記載に最も合致すると判斷された。武王が紂王を討った「牧野の戰」の年代についての論文は、『武王克商之年研究』（北京師範大學出版社、一九九七年一一月）にまとまっており、周の諸王の年代についての論文は、『西周諸王年代研究』（貴州人民出版社、一九九八年七月）にまとまっている。

一九九五年八月に北京市房山縣で「北京建城三〇四〇年暨燕文明國際學術研討會」と銘打った學術會議が北京市文物研究所や中國殷商文化學會等の共催により開催され、私も參加してきた。「三〇四〇年」というのは、一九九五年から三〇四〇年前が紀元前一〇四五年に當たり、この年が「牧野の戰」により商（殷）が周に滅ぼされた年と推定したのであり、「北京建城」とあるのは、北京は周初に燕侯が封建された場所で、房山縣の琉璃河の近くの董家林という村のトウモロコシ畑から周初の城址が發掘され、土をつき固めた版築の城壁には、石を敷き詰めた排水溝なども施されていた。また城壁の周邊には貴族墓や車馬坑（四頭だて）が發見され、そこから出土した青銅器の銘文に當時の燕侯の名前が記されていたことにより、重要な遺跡として保存され、現在は墓の上に屋根をかけて西周燕都遺址博物館として一般に公開している。北京の西南四五キロの場所にあり、近くには北京原人で有名な周口店遺跡がある。

この西周時代の墓地の發掘報告は『琉璃河西周燕國墓地一九七三—一九七七』（文物出版社、一九九五年七月）として出版されており、都城や青銅器等についての論考は『燕文化研究論文集』（中國社會科學出版社、一九九五年七月）にまとまっている。また常征著『古燕國史探微』（聊城地區新聞出版局、一九九二年一〇月）や『燕史紀事編年會按』上下册（北京大學出版社、一九九五年七月）も燕文明の研究には參考になる。

上記プロジェクトの研究にかかわってきた專門家チームの一員として中國社會科學院歷史研究所の常玉芝女史がおられる。常女史は長年、甲骨文の研究に從事され、この「夏商周斷代工程」にも甲骨文に見える天象記錄と商代曆法や甲骨文と商代金文年祀等からアプローチされ、その成果は『殷商曆法研究』（吉林文史出版社、一九九八年九月）にまとめられた。常女史は他に『商代周祭制度』（中國社會科學出版社、一九八七年九月）を著しており、その批評と紹介については池田末利氏が『東洋學報』第七一巻第三・四號（東洋文庫和文紀要、一九九〇年三月）に載せている。また常女史は一九九八年の二月から三月にかけて來日し、「殷曆歲首の研究 ―殷代において年の始まりはいつか―」と題して講演され、さらに日本の博物館や研究所等に藏する甲骨文や靑銅器の銘文を調査された。

さて、商が周に滅ぼされた年が紀元前一〇四五年前後であることは從來の研究成果からほぼ承認し得るのであるが、夏王朝の成立年代を紀元前二〇七〇年に確定し、夏王朝を實在の王朝として認めた根據はどこにあるのか、研究成果を精査していない私には肯定も否定もできない。ただ一九九一年九月に洛陽市で開催された中國夏商文化國際學術硏討會の席上で、池田末利・伊藤道治兩氏は、殷王朝に先立つ遺跡を夏王朝に比定するのは時期尚早として、中國の學界における現時點での夏王朝實在說を戒めている。池田氏の言を借りれば、「伊・洛・潁・汝河谷平原の嵩山地區を中心に八〇余箇所に及ぶ二里頭類型遺址、汾水・涑水流域四七箇所に亙る東下馮類型遺址を通じて、陶文の記號・符號らしいもの以外に、夏代の文字が今日までに一字も出現していない」ということで、夏王朝の存在を實證する文字資料の出土を待たずに卽斷するのは危険であるというのである。この池田氏の言は一九九一年の時點での批評であるから、その後の發掘成果や研究成果はかなり進展しているであろうから、夏王朝の存在を確定したとしても不思議ではないが、ただ夏代の文字が出土したという報告は聞いていないので、文字資料がなくても確定できた根據を知りたいものである。

今年一月一五日の朝日新聞に「歴史は中國文化の源泉」と題して阮蔚氏（農林中金總研副主任研究員）の意見が掲載されていた。その中でこのプロジェクトについて「なぜ、遠古の年代考證にここまでばく大な勞力と資金を費やしたのか。中國人にとって歴史は、自分たちの文化・思想そのものであり、歴代の統治者も知識人もそこに治國の經驗と教訓を提供する役割を求めていたのだ。司馬遷の「史記」をはじめ、「二十四史」は書物のリストの筆頭に竝べられてきた」と述べている。この阮氏の意見は日中兩國間でもめている歴史認識に關聯して述べられたものであり、「歴史の眞實の追究にこだわる中國人の特徴を、日本人は理解する必要があろう。いいか惡いかは別として、これは中國の文化なのだ」とも述べている。

阮氏は國家プロジェクトによる夏王朝の實在や成立年代の確定も「歴史の眞實の追究」へのこだわりと見ているようである。確かにそう言えるかもしれないが、四大文明の一つであるというプライドから、他の三代文明の起源に少しでも近づき肩を竝べたいという意識が働いていないか、また漢民族の起源をできる限り遡らせることによって、ナショナリズムの宣揚を意圖していないか。日本でも近年來、繩文時代の遺跡發掘ブームが續いていたのも、同様であるように思えるのだが、歴史の短い日本人のひがんだ見方であろうか。なにはともあれ、私も中國最古の夏王朝が實在の王朝であることを期待している一人ではある。

今から一八年も前の文章であり、その後の中國での古代文明の探索はかなり進んでいることと思うが、最近はあまりその方面の論文を讀まなくなったし、『考古』や『文物』も目次に目を通すくらいで、精讀しなくなった。大學の雜務や親の介護に時間を奪われ、本來の研究が落ち着いてできないのは殘念である。しかしこのような泣き言を言っている私を勵まし、明德出版社の佐久間保行氏を紹介してくれたのは、濱久雄元大東文化大學教授である。濱氏は大學退任後も精力的に著作を發表し、贈呈されるたびに頭の下がる思いであった。また佐久間氏と面識を持ったのはずいぶん前になるが、見捨てずに氣遣っていただいたことは、心苦しくも勵みになった。ここにどうにか著作を發表することができ、少しは安心しているのであるが、これもひとえに濱・佐久間兩氏のお蔭である。この場を借りてお禮申し上げる。また佐久間氏には原稿の納入・校正・出版に至るまでいろいろとお世話になった。

二〇一九年二月一七日　小平の自宅に於いて

著者

吉田　篤志（よしだ　あつし）
1953年、新潟県生まれ
1984年、大東文化大学大学院文学研究科博士課程修了（中国学専攻）。
1990年、大東文化大学文学部中国文学科講師に就任。
現在、大東文化大学文学部中国文学科准教授。
専門は中国哲学・哲学史（春秋学・出土資料研究）。
論文：穀梁伝の「入者、内弗受也」をめぐって（『東方学』第72輯、1986年）、穀梁伝の君主観ー君権強化の論理と背景（『日本中国学会報』第39集、1987年）他。

ISBN978-4-89619-844-7

中國古代思想の考察

令和元年十二月十五日　初版印刷
令和元年十二月二十日　初版発行

著者　吉田篤志
発行者　佐久間保行
印刷所　㈱興学社
発行所　㈱明徳出版社

〒167-0052　東京都杉並区南荻窪一-二五-三
電話　〇三-三三三三-六二四七
振替　〇〇一九〇-七-五八六三四